先师孔子

XIANSHI
KONGZI

高专诚 著

山西出版传媒集团

北岳文艺出版社 · 太原

图书在版编目（CIP）数据

先师孔子 / 高专诚著. —太原：北岳文艺出版社，
2023.7

ISBN 978-7-5378-6620-0

Ⅰ.①先… Ⅱ.①高… Ⅲ.①孔丘（前 551 ~
前 479）—生平事迹 Ⅳ.① B822.2

中国版本图书馆 CIP 数据核字（2022）第 161808 号

先师孔子

高专诚 / 著

//

出 品 人 郭文礼	出版发行：山西出版传媒集团·北岳文艺出版社
	地　　址：山西省太原市并州南路 57 号
策　划 孙茜	邮　　编：030012
	电　　话：0351-5628696（发行部）　0351-5628688（总编室）
	传　　真：0351-5628680
责任编辑 刘晓京	承 印 者：山西基因包装印刷科技股份有限公司
	开　　本：787mm×1092mm　1/16
书籍设计 张永文	字　　数：228 千字
	印　　张：19
印装监制 郭勇	版　　次：2023 年 7 月　第 1 版
	印　　次：2023 年 7 月　山西第 1 次印刷
	书　　号：ISBN 978-7-5378-6620-0
	定　　价：68.00 元

自序

撰写一本真正的孔子传记，是此生追随孔子思想的愿望之一。二十多年前写过一本早期的孔子传记，名为《孔子和他的弟子们》，以孔子传记的结构出现，但重点在于孔子与其弟子的关系，且线条太过粗疏，言不尽意之处甚多。这多年来，几乎所有的读书和写作，都是围绕着完成一本较为理想的孔子传记进行的，设想的是以一本厚重的"孔子传"作为研习孔学的收山之作，那自然应该是二三十年以后的事情了。

不承想，北岳文艺出版社诸位贤达，从社长王灵善学兄，到责编孙茜学棣，无休止地鼓噪、动员，说是不妨以现在的研习所得，写一本中期的孔子传记，并共同命名为《先师孔子》，也不失为一件美事。踟蹰徘徊良久，终于说服自己，即便是以总结近二十年来景仰先师之所得为由，把当年孔子传记中的缺憾之处略加弥补，把这些年来的新思考略加呈现，或者作为未来"孔子传"之基础或大纲，此时完成这本《先师孔子》，也应该是一件能够说得过去的事情吧。

于是就用一年多的时间完成了这本书。当年确定的孔子传记的结构不想改变，因为现在看起来依然较为合理。结构不变，但内容增删了许多，基本上是重写的一本书。出于时尚的考虑，还附了不少图片，主要目的是让读者在辛苦读书的时候有片刻的休息。在每幅图片之下加了一些文字，试图对图片有所说明，对正文有所深化。

坊间的孔子传记甚多，本书比较个人化，力图把内心的收获奉献给大家。追随孔子思想三十年，收获与感慨并存，沉思与奋发同在。依然有许多言不尽意，更有许多心强力拙，盼望得到批评指正。再次感谢灵善兄、孙茜棣，但愿我的力拙不要影响了你们对本书的付出。

高专诚写于太原

二○一一年岁末

目录

二

绪 论

其生也荣，其死也哀

无论我们持有何种褒贬之论，孔子曾经是、并且依然是影响中国乃至世界历史进程和人类思想的伟大哲人。评论或评价孔子和他的弟子们的生平和业绩，既是我们的责任，又是对我们的考验。

自古以来，许许多多伟人，当他们奋不顾身地为社会不公和人间苦难奔走呼号之时，世人不仅不能理解，甚至还会嗤之以鼻。但是，待世人受尽磨难而发现这些伟人的高明之时，他们却早已离开人世，而伴随他们的只是数不清的演义和传奇。孔子便是这样的一位伟人，或者是一位某种意义上的悲剧人物。他所处的春秋末年是中国古代少有的乱世，当然也是少有的能够充分激发哲人深思的时代。如同当时及后来的许多知识分子一样，孔子以拨乱反正作为终身追求。虽然在当时没有取得成功，但这并不妨碍他的思想所能达到的高度，当然也不妨碍后人对他的种种利用。

大凡真正的思想大师，他们的思想其实是十分简明的，并不像许多人认定的那样繁复驳杂或形成某种体系。有时他们不得不用许多方式，从许多方面，用艰深的语言来阐释其思想，并竭力使之付诸实施，但这不过是要面对他们的各种各样的弟子、其他思想上追随者和方方面面的敌手，或者是防止简明的中心思想可能产生的流弊甚至被误解。孔子无疑也是这样一位大师。不过，这样一来，便在一定程度上为后继者和后人留下了很大的困难。有些人要为他建立完整的思想体系，有些人强调他的某一思想的此时表达而忽视或否认彼时的说明，等等。今天，当我们试图全面理解孔子和他弟子们的思想时也遇到了类似困难。

有幸的是，尽管困难重重，我们还是找到了一些共识，这些共识为我们了解孔子和他的弟子们的生平和思想打下了坚实基础。孔子晚年自述："吾十有五而志于学，三十而立，四十而不惑，五十而知天命，六十而耳顺，七十而从心所欲不逾矩。"① 这是关于孔子生平和思想发展的最可靠依据。其他任何史料和研究成果自然要与此相适应。孔子论及弟子们的成就时又说："德行：颜渊、闵子骞、冉伯牛、仲弓；言语：宰我、子贡；政事：冉有、季路；文学：子游、子夏。"② 这为我们了解孔子弟子在孔学中的地位和思想成就指明了基本方向。所以，如果在讲到先秦儒学时只讲孔、孟、荀三子，而闭口不谈他们之间的学术桥梁，我们是不能赞同的。

孔子是成型儒学的奠基人，儒学的宗师。但我们不要忘记，正是先师孔子，才培养了成就斐然的孔子弟子。孔子弟子是孔子儒学最早的、最直接的和必不可少的学术传人。不容忽视的还有，是全体的孔子弟子，而不是其中的一二人传递了孔子儒学。同时，孔子弟子们自身的思想成就，亦足以使后人受益匪浅。可以毫不夸张地讲，孔子和他的弟子们在儒学发展史上已凝结为一个整体——要理解孔子，必须面对他呕心沥血培育的众多弟子，反之亦然。

孔子与孔子弟子都是我们的先师。

---

① 《论语·为政》"子曰吾十有五"章。
② 《论语·先进》"德行"章。

第一章

十有五而志于学
——少年立志

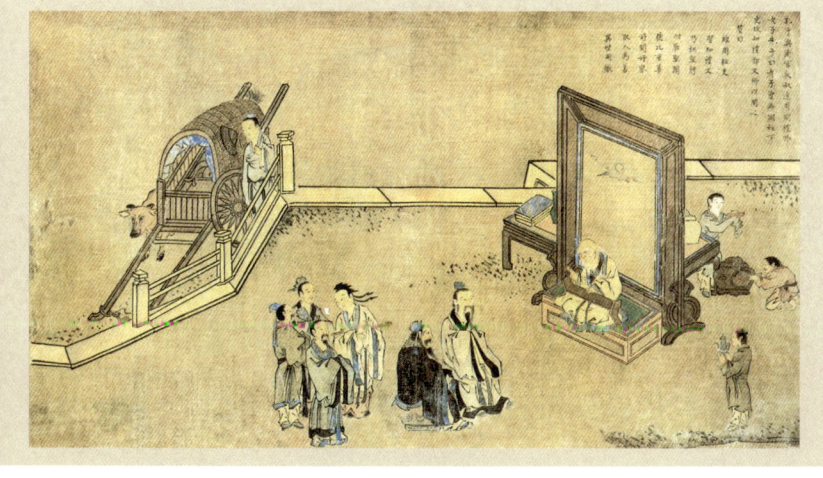

【清代孔子像，外表威严，但却目光呆滞，缺乏为师的内涵，这是官方化的孔子。】

后世对孔子的尊称有许多，从"宣尼"到"宣圣"，从"至圣"到"素王"，但我个人最欣赏"布衣孔子"和"先师孔子"的定位。

所谓"布衣"，就是平民的意思，这既符合孔子出生时的基本情况，也更能凸显孔子一生奋斗的真正价值。孔子的思想成就是那个时代的产物。但是，同处一个时代的思想家却有着不同的思想取向和成就，充分说明个人的成长历程对于每个思想家的影响有所不同。而孔子的"布衣"身份和青少年时代的独特经历，无疑是其思想收获的必要基础。

所谓"先师"，就是先人一步、先知先觉。孟子断言："天之生此民也，使先知觉后知，使先觉觉后觉。"①没有孔子的先知先觉，中华文明不会在公元前六世纪就开始大放光明。可以说，世不生仲尼，万古如长夜。虽然不能说没有孔子就不会有中华文明，但却可以说，如果没有孔子在思想文化领域的辉煌成就，中华文明必然会在黑暗中摸索更长时间。世间从来不乏浅薄之辈，认为孔子的言论和思想在后世看来并没有什么高明之处，可是，如果我们置身于公元前六世纪，面对上层建筑领域的专制和野蛮，面对思想领域的神权和蒙昧，就会深切体会到"先师"的分量。

① 《孟子·万章上》"万章问曰人有言伊尹"章。

◎ 第一节　孔子世系·前辈遗产

在传统中国社会，先祖先辈的所作所为对一个人的成长有着相当重要的影响。每个人都无法摆脱这样的影响，但这种影响对于每个人又有显著的不同。祖辈的业绩既是一种有形财产，也是一种无形资产。有形财产容易理解，如可以使用的钱财、可以继承的社会地位和可以利用的显赫名声，对后人的直接影响是不言而喻的。相对来说，无形资产就比较复杂，其存在和发挥作用常常是间接的，并且因人、因时而异。不过，有形财产固然有助于后人建功立业，但是在绵延的历史长河中，能够真正对历史进程发挥恒久作用的人物，往往是更好地利用了祖辈们遗留下来的无形资产。在这方面，孔子一生的奋斗，一生的成就，就是一个典型证明。一位布衣之人，从祖辈继承而来的有形财产肯定是微不足道的。但是，孔子的一生，"其生也荣，其死也哀"[①]，充分证明了祖辈无形资产的重要作用。我们不是说祖辈的无形资产能够完全决定一个人的事业成败，但是如果能够充分发挥无形资产的作用，不仅能使一个人明了其存在的渊源，甚至在很大程度上决定他一生的选择和追求，决定他肩负什么样的使命，做出什么样的业绩。

孔子世系

纵观孔子一生，他受到的无形资产的影响显然远远胜过有形财产的作用。那么，孔子祖辈留下的无形资产是什么呢？最重要的一项，应该说孔子是王者之后，其世系排列如下：

---

① 《论语·子张》"陈子禽谓子贡"章。

殷天子──帝　乙
　　　　│（父子）
宋国君──微子启（开）
　　　　│（兄弟）
　　　　微　仲
　　　　│（父子）
　　　　宋公稽
　　　　│（父子）
　　　　丁公申
　　　　│（父子）
　　　　湣公共
　　　　│（父子）
宋　卿──弗父何
　　　　│（父子）
　　　　宋父周
　　　　│（父子）
　　　　世子胜
　　　　│（父子）
　　　　正考父（甫）
　　　　│（父子）
　　　　孔父嘉
　　　　│（父子）
平民、迁鲁──木金父
　　　　│（父子）
　　　　睪夷（祁父）
　　　　│（父子）
鲁防大夫──防　叔
　　　　│（父子）
　　　　伯　夏
　　　　│（父子）
鲁鄹邑宰──叔梁纥
　　　　│（父子）
　　　　孔　子

【建立商朝的汤王，可以说是孔子的远祖，也是孔子一再称颂的三代贤王。】

以上所列孔子世系，主要的根据是《左传》《史记》《世本》和《孔子家语》中的记载，以及秦汉以来其他一些典籍中的相关材料。由于上述资料在论及孔子先人时多有事实不清、相互矛盾和明显的错讹之处，致使有些人怀疑类似记载是在有意抬高孔子的身世，甚至因此而否定孔子有着如此悠远而可靠的世系。然而，随着近几十年相关研究的不断进展，特别是对于许多新的考古发现中出土的文字资料的研究不断加深，像《孔子家语》这样在历史上被认定的所谓"伪书"，其可信度有了根本性的提高和改变。具体说来，历史上对《孔子家语》"伪书"性质的认定，事实上只是书籍的作者和书名有伪，而其内容大体上则是可靠的。这样一来，结合着像《左传》和《史记》这样更为严肃可靠的典籍，上述孔子世系就可以基本确定下来了。当然，先秦两汉时期产生的所有典籍，以及这些典籍中关于人物和事件的记载，由于种种客观和人为原因，都有一些记载不确、语焉不详甚至矛盾重重的地方。然而，也许正是有了这些难以厘清的记载，才使得这样的记载更为可信。其实，如果是有意作伪的话，通常会是出奇的整齐划一或前后一致。

【左丘明，《左传》作者。没有《左传》的详细记载，春秋时代的历史近乎空白，孔子的事迹也会模糊许多。】

因为上述孔子世系是基本可靠的，所以从孔子世系入手，追寻孔子思想和孔子人格的历史渊源就不仅是一件应该完成的事情，而且成为一件可以完成的事情了。既然如此，我们就应该认真对待孔子的每一位先人，特别是其中相对重要的人物，看看是否能从他们的行事和为人方面发现对孔子的影响。

从商到宋

孔子的直系先祖是商朝末期的微子启。微子启是商朝天子帝乙的长子，也是有名的商纣王（帝辛）的庶兄。但是，微子启与商纣王的兄弟关系还有一些复杂的内容。有记载认为他们是同母所生，只是微子启出生时，其母还没有成为帝乙的正妻，而纣王出生时，其母已成为帝乙的王后。也有记载认为，他们二人是同父异母，微子启的母亲是嫔妃的身份，所以微子启虽为长子，但不是嫡子。总之，因为微子启不是名正言顺的嫡长子，所以当他的父亲要把王位传给他时，微子启坚辞不受，这才使得弟弟辛（纣王）成为商王。对于这样的结果，有的历史记载是说微子启让位于帝辛，也有认为是帝辛从微子启手中夺取了王位。在中国古代历史上，辞让君位的事件时有发生，但仔细分析之下，与其说是主动谦让，不如说是被逼无奈。也就是说，如果一定要说微子启让位于帝辛，恐怕也是无可奈何的选择。在《史记·殷本纪》的记载中，"帝纣资辨捷疾，闻见甚敏。材力过人，手格猛兽。知足以距谏，言足以饰非"，有口才，有智力，有勇力，商纣王显然是一个强梁人物。而微子启则为人谦和有加，甚至当后来劝谏纣王无果时，选择的是远离朝政。这样两个性格截然不同的人物，当面临帝位的选择时，纣王进而微子启退，应该是一种必然。

不管是辞让还是强夺，当商王朝进入风雨飘摇的最后一代时，占据商王之位的最终是微子启的弟弟商纣王（帝辛）。为了挽救天下危亡，商纣王采取的是强力甚至暴虐之政。微子启等贤臣虽然用不同的方式加以劝谏，终究未能说服纣王，更无法挽回商朝的灭亡。好在周武王灭亡商朝之后，还是按惯例分封了商王的后人，即纣王的儿子武庚。但武庚却从内心里不服周人的统治，进而参与了周公旦的弟弟管叔和蔡叔的叛乱，被周公诛杀。这样一来，管理殷商后人的重任就落在了微子启的身上。微子启的受封之地是宋国，微子启也就成为第一代的宋国

【后世的商纣王画像，描绘的不是纣王的外貌，而是他的品质和行为。】

之君。也就是说，孔子的这位谦和贤达的祖先——微子启，由商朝的王子成为周人封国中的宋国君主。因此，后世或说孔子是商人之后，或说是宋人之后，都是可以成立的。

微子启名为宋公，实际上却是在周朝廷任事。周朝统治者的理由是说微子启之贤更应该在周王的朝廷中发挥作用，但事实上可能还是担心殷商之人在贤主的管理下会再出什么乱子。这样一来，实际管理宋国的是微子启的弟弟微仲，微仲也因此成为微子启的继承人，在微子启去世之后成为第二代宋公。在商周时代，"兄终弟及"与"父死子继"都是合理继承君位的方式，但这样的格局也成为政局动荡的重要诱因之一。从周朝廷到各封国，时常会因为这两种继承方式而发生内讧，宋国也未能例外。

由君到卿

微仲之后的三代君主，宋公稽、丁公申和宋湣公，都是以"父死

子承"的方式继承君位。然而，宋湣公去世后，继位者却是宋湣公的弟弟熙，即宋炀公。宋湣公本有二子，嫡长子弗父何和庶子鲋。宋湣公为什么不传子而传弟，历史上并没有明确记载。根据"兄终弟及"的一般情形来看，通常是君主的弟弟比较强势，而君主的嫡长子势孤，君主为了避免自己死后出现弟弟武力夺位进而危及后人的情况，只好把君位传给弟弟。当然，也有一些儒生认为，有时会是君主以德行和才能的高低选择继承人，如果君主的儿子能力有限，就会选择更为称职的弟弟作为继承人。

不过，宋湣公之后的宋国情形更为复杂。当宋炀公继承兄长的君位之后，孔子的直系先人弗父何，如同其始祖微子启一样，平静地接受了这一事实。然而，弗父何的弟弟鲋却不能接受这个现实，并毅然发动兵变，杀死了叔叔宋炀公，要把君位交到兄长弗父何手中。看起来，即使宋湣公认为自己的嫡长子弗父何无法继承君位的判断是正确的，也不能证明他把君位传给弟弟熙的决策就是正确的，因为他忽视了另一个儿子的存在。

与微子启当年的情形一样，弗父何既不能违背父亲的安排，也无力与弟弟的势力相抗衡。在弗父何看来，弟弟鲋显然对君位存有更强烈的觊觎之心，他有胆量和力量杀死叔叔宋炀公，也就有胆量和力量杀死其他与其争夺君位的人，包括他的兄长。就这样，弗父何实事求是地估量了当时的形势，面对势力强大的弟弟，坚决不接受弟弟抢夺回来的君位，而是毅然作出妥协，让弟弟鲋继承君位，自己则心甘情愿地做了宋国的上卿。上卿是最高的爵位，相当于后世的相位或丞相之位。于是，宋湣公以后，孔子的直系先人们由君位的拥有者变成了世袭的上卿。

自卿入民

在弗父何之后，以"父死子继"的方式世袭宋国上卿之位的分别是宋父周、世子胜和正考父。前二人没有事迹传世，而正考父却是孔子先人中较有历史地位的著名人物。

正考父是弗父何的曾孙，依然是宋国的上卿，并且有辅佐宋戴公、宋武公和宋宣公等三代君主的功绩。据《左传·昭公七年》记载，正考父之所以能够佐三代君主而不败，其"诀窍"就是"三命兹（滋）益共（恭）"，他每接受一位君主的任命，就会对君主的态度愈发恭敬。通常情况下，地位越高越容易让人骄傲自大，资历越深越容易让人忘乎所以，但孔子的这位先人却是"一命而偻，再命而伛，三命而俯"，一次比一次恭敬，直到"循墙而走"，不敢表现出丝毫的傲慢之气。

正考父的恭敬谦逊，是与孔子历代先人继承其祖先微子启的精神息息相关的。据《国语·鲁语下》记载，正考父曾经向周天子的首席乐官请教《诗经·商颂》中部分诗篇的含义，并对文字进行了校理，然后发表感言说："自古在昔，先民有作。温恭朝夕，执事有恪。"意思是说，《商颂》的内容表现了自古以来先人们践行恭敬之道的作风，那就是，时刻不忘恭敬有礼，做任何事情都要有操守、有规矩。正考父对《诗经》的重视、对家族文化传统的接续，以及他的"温良恭俭让"①式的表现，在孔子身上都有明显的继承痕迹。

可惜的是，正所谓盛极必衰，孔子的世系也未能逃脱古代社会的这一历史规律。尽管正考父是孔子先辈中最杰出的人物，但到了他的儿子孔父嘉之时，这个大家族的世代繁荣终于走到了尽头。身为上卿

---

① 《论语·学而》"子禽问于子贡"章。

的孔父嘉担任宋国的大司马之职，还是宋穆公的顾命大臣，应该说是左右宋国政局的关键人物。但是，孔父嘉只是继承了父亲正考父的爵位和权力，却未能继承父亲的恭谨作风，导致身亡族败，这位孔子的六世之祖最终成为孔子世系由盛转衰的历史"罪人"。

事情的发生起于宋宣公时代。宋宣公在位时，选择的君位继承人不是自己的儿子与夷（即后来的宋殇公），而是弟弟宋穆公，理由是弟弟更为贤能。所幸的是，宋穆公还真没有让兄长看走眼，在其去世之际，并没有把君位留给儿子公子冯，而是还给了侄子宋殇公，理由也是宋殇公比公子冯更适合做君主。为确保这个决定落在实处，宋穆公专门嘱咐大司马孔父嘉，一定要保证让宋殇公继位，并把公子冯安排到郑国去居住。宋穆公去世后，孔父嘉遵循宋穆公的决定，保举宋殇公继承君位，直到宋殇公十年（前 710 年）那件影响孔子世系的惊天大事的发生。

《左传·桓公二年》记载："宋殇公立，十年十一战，民不堪命。"在当时，宋国并不是大国，更不是强国，十年间几乎年年开战，耗费巨大，老百姓不堪重负是必然的。孔父嘉管军事，应该比其他官员对这种黩武行为负有更大责任，尽管最终负责的应该是宋殇公。由此可见，孔父嘉的政治才能是无法与他的父亲正考父相提并论的。

孔父嘉所缺乏的正考父式的慎之又慎还表现在个人生活方面。《左传》在此前一年，即桓公元年（前 685 年）的记载中说："宋华父督见孔父之妻于路，目逆而送之曰：'美而艳。'"[1] 华父督是宋戴公的孙子，公族之后，是宋国另一个大家族华氏家族的首领，当时担任宋国的大（太）宰之职，相当于现在的内务总管。宋国的朝堂上，孔父嘉主外，华父督主内，在当时的政治制度下，双方产生矛盾是常见

---

[1] 《左传·桓公元年》。

的，也是必然的。就在这个时候，孔父嘉携带自己"美而艳"的妻子招摇过市，陡然引发了华父督的歹心。所谓"美而艳"，是说孔父嘉的娇妻不仅漂亮，还有高挑的身材。一个不审慎的大权在握者，还有一位艳丽四射的妻子，迟早会成为敌人攻击的目标。

几百年后，孟子有言曰："天时不如地利，地利不如人和。"[①]就是说，做一件事情，必须天时、地利、人和相互配合才能成功。同样，一件事情的失败也大致是这三方面的原因。在孔父嘉与华父督的这场冲突中，"十年十一战"是天时，也就是大的政治背景；二人的争权是地利，也就是二人之间的具体境况；孔父嘉的招摇和华父督的贪色是人和，也就是二人的品行。至于在路上遇到"美而艳"者，或在其他地方看到，那只是个偶然因素。

纵观孔子的直系先人，有贤与不肖，有睿智与愚鲁，但却并没有不良之徒，更没有奸恶之人。孔父嘉与华父督是有矛盾，但孔父嘉是绝不会采取阴谋或武力的手段剪除对手的。这种精神，在孔子的一生中也有表现，可以说是孔氏家族的传统。但华父督可不赞成这样的做人方式。在上述内外因素的触发之下，华父督终于起了杀戮之心。为了一击而胜，华父督先是造舆论，把宋殇公的"十年十一战"，致使老百姓不能忍受当政者的责任全部推在大司马孔父嘉的身上，进而在公元前710年的春天，下手杀死了孔父嘉，并把孔父嘉"美而艳"的妻子夺为己有。不仅如此，当宋殇公对此怒不可遏时，华父督再下狠手，连宋殇公一并杀死，不仅夺人之妻，而且掌握了宋国的政权，把躲在郑国的公子冯推上了君位。

对于孔子六祖孔父嘉的这场败亡，后人有比较中肯的评说，西晋著名学者杜预在注释《春秋》时说："（孔父嘉）内不能治其闺门，

---

① 《孟子·公孙丑下》"孟子曰天时"章。

外取怨于民，身死而祸及其君。"①这是对孔父嘉失政丧身的比较全面的概括和评价。所谓"不能治闺门"，是指带着"美而艳"的妻子招摇过市；所谓"取怨于民"，是指宋国连年不断的战争；所谓"祸及其君"，指宋殇公的被杀身亡。由此可见，孔父嘉所受灾祸和不幸，根本原因在于自身的不检点。后来，当孔子构建自己的政治思想体系时，把在位者自身的行为端正放在了首位，并最终形成以"正名"和"为政以德"为核心的政治思想。我们虽然不能说这样的思想直接源自孔子对其先世政治败亡的反思，但是，类似孔父嘉式的政治教训肯定对于孔子政治思想的建构发挥了重要作用。

迁居鲁国

在这场政治动乱之后的宋国，以华父督为首的华氏家族独揽朝政，孔氏家族一蹶不振，瞬间沦为平民。有记载说，孔父嘉之后第三代人才迁居到鲁国；也有记载认为，华父督虽然只杀死了孔父嘉，并没有将孔氏一族灭门，但是，在华氏家族的压迫之下，孔父嘉的后人显然已经无法在宋国立足，就在其儿子木金父这一代时迁居到了鲁国。察之以理，恐怕后一种记载更为可信。事实上，一个大家族在本国无法立足，然后迁居他国，是春秋时代经常发生的事情。这既是时代的政治习俗或特色，也反映出了春秋时代社会转型过程中沧海桑田般的巨大变化。

不过，也正是因为承负着上述那样的重大历史变迁，孔子的思想才能站在最高的历史视点。他说："殷礼，吾能言之，宋不足征也，文献不足故也。足，则吾能征之矣。"②又说："殷因于夏礼，所损益，

① 《春秋·桓公二年·注》。
② 《论语·八佾》"子曰殷礼"章。

可知也；周因于殷礼，所损益，可知也；其或继周者，虽百世，可知也。"①宋国是殷商文化的继承者，尽管孔子能够讲述殷商文化的来龙去脉，但由于时间相隔渺远，即使在宋国也难以找到直接的证据了。这样的变化，孔子从他的先人们的足迹中就能得到真切体会。一个朝代或一个家世的历史，会因为时代的变迁而面目全非。不过，正如孔子接着感叹的，从夏到商，从商到周，虽然是一次又一次的沧海桑田，但历史文化的接续却是有迹可寻的。正因如此，孔子站在人类历史演进的高度断言，虽然周文化的发展程度已经超越了过去所有时代，但却并不是历史的终结，而只能是一个新的开始。孔子虽然没有说过这样的观点来自他对自己家世变化不已的反思，但是，只有对这种变化有着深刻思考的人，才能最终站在如此的高度看待人类历史文化的演进。

迁居鲁国之后，经过了木金父、祁父（也称罩夷）和防叔三代人的经营，身为平民的孔子先人终于又走入仕途，防叔做了鲁国防地的大夫，即防地的行政长官，世称防叔。这虽然不是个高官，更不是世袭之位，但也表明了这个家族始终有一种积极进取的精神。不过，由于是外来之家，缺乏必要的政治基础，加之这个家族又缺乏那个时代盛行的搞阴谋、耍手段的传统，防叔的儿子伯夏又进入了平民行列。伯夏是孔子的祖父，这位祖父比较平庸，但他的儿子，即孔子的父亲叔梁纥，却是鲁国当时的一位著名人物。

---

① 《论语·为政》"子曰殷因于夏礼"章。

孔子之父

　　详细记载春秋时代历史事件的《左传》，多次记载了孔子父亲叔梁纥的事迹。鲁襄公十年（前563年），在一场战斗中，叔梁纥力举正在下落的城门，以方便己方的军士出入。鲁襄公十七年（前556年），齐国军队进攻鲁国的防地，叔梁纥率领三百甲士，把防地的主人臧纥送出被围困的城中，然后又返回城中坚守。从这两处记载来看，叔梁纥显然是一位力拔山兮式的勇士，有勇力，有勇气，屡立战功，并因此而成为鲁国鄹地的邑宰。《左传》称叔梁纥为"鄹人纥"，明显是追记事件的说法。根据《左传》体例，所谓"鄹人"，就是鄹地的地方官。孔子三岁时，叔梁纥去世，埋葬于防地，这里是孔子先人们迁居鲁国后的第一故乡。

　　《孔子家语·本姓解》记载说，叔梁纥妻生有九个女儿，却没有儿子。他的妾倒是生有一子，名叫孟皮（后世也称伯尼），却足有残疾，不足以顶门立户。于是，叔梁纥就求婚于鲁国望族颜氏。颜氏当时有三个女儿，最小的叫徵在①。颜父问三个女儿："这位郰（鄹 zōu）大夫的父亲和祖父虽然只是士人，但他的祖上却是圣王的后裔。此人身高十尺，武力绝伦，我非常欣赏他。虽然他的年龄有些偏大，生性也比较严厉，但却不足以让人怀疑他的为人。你们三人谁愿意嫁给他？"听了父亲的问话，大女和二女没有应答，小女儿徵在则上前一步说："我听从父亲的安排，不必再多问了。"颜父也很爽快地决定："那就是你了。"便把小女儿颜徵在嫁给了叔梁纥。

　　《孔子家语》的这番记载，严格来说是有许多推断和想象成分的。但在当时的情况下，叔梁纥以其地方官员的身份娶妻纳妾，也是寻常

---

① 在孔子时代，姓氏制度是重男轻女的。在《左传》和《国语》中，即使上层社会中的女性之名也相对简单。所以，"徵在"之名有可能是后人附会而生。但是，既然在历史上这个称呼已经习以为常，我们也没有理由取消之。

之事。孔子也是高大威武之人，他的父亲既然是有名的勇士，所谓身高十尺、武力绝伦的说法也并不过分。孔子早年丧父，全由母亲培养成人，他的所有成就，按理说都应该与他幼时所受教育息息相关。在这样的前提下，孔子的母亲具有那般主见，也不会让人感到惊讶。

【 孔子"观周明堂"，目睹汤、武之所以兴，
桀、纣之所以亡，用历史事实教育弟子。】

作为历史文化的追寻者，孔子对于历史和传统的重视在那个时代是首屈一指的。对于家世，虽然在现存记载中看不到孔子本人的直接叙述，但是，通过上述梳理和分析，孔子先人们对于孔子一生奋斗的影响还是显而易见的。尽管孔子本人不愿提及，或者他曾经提到的相关内容没有被很好地记载下来，但是，种种史籍记载所还原的孔子先人的部分遗迹，显然应该是孔子成长历程中的一个重要方面。无论如何，祖上的地位、功绩会不会成为他内心激励自己不断奋斗的精神动力之一呢？会不会是他竭力追求的主要目标呢？从孔子一生精进的实

情来看，特别是从他大半生孜孜不倦的政治追求来看，答案恐怕是肯定的。

◎ 第二节　孔子出生·少年立志

人的一生，是由不同的成长阶段组成。不过，客观地讲，人生的每个成长阶段对人之一生的作用轻重却是不同的。寻常人也罢，伟人也好，幼年、童年和少年时的成长经历，相对来讲是最重要的人生阶段。孟子讲到杰出人物的成长历程时说过一段著名的话：

【这是平民形象的孔子画像，应该是更接近于真实的孔子。但眉宇之间也透露出道家人物气息，是古人心目中达观的孔子。】

> 天将降大任于是人也，必先苦其心志，劳其筋骨，饿其体肤，空乏其身行，行拂乱其所为。所以动心忍性，曾益其所不能。①

意思是说，如果上天打算让一个人承当重大使命，就会从精神、身体和行为等方面对这个人进行最严苛的考验，目的就是培养他坚强的品格，让他的身心达到常人难以达到的高度。孟子这个著名的"大任"说，虽然没有明确说出是针对人生的哪一个阶段而发的，不过，对于孔子来说，这种考验从他出生之后就开始了。虽然不能说早年的生活磨难一定可以造就伟才，但它有助于伟才之成长却是毫无疑问的。说到孔子的童年和少年时代，虽然种种相关史料之所述多有抵牾，但

---

① 《孟子·告子下》"孟子曰舜发于畎亩"章。

总的来讲，生活在其中的孔子是相当不幸的。

出生，童年的磨难

根据司马迁《史记·孔子世家》的记载，叔梁纥与颜氏女的婚配是"野合"的结果。因为在这篇传记中并没有进一步的说明，所谓"野合"的确切意思也就一直存在着不少的争议。

事实上，在历史上和现实中，从来就不乏有人望文生义地理解"野合"的意义。有人误认为是叔梁纥强抢民女，更有甚者，认为孔子乃是私生子。其实，在孔子时代，"野"的本义是指城市和近郊之外的田野之地，就是距离城市生活和城市文明较远的地方。因为生活在这种地方的主要是农夫，身处社会下层，没有机会接受礼义教化，所以，以这部分人为代表的相对质朴、不加修饰的言行，也称为"野"，这是"野"字的最直接的引申之义。孔子批评弟子子路说："野哉，由也！"[1]使用的就是"野"字的这一引申之意。

很明显，"野合"的本义与"野"字的上述引申意义是密切相关的。事实上，孔子本人就使用过"野合"之辞。《左传·定公十年》对

【西汉司马迁所作《史记》是中国古代最早的纪传体史书，也是第一种专门为孔子立传的史书，功不可没。但由于《孔子世家》写作粗率，也为后人正确了解孔子留下了许多障碍。】

---

[1] 《论语·子路》"子路曰卫君"章。

孔子相礼"夹谷之会"的记载中，当齐景公要求在盟会之后另外招待鲁定公时，孔子意识到齐国人不怀好意，是想另找机会为难鲁君，于是就提出了反对意见。孔子认为："牺、象不出门，嘉乐不野合。"就是说，在朝廷之外的地方不适宜举行正式的宴乐，因为正规的礼器不能携带出朝廷。另外，《春秋·庄公二十三年》记载说："萧叔朝公。"意思是说，鲁国的附庸之国萧国的君主来朝见鲁庄公。因为这时候鲁庄公并不在鲁国都城，而是在另一个地方会见齐国君主，所以，杜预就解释说："凡在外朝，则礼不得具，嘉礼不野合。"显然是间接引用了孔子的观点，意思是说，因为在都城之外，没有条件举行正式的会见仪式，鲁庄公就没有举行正规的仪式会见萧国君主。这就说明，在"周礼"的规定中，正式的礼仪不能"野合"，即不能在条件不具备的环境下简陋举行。这里的"野"就是不合正式规矩的意思，"合"则是举行或完成的意思。

所以，《史记·孔子世家》所说的叔梁纥与颜氏女的"野合"，是说二人并没有举行正式的婚娶仪式。在儒家传统经典中，有一部专讲士人之礼的《仪礼》，大约成书于战国到秦汉之间。在这部书中，专有一章《士昏（婚）礼》，详细记载了"周礼"对士人婚娶的标准要求，那种繁杂程度是今人无法想象的。尽管《仪礼》之内容添加有作者理想的成分，尽管在孔子时代"周礼"的约束力正在下降，但在《孔子家语·本姓解》的记载中，当叔梁纥与颜家的亲事定下之后，"徵在既往"，所谓婚娶仪式，也不过只有"庙见"一项。如果这也叫婚礼的话，即使在后代，即使在今天，这个婚礼也过分简单甚至简陋了。一言以蔽之，颜徵在只是被迎娶到家庙，而并没有在城中举行正式的迎娶之礼，就开始了家庭生活。

那么，造成此次"野合"的原因是什么呢？传统解释都把重点放在二人年龄上的悬殊差别。或者说二人年龄差距太大，不符合当时的礼仪规定；或者说叔梁纥年龄已经超过了正常生育期限，属于非正常结合和生育。这样的意见有一定道理，但却并不周全。因为《史记·孔子世家》和《孔子家语》都没有说明叔梁纥迎娶颜徵在时的具体年龄，即使当时有相关的礼仪或习俗的规定，也无法确知叔梁纥是否违反了这样的规定。

其实，考虑到《史记·孔子世家》对于孔子一生的记载虽然相对来讲是最详尽的，但却也是最繁乱的，并且对于"野合"二字也没有相关的解释和说明，因此，不去细究"野合"之含义一定程度上也是可以的。然而，又考虑到"野合"之说的巨大影响，任何讲述孔子出生的文本，都必须提供一个明确意见。既然各种记载都缺乏确切记载，所以只能从情理上做出分析，并把分析的依据主要放在直接记述叔梁纥求亲的《孔子家语·本姓解》之中。

叔梁纥以正规的士人之礼迎娶颜徵在为妻至少有三方面的困难。首先，根据《孔子家语·本姓解》记载，当叔梁纥求亲于颜氏之时，已经育有九女一子，根据当时的婚姻习惯，他的年龄应该是在四十岁左右了。而颜氏有三女均未出嫁，颜徵在又是三女中最小的一个，年龄应该在二十岁以下。这种年龄上的差距，应该是第一项困难。其次，《孔子家语·本姓解》并没有交代为叔梁纥生下九女的原配之妻是否在世，如果其妻在世，叔梁纥主要是为了生儿子而寻求婚姻，这应该成为第二项困难。最后，自孔子五世祖木金父从宋国迁居鲁国以来，经过四代人经营，还有两代人做到了邑大夫，这个家族恐怕已有了相当的规模。在这种形势下，叔梁纥虽为家族首领，但在婚姻大事上，或者因为上述两项困难，或者与家族沟通不够而遭遇到家族的阻力，这有可能成为第三项困难。面对上述困难，虽然《本姓解》说"遂以妻之"，认为叔梁纥娶颜徵在为"妻"，但在事实上，很可能"妻"的称号只是双方的私下约定。因为只是私下约定，当然就无法举行各方认可的正式的婚娶仪式。所以，《史记·孔子世家》的"野合"之说，是说叔梁纥娶颜徵在为"妻"，只是事实上的妻，而不是符合礼仪之妻。

从结果上看，无论《史记·孔子世家》的"野合"之说是否有根据，叔梁纥最终是与颜徵在生活在了一起。从颜父征求三女意见的过程中我们已经看到，颜徵在显然是一位有主见的女性。所以，在进入叔梁纥之门以后，《孔子家语·本姓解》记载说，颜徵在清醒地意识到，当务之急是要为叔梁纥生育一个男孩子。这一想法既是叔梁纥娶妻的初衷，更是考虑到叔梁纥年龄偏大，生育后代，还要生育男性后代，都是比正常情况下更为困难的事情。为此，颜徵在私下里去了郰邑城外的尼丘山，祈祷神灵赐福给她，让她早日实现丈夫的意愿。颜氏此举当然是受到了当时风俗的影响，尽管此后不久颜氏就生下了孔子，并因为祈祷于尼丘山而以"丘"字为孔子之名、"仲尼"为孔子之字，但从现代人角度来看，那也只是一种有益的心理慰藉而已。古人的名与字之间一般都有联系，尼、丘二字与尼丘山的关系是显而易见的。但究竟是因为"私祷尼丘之山以祈"的原因，还是仅仅因为尼丘山位于郰邑城外的原因，后人也不必一定要寻求一个肯定的答案。另外，因为孔子有同父异母之兄孟皮，所以取字仲尼。孟、仲是古人为家中之子排序的用字，孟或伯为长子，仲或叔为次子，季则是指三子。那时的人尊称有地位或有德行的人为"子"，所以，"孔子"一名更见流行。

　　综合上述，孔子的出生显然是个困难重重的过程。孔子是父亲朝思暮想的儿子，但偏偏是父亲年长之后才出生。孔子的母亲并不是父亲的原配之妻，这在那个时代有可能对一个人形成终身的影响。《论语·八佾》记载说，孔子的敌手们称孔子为"鄹人之子"[①]，这是一种明显带有歧视的称呼，暗示孔子的出身是有某种公认的污点或不足之处的。尽管孔子很好地把这种舆论的不利压力转化成为自己不断上进的积极动力，但这种无妄的困难始终是一种不可否认的事实。

【明清时期流行于世的《圣迹图》，以图画的形式再现孔子的一生，自然免不了许多美化的成分。这一幅"尼山致祷"所显示的孔子之母的气派，当然距离事实较远。】

　　孔子的出生地是鲁国鄹邑昌平乡（今山东曲阜东南尼山附近），时间是公元前 551 年（周灵王二十一年，鲁襄公二十二年）[②]。但也有记载认为，孔子是公元前 552 年出生。历代有许多学者为此而各执一词，聚讼不已。在这个问题上，或许钱穆的意见更为平和，他说："今谓孔子生前一年或后一年，此仅属孔子私人之年寿，与世运之升降，

————————————————

① 《论语·八佾》"子入大庙"章。
② 《史记·孔子世家》。

史迹之转换，人物之进退，学术之流变，无足轻重如毫发。"①

　　孔子虽然是幼子，但并没有享受到父母的百般宠爱，因为孔子的父亲叔梁纥在孔子很小的时候就亡故了。《史记·孔子世家》说："丘生而叔梁纥死。"《孔子家语·本姓解》说："孔子三岁而叔梁纥卒。"总之，孔子对父亲并没有深刻的记忆，自然也难以体会真正的父爱。叔梁纥去世后，孔子与其母颜徵在的生活情形已无史料可证。可以稍加推测的是，颜氏是鲁国的望族，母亲颜徵在带着孔子来到当时鲁国的都城曲阜，在颜氏家族中生活的可能性大一些。这一方面有生计上的考虑，再一方面，如上所言，以"野合"的方式进入叔梁纥家中的颜徵在，在叔梁纥去世后，很难想象会得到这个家族的精心庇护。不过，在孔子时代，颜氏家族已不属于富贵阶层，以贫居著称的孔子高足颜回就是其中的一员。幼年的孔子虽然有母在侧，但生活之艰辛依然可

【这一幅《圣迹图》是"钧天降圣"，与古今中外许多传奇人物降生时的情形相近，说的是孔子从受胎到出生的奇异之状，表达了人们对圣人的仰慕，直到无原则的追捧。】

① 《先秦诸子系年》，中华书局，1985 年，第 2 页。

想而知。孔子成年后自谓"吾少也贱，故多能鄙事"①，便可证明其年幼时的困顿生活了。所谓"少也贱"，是说缺乏深厚的家族背景，没有像样的社会地位；所谓"多能鄙事"，是说必须从事低级的劳动来谋生。

颜徵在可能在孔子成人之前就亡故了，相信这对孔子的影响很大。成年后的孔子（至少从记载上看）从未

【经过修复的曲阜城门，普通人等川流不息地走过，不知是否可以合上当年孔子出入的脚踪？为瞻仰圣迹而来的人们，在进入这样的城门时，会不会怀有别样的情愫？】

提及父母，这当中有种种可能，而最大的可能是父母均在他能够记事的年龄之前便已谢世。也有可能是，后亡的母亲极为普通，虽然生养了孔子，但并未给过他令人印象深刻的培养。孔子甚至说："唯女子与小人为难养也。近之则不逊，远之则怨。"②意思是说，那个时代的女性是难以相处的。理由是，如果亲近她们，她们就会桀骜不驯；如果疏远她们，她们又会怨声不断。由此我们可以推断，如果他的母亲是让他记忆深刻的超乎寻常的女性，孔子自然不应该说出这样的话来。当然，无论实情如何，立足今天的我们，还是可以说颜氏称得上是位伟大的母亲。她不仅生养了孔子这样的伟人，还能在那样的逆境中与孔子相依为命，并使孔子能在颜氏这样的大家族中获得成长。如上所言，虽然这并不是一个显赫和富有的家族，但历史悠长的家族中总有些通晓世故、明于礼义的德高望重者。他们怜悯这个聪颖的孤儿，

---

① 《论语·子罕》"大宰问于子贡"章。
② 《论语·阳货》"子曰唯女子"章。

并教以书契礼仪，这使孔子从小就对传统文化有了相当的认知和较深的熏习。

　　传统，毫无疑问地会使一些人背上沉重的包袱，窒息了他们的创造性。然而，孔子却无疑属于既能遵循传统，又具有创发性的出类拔萃者，用他自己的话说，叫作"好古"和"敏求"①。童年的孔子"为儿嬉戏，常陈俎豆，设礼容"②，即使是在游戏的时候，也许只有些砖头瓦块，孔子并不像普通孩子那样扔来扔去、打打闹闹，而是认真地模仿成人的祭祀活动，摆好供品，神情严肃地完成各项礼仪。类似这样的表现，在孔子的童年时代肯定不止于这种模拟。这就说明，孔子确实生活在一个有规矩有教养的环境中，虽然他的"玩具"是简朴的，比不上贵族子女的奢华，但他的表现却是高贵的，是那些轻视传统的贵族之家无法比拟的。这种对传统文化的遵从和实践，既显现出了孔子的天赋，又证明了传统教育在他身上得到的回应。

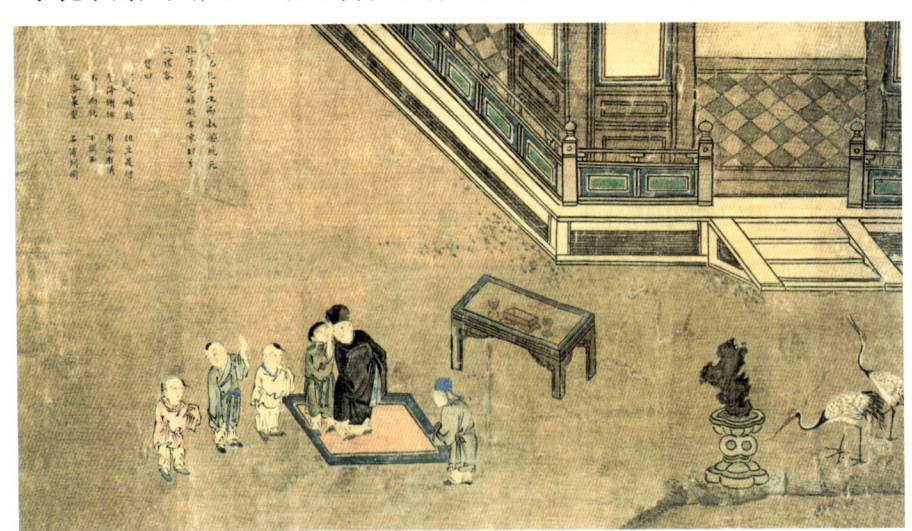

【所谓"俎豆礼容"是《圣迹图》中的一帧，但展现在我们眼前的这幅图，不仅是典型的明代风格，而且其所示环境之优渥，显然相当理想化，远离孔子生活的实际。】

① 《论语·述而》"子曰述而不作"章。
② 《史记·孔子世家》。

少年，立志于学

晚年的孔子回顾少年时代时坚定地说："吾十有五而志于学。"① 孔子又说："三军可夺帅也，匹夫不可夺志也。"② 孟子也说过："羿之教人射，必志于彀；学者亦必志于彀。"③ 显然，"志"是人的内在决断，是一种精神境界。更重要的是，"志"决定了一个人的追求和行为。事实上，孔子一生之所为便是他立志于学的见证。他在晚年给自己下过一些评语，比如：

> 子曰："十室之邑，必有忠信如丘者也，不如丘之好学也。"④
>
> 子曰："吾尝终日不食，终夜不寝，以思。无益，不如学也。"⑤

孔子认为自己是好学之人，这与他的少年立志是分不开的。所谓"好学"，是说对孔子来说，学并不是一种外在行为，更不是为了博取外在名声或利益，而是生命的一部分，是生命的延续。因此，孔子才坚定地表示，像我这样讲求忠信的人并不难找，而像我这样好学的人，却并不多见。因为他的体会是，过度的思考容易流于空洞，而扎实的学习才是一切的根本。

在孔子心目中，学，自然有学习典籍、礼仪等外在项目的含义，孔

【这是现代人所想象的孔门问学的场景，虽然显得有些呆板，但也表现了孔门对学的重视。】

---

① 《论语·为政》"子曰吾十有五"章。
② 《论语·子罕》"子曰三军"章。
③ 《孟子·告子上》末章。
④ 《论语·公冶长》"子曰十室之邑"章。
⑤ 《论语·卫灵公》"子曰吾尝终日不食"章。

子讲"学而时习之"①，恐怕主要是指的这方面的学。然而，学的更重要的一点，也是它的归宿处，是学伦常、学做人。孔子语重心长地对轻视学的弟子子路说：

> 好仁不好学，其蔽也愚；好知（智）不好学，其蔽也荡；好信不好学，其蔽也贼；好直不好学，其蔽也绞；好勇不好学，其蔽也乱；好刚不好学，其蔽也狂。②

很显然，像"仁、知、信、直、勇、刚"等都是做人的基本要素，但这些要素倘无"学"的调节，恐怕会是流弊无穷的。如果没有学的调节，好仁的至极处就会导致愚钝，好智会导致言行失调，好信会导致对于大道的贼害，好直会导致固执己见，好勇会导致犯上作乱，而好刚则会导致狂妄自大。这样看来，任何道德表现，都需要通过学，无穷无尽的学，才能日臻完善，直到达之于化境。孟子称颂孔子为"圣之时者"③，善于认识和把握时机，善于了解和掌握分寸，善于观察和控制进退，所有这些都源自孔子自始至终对学的重视。孔子把学作为人生之起步，这对于他的成长和成就是至关重要的。

当然，十五岁左右的孔子可能尚未达到如此高深的认识，但倘若离开他的"十有五而志于学"，便很难想象孔子以后的作为。孔子的志于学，并不仅仅是说去学了，而是说，经过一定的学之后，他清楚地意识到了学将是他的立志所在，是伴随其一生的选择。在他十五岁左右时，父亲早已故去，母亲也有可能永远离开了他，这种生活的境遇并不是正常情况。但是，也正是在这种非正常的情况下，孔子立志于学，以学为伴，才能够使他不仅不会偏离人生的正道，而且奠定了一生成就的基础。

---

① 《论语·学而》首章。
② 《论语·阳货》"子曰由也"章。
③ 《孟子·万章下》首章。

◎ 第三节 青年求学·使命在肩

少年时代造就人的性格，青年时代决定人的志向，因为性格是在不知不觉中形成的，而志向则需要经历一些值得让人回味和思考的事件，也需要对生活在其中的时代有相当程度的观察和感知。在孔子的自述中，从少年立志于学到三十而立后的独立思考，有十五年的时间。史籍中对孔子这十五年中经历的事件记载较少，原因之一，可能是这段时间内与孔子交往的人多半未能经受得住岁月的冲刷，没有留下多少历史痕迹。尽管如此，那记载不多的几件事，已经足以让我们了解孔子为何会立下治国救世的远大志向。

肩负使命

孔子说："性相近，习相远。"[1] 每个人虽然都具有与生俱来的生物性，但不同的生长环境却又赋予每个人不同的社会性，二者的有机结合，才会形成完整的人格。作为一位政治家和哲人，孔子年轻时的"习"是多方面的。他自称"多能鄙事"[2]，掌握了下层劳动者的劳动技能。根据传世典籍记载，这些所谓的"鄙事"，大抵是指他在鲁国担任过的下层小吏的经历。具体来说，就是管理仓库和牧养牲畜，其中既有管理者的职责，也有普通劳动者所从事的劳作[3]。《史记·孔子世家》称孔子身长很高，用那时的长度单位来说是"九尺有六寸"，所以人们呼他为"长人"。《世本·王侯大夫谱》记载说，孔子"腰大十围，长九尺有六寸，时人谓之长人"。用汉代的尺寸长度来衡量，孔子的身高应该相当于现在的一米九左右。即使后人有所夸张，但"长

---

① 《论语·阳货》"子曰性相近"章。
② 《论语·子罕》"大宰问于子贡"章。
③ 《孟子·万章下》："孔子尝为委吏……尝为乘田。"

【孔子的"职司委吏",更多的是一种社会地位低微的体力劳动,这样的经历对孔子的成长是至关重要的,尽管他并不十分情愿。】

人"即"大个子"的说法也应该是有事实依据的。这就是说,良好的体魄,诚实的为人,好学的精神,使孔子把上述两项事务都做得相当出色。

当然,孔子真正的长处,并非"长人"之长,而是他的以博识好礼为标志的学问之长,而且在他的时代,这是绝大多数人所缺乏的长处。即使是那些比孔子更有地位的人,在这方面也得对孔子甘拜下风。孔子三十四岁时,在鲁国专权的三大家族之一的孟氏家族的首领孟僖子就承认"有达者曰孔丘"[1]。所谓"达者"乃是通达之人,就对世事的认识和把握而言,已经是最高境界了。当然这样的境界不可能一蹴而就,而是长期锤炼的结果。这样的锤炼,就包括孔子年轻时的种种人生历练。

---

[1] 《左传·昭公七年》。

【"职司乘田"在《圣迹图》里更像是对田园生活的描述，更有众人的左右随侍。绘画者或者是想以这样一种情调淡化孔子身为普通劳动者的处境，但从历史的角度来看，这种美化是多余的。】

一个好学青年，能够专注于社会下层的实践，并且把一些大家不太看重的具体事务做得有声有色，这无疑是他走向通达的必要准备。

但是，在当时的一些权贵们看来，好学、诚实和肯干并没有什么价值，有价值的只有世袭的政治地位和特权。有一次，鲁国当权的三大家族之一的季氏家族招待士人，自以为拥有"士"的身份的孔子兴冲冲地赶去时，却遭到了季氏家臣阳虎的拒黜，理由是，"季氏飨士，非敢飨子也"①，意思是说，季氏招待的是"士"，而他们认为孔子并没有这个身份和地位。"士"字的本义是武士，在周礼的规定中是一种世袭的身份，单纯的士人虽然没有官职，但却享有较高社会地位，仅次于大夫。不过，随着周天子的失势，以及周礼约束力的衰减，"士"

---

① 《史记·孔子世家》。

阶层也处在变化之中，其中最重要的一项就是武士的色彩不断减少，文士的色彩日渐加重，随之而来的是其世袭性质的淡化。孔子当然对自己的文士身份相当看重，但对那些更看重强权的人来说，文士的特色正是他们最反感的。因为文士们对历史文化的尊重和学养，以及对时事的关注和对现实的批判，是当权者不愿意接受的。

可以想见，被阳虎拒黜这件事对孔子的打击是相当沉重的，虽然结合他日后的言行来看，这也并非完全是件坏事。事实上，阳虎之类的权臣的目中无人并未使孔子气馁。相反，这倒更坚定了他的选择，并促进他有力地抨击新贵们的无知和无礼。《论语》记载：

　　子入太庙，每事问。或曰："孰谓鄹人之子知礼乎？入太庙，每事问。"子闻之，曰："是礼也。"①

【孔子进入太庙是去参加或观瞻礼仪，并不是问礼。他的每事必问，是对太庙之礼的尊重，是知礼者的表现。】

① 《论语·八佾》"子入太庙"章。

这件事很可能就发生在孔子刚刚有些知名度的二十几岁。"或曰"之"或"，是指有些人，大抵是季氏集团内的人。进入周公之庙瞻仰先圣，孔子的表现是"每事问"，这让那些反感周礼、反感孔子研习周礼的人欢呼雀跃，认为这一下可是找到孔子的毛病。殊不知，事事都向太庙的管理者询问并不表示孔子一无所知，而是遵守太庙规矩的表现，这与他后来提出的"正名"①原则是一致的。像这样的事情估计在孔子身上是经常发生的，这充分证明了孔子的个性和博识。凭借这些，孔子不仅获得了内在的收获，而且也逐渐在社会上争得了应有的一席之地。所以说，孔子语气十分肯定的"是礼也"的回答，其实际含义毋宁是对无礼者的强烈抨击，并进一步证明他们无礼无知到了何种程度。显然，阳虎们所瞧不起的，正是孔子认为应该持守的。

虽然家道中衰，但孔子毕竟还是王者、国君之后。他是殷人之后，鲁国那时也是殷遗民的聚居地之一，孔子周围的殷之后人难免有种种复兴本族的议论。孔子本人有着远大的政治志向，但当权者的政治压迫却使他喘息艰难。他孜孜求学，而国家却被不学无术的特权阶层（其中大量涌现的是新贵和僭臣）所左右。以上种种，是否会激发出孔子由衷的为了大众的利益而整治天下的使命感与责任感呢？孔子一生的政治追求，对此做出了肯定性的回答。只有这种使命感和责任感才会使他忍辱负重，精进不已，用上述孟子的话来说，叫作"动心忍性"。

求教郯子

孔子二十七岁时，郯子来访鲁国。

《左传·昭公十七年》记载，郯国的君主郯子来访，鲁昭公设宴招待。郯国虽然只是当时的小国，并且已经沦落为鲁国的附庸之国，

---

① 《论语·子路》"子路曰卫君待子"章。

但郯子却是有名的博学之人。因此，席间就有人请教郯子，听说上古时代的少皋氏都是用禽鸟的名字命名官职，不知道这是为什么？郯子回答说："吾祖也，我知之。"① 郯子自认为他的家族是上古少皋氏的后人，所以很自信地说他明白其中的缘由。接着，郯子便详细讲述了上古时代官名的由来和沿革。由于这样的对话算不上什么政治秘密，随后就有人把对话的内容传布了出去。年轻的孔子得知后非常兴奋，觉得这样的博学识礼之士正是自己的良师，于是就去求见郯子，并随之学习。

这是可信的孔子的第一次投师。根据上述郯子所说的内容，孔子所学，应该不外乎古代政治制度方面的知识，也就是孔子所说的"文"的一部分。这一方面证明了孔子的好学精神，另一方面也说明了年轻的孔子是怀有高远的政治理想的。所以，孔子随郯子学习之后感叹道："吾闻之，天子失官，学在四夷。犹信。"② 也就是说，随着周天子权威日损，礼崩乐坏，官学不得不散入四方。在此之前，孔子只是听说过这样的事情，而向郯子求教之后，他才意识到这样的局面已然成为事实。后来，孔子也以他所了解的事实慨叹道："大师挚适齐，亚饭干适楚，三饭缭适蔡，四饭缺适秦，鼓方叔入于河，播鼗武入于汉，少师阳、击磬襄入于海。"③ 那些本来在周天子的朝廷之上主持礼乐之教的人士，因为周礼逐渐失去了作用，不得不流散于四方。

在其他人看来，学在四夷也好，散于四方也罢，只能让人发出无尽叹息，或者还会有人欢欣鼓舞。但是，在孔子那里，这种状况却使他获得了无上的使命感。由于周王朝的衰落，学在四夷，礼乐典章散佚民间，周礼不再具有权威性的局面必然会出现。孔子当然明白无人能使历史倒退，无法再回到"学在官"的时代。事实上，孔子后来以

---

① 《左传·昭公十七年》。
② 《左传·昭公十七年》。
③ 《论语·微子》"大师挚适齐"章。

"士"的身份从事民间教育，无形中也否定了"官学"对文化的垄断。所以，问题的关键并不是"学"在官还是在四夷，而是它的价值和作用是否还能继续存在下去。从此意义上讲，也许"学在官"照样避免不了时代的文化颓废。

可能是因为孔子恰巧生活在保存周礼最丰富的鲁国之故，所以，年轻时的孔子就对传统文化的失范感受颇深。在孔子看来，正是往昔文化体系的散乱导致了人心紊乱，进而造成了社会动荡，因此，要使社会趋于稳定并保持发展，一定要将已经散乱的文化体系重新整合，使传统文化的合理性得以回归，进而使其更具有时代有效性。很显然，孔子的如此决心和勇气，就是他所谓的"与于斯文"[①]的文化使命感。总之，对于以"学在四夷"为标志的传统文化体系的崩溃和传统价值观的失范，孔子既没有发出无聊的哀叹，也没有做抱残守缺的卫道士，而是扎扎实实地进行学习和创新，以期一步步地实现"周礼"的合乎时代要求的回归。所以，我们看到的是，当孔子思想成熟之后，他便认为这种合理性已经找回，下一步就是在现实中如何实际地改造人和社会了。

个人生活

如前所述，孔子三岁时父亲去时，葬于防邑之外的防山。但由于当时孔子年纪太小，对父亲的埋葬之地并没有印象。孔子长大之后，母亲由于不受丈夫家族的容纳，也就不愿意向孔子提起他父亲的事情。想象孔子也应该是个非常懂事的孩子，既然母亲不主动提及，他也从不打听。童年时专心于"设礼容"之类的成人般的游戏，少年时则"志于学"，一门心思地学习。就这样，当母亲去世之时，孔子都

---

① 《论语·子罕》"子畏于匡"章。

无法将母亲与父亲合葬。只是后来经好心人指点，孔子才将父母"合葬于防"①。至于母亲何时去世，典籍并无明确记载。从《孔子世家》的记载顺序来看，应该在孔子十七岁之前，甚至更早的时候。很早就成为孤儿的孔子，所能做的事情，除了通过劳动维持生计之外，应该就是读书求师的生活了。

　　经过初步的学习，青年时代的孔子满脑子都是整治天下的雄图大略，但在这个时候，他的个人生活情形，除了《孔子家语》所载的一些颇有争议的说法而外，我们几乎一无所知。《孔子家语·本姓篇》说，孔子十九岁时迎娶宋国的亓官氏之女为妻，次年得子，取名鲤，字伯鱼。孔子还有一个女儿，想必也是这位夫人所生。伯鱼既是孔子的至亲之人，也是他的学生。伯鱼先孔子而亡，也不存在传承孔子之学的问题。且从《论语》记载的情形来看，伯鱼也算不上是孔子的杰出弟子。

【传说伯鱼出生后，鲁昭公赐送鲤鱼表示祝贺，故名鲤字伯鱼。荣贶即荣赐。此幅《圣迹图》中，孔子居住大宅，还得鲁君之赐，显然与其当时的处境不符。】

① 《史记·孔子世家》。

第二章

三十而立

——行教之始

从"十有五而志于学"开始，经过了十几年的初步磨砺，孔子步履坚定地走向了中年。孔子自谓"三十而立"①，这是孔子晚年回顾一生思想经历时的话语，其中透露出的自信和得意是显而易见的。如同我们一再强调的，"三十而立"之类的概括，是孔子就他的思想成就和精神境界而言的。"立"的本意是卓尔有所立，即基本成型或成熟，并能完整而清晰地表达某种思想的时候。在孔子时代，世袭制依然在政治体制中占据主要地位，孔子虽然政治思想基本成熟，但却苦于得不到实践其政治理念的机会。于是，这一时期的孔子主要是静下心来充实自己的思想，并开始寻觅政治上的志同道合者，由此开始了他的一生行教的光辉历程。

◎ 第一节　心忧天下

当孔子步入中年之时，天下的政治形势是怎样的呢？司马迁总结了后人的普遍看法后，对于孔子的中年时代，也就是春秋末期（公元前六世纪末）的政治形势做了如下概括：

> 是时也，晋平公淫，六卿擅权，东伐诸侯。楚灵王兵强，陵轹中国。齐大而近于鲁。鲁小弱，附于楚则晋怒，附于晋则楚来伐；不备于齐，齐师侵鲁。②

司马迁以天下政治形势为背景，最后把重点落在了鲁国，也就是孔子生活的国家。在孔子时代，晋国还是名义上的天下霸主，继续着晋文公开创的霸业。但自晋悼公"复伯（霸）"③以来，到晋平公时，晋国开始走上了下坡路，其主要标志是晋国六卿控制了晋国的主要政治资源，致使晋国不能集中力量有效应对一直虎视中原的楚国的威胁。

---

① 以上见《论语·为政》"子曰吾十有五"章。
② 《史记·孔子世家》。
③ 《国语·晋语七》。

在晋、楚争霸的拉锯战中，最吃苦头的是中原各小国，这其中就包括鲁国。为了生存，这些小国不得不依附于某个大国。但正如司马迁所总结的，处在晋、楚之间的鲁国，如果依附于楚国，晋国就不高兴，随即施以武力惩罚，反之亦然。而让鲁国难上加难的，还是东边的齐国。齐国虽然力量有限，基本置身于晋、楚争霸之外，但一有机会或借口就欺凌周围的弱小国家，特别是鲁国。

【晋文公复国是影响晋国历史的大事，晋文公称霸则是影响春秋历史的大事，也为孔子屡屡谈及。南宋李唐所绘《晋文公复国图》再现了晋文公流亡十九年后登上晋国君位的历程。】

在这种动荡的形势下，除了各国政治人物苦乐不齐之外，更为灾难深重的当然是普通百姓。因此，缓和并结束这种局面，就成为包括孔子在内的天下有识之士的共同愿望。如上所述，当时没有任何一个大国能够担当此任。至于周王室，更是正在走向自身难保的境地，名为天下共主，实为可有可无。

生活在这样的时代，满腹经纶的孔子自然而然地逐渐萌发了要在

【晋文公复国图】

政治上大干一番的想法。此时的孔子虽然刚刚步入"而立"之年，还谈不上获得什么世俗的政治成就，但他对现实政治的兴趣却很明显地表露了出来。在《论语》中，孔子所表述的一些政治观点，如"天下有道，礼乐征伐自天子出；天下无道，礼乐征伐自诸侯出"[①]等，表明了自己的政治追求就是要努力恢复天下"有道"的政治局面，让普通人能够过上安定的生活。而在实际政治行为方面，《左传》中记载的一些孔子的表现，更能证明孔子此时的政治热情，其中，孔子对于郑国子产之政的议论就是一个明显例证。

◎ 第二节 思想卓立

子产是春秋时代著名的政治家。他执郑国之政二十余年而不败，显示出了极大的政治才干。鲁昭公二十年（前522年），重病中的子产向他的继任者子大叔作了施政遗训。子产说：

---

① 《论语·季氏》"孔子曰天下有道"章。

我死，子必为政。唯有德者能以宽服民，其次莫如猛。夫火烈，民望而畏之，故鲜死焉；水懦弱，民狎而玩之，则多死焉，故宽难。①

子产认为，在当时的专制政治体制下，政治家的治国之策，在大方向上只能在"宽"与"猛"，即宽柔与苛严之间做选择。只有德行高尚，具有高超道德感召力的政治家才能自始至终地执行宽政。但是，有德者未免太少，所以，对于绝大多数政治家而言，最好是选择猛政，以有效地控制政治局面。可是，子大叔执政之后，不忍用猛而用宽，结果是盗贼大起，形势大乱。子大叔悔而用猛，盗贼才明显收敛，形势得到了控制。对于这一政治事态的起伏，身在郑国之邻国鲁国的孔子做出了大胆的评论。他说：

善哉！政宽则民慢，慢则纠之以猛。猛则民残，残则施之以宽。宽以济猛，猛以济宽，政是以和。②

孔子的这段话，记载在《左传》鲁昭公二十年，也就是公元前 522 年，这时候的孔子正好三十岁。尽管子产已经是名满天下的著名政治家，但孔子在欣赏其政治观点的同时，还是发表了稍有

【子产是春秋中期最有成就的政治家之一，是那个时代最具有政治思想和治国理念的辅相者。只是由于他主政的郑国国势有限，才未能成就管仲那样的政治事业。】

---

① 《左传·昭公二十年》。
② 《左传·昭公二十年》。

不同的主张，证明孔子对于天下政治已经有了自己的思考，并形成鲜明的观点。子产认为，宽政和猛政的使用是因人而异的，有德者以宽服民，无德者则以猛畏民。孔子则与此不同。在孔子看来，宽政和猛政应该相间使用，只有这样，才符合人的本性，才能收到"和"的政治效果。因为，当施以宽政时，被统治者会逐渐流于怠慢或散漫，当散漫到一定程度，政治局面有滑坡甚至动荡的时候，统治者就应该下狠心，出猛招儿，以警醒被统治者，让他们重新焕发积极上进的精神，使社会进步提升到新阶段。但是，在猛政之下，被统治者又容易渐渐流于残贼，急功近利，造成社会道德风气下降，这时候又需要用宽政恢复元气。这种"宽以济猛，猛以济宽"的"和政"，显然不同于子产猛易宽难的观点，显现出"而立"之年的孔子独立思考、大胆表达的政治勇气。当然，子产和孔子在此所说的猛政，与所谓的暴政是完全不同的。

更重要的是，在分析宽猛相济、互为补充的过程中，孔子的思考又具有思想家的底蕴。从本质上讲，某种政治思想的合理与否，是要通过实践来检验的。而在实践的检验中，大多数人的感受是最根本的。所以，当孔子主张宽猛相济时，既考虑到了人性的因素，又坚持了辩证的思维。传统上认为孔子不是专门的哲学家，并不会单纯为了说明某种学理而阐述自己的观点。不过，真正的哲学精神应该体现在生活中以及对生活的理解上，在这方面，孔子做得非常到位。孔子非常欣赏"达"者，所谓"达"就是思想通达，在很大程度上能把哲学思考融入鲜活的现实之中。比如说：

赐也达，于从政乎何有？①

夫仁者，己欲立而立人，己欲达而达人。②

夫达也者，质直而好义，察言而观色，虑以下人。③

君子上达，小人下达。④

很显然，孔子非常关注"达"的重要性，并从各个方面加以阐述和强调。特别是他对"达"的定义，更显现了哲人的关怀。"察言而观色，虑以下人"，就是有眼色、保持低调，但为了避免流于保守，特别是避免成为不讲原则的老好人，孔子又强调了"质直而好义"的精神内核。在坚持原则的前提下，注意其他人的感受，保持谦下虚怀的做人风格，这才是"达人"的风格，如同子贡（赐）那样。这样一来，孔子所认可的达人，可谓内外兼修，把做人的品质落实在了现实生活之中。

就在公元前 522 年，当孔子听到子产去世的消息时，不禁怆然涕下，称子产是"古之遗爱"⑤，认为子产是有古风的慈爱之人。在《论语》中，孔子则称子产为"惠人"⑥。可见，孔子对子产的政治成就还是相当欣赏的。孔子认为子产的政治成就是"爱"和"惠"，这主要是强调了子产之政在发展经济、改善民生方面做出的成绩。孔子从平民中来，在他三十岁之前也主要生活在普通人之中，对于民生之艰难深有体会，所以才对子产的"爱、惠"之政做出了如此之高的评价。可以说，此时的孔子很想成就一番子产的事业，认为可以在鲁国这样一个规模有似于郑国的地方有效地解决民生问题，并施行"宽猛相济"的政治策略，最终达到周礼所要求的理想社会。尽管孔子这样的主张

---

① 《论语·雍也》"季康子问"章。
② 《论语·雍也》"子贡曰如有博施于民"章。
③ 《论语·颜渊》"子张问士何如"章。
④ 《论语·宪问》"子曰君子上达"章。
⑤ 《左传·昭公二十年》。
⑥ 《论语·宪问》"或问子产"章。

【孔子"惠足以使人"的政治理念，强调的是经济发展的基础性作用。只有解决好民生问题，当政者才有可能役使民众、领导民众，更为全面地推进社会建设。】

与他后期的政治思想并不完全一致①，但他毕竟是有了自己的独立看法②，并且也可以说是孔子从国家和天下的角度关心政事的开端。

就在子产去世的同一年，齐国发生内乱，一位叫宗鲁的勇士无谓牺牲。宗鲁在鲁国的好友琴张准备前去吊唁，孔子得知后劝阻道：

> 君子不食奸，不受乱，不为利疚于回，不以回待人，不盖不义，不犯非礼。③

我们在此且不论孔子对宗鲁之死的评价恰当与否，仅就孔子的这番议论而言，就足以看到孔子的思想正在走向成熟。他对"君子"的行为提出了严格要求，并使用了"义""礼"这些孔子思想的重要概念。确如他自己所言，三十岁的孔子，在思想上已经"立"起来了。

孔子在晚年总结自己一生的若干阶段时所说的，无论是"志"，还是"立"，以至于"不惑"和"耳顺"等，都讲的是精神所至的某种境界，即指的是思想上的收获，而并非实际的社会地位、名声，以

---

① 《论语·子路》：子适卫，冉有仆。子曰："庶矣哉！"冉有曰："既庶矣，又何加焉？"曰："富之。"曰："既富之，又何加焉？"曰："教之。"○这是孔子五十岁之后的主张，强调在发展经济的时候，还须注重道德教化的作用。
② 孟子就很明确地批评了子产之政，认为子产"惠而不知为政"，见《孟子·离娄下》"子产听郑国之政"章。成熟的孔子思想也认为在努力解决民生问题的同时，应该更注意社会道德水平的提升。
③ 《左传·昭公二十年》。

及仕途上的进阶。孔子讲"三十而立"，就是强调他在思想上已经能够自立，能独立判断、全面思考了。易言之，孔子三十岁左右时自认为他的思想已经卓立在一个相对稳定的基础之上了。或者说，三十岁以后的孔子，在思想上已选定了奋斗目标。从政，进而治国，已经成为他的首要选择。

值得强调的是，孔子并不认为治理国家是他一个人能够完成的，而天下亦不仅有鲁国一地。所以，要利用一切适当时机和一切合理手段扩大自己思想的影响范围。就这样，孔子摸索着走上了行教的路途。

【孔子弟子琴牢，也有人认为就是琴张，是孔子最早的弟子之一。不过，像这样的弟子，可能是由友人转化为弟子的，与后来一开始就以弟子的身份与孔子相见的那类弟子还有所不同。】

◎ 第三节 早期行教

行教之前的私学

中国历史上的私学之兴本在孔子行教之前。西周以来，由于王权日渐式微，周王朝的各方面都呈现出衰败迹象，其中较为引人注目的一个方面即是所谓的"学在四夷"或文化下移的现象。王权之衰造成中央文化机构规模日小，甚至其中的某些部门完全废弃，这使得许多文化公职人员流落民间。同时，随着这些文化从业人员的四散而去，也使很多本属于王朝的文物典籍散失于四方。结果就造成那些失去王朝俸禄的文士，不得不利用自己的一技之长和拥有的典籍来谋生，其中亦不乏一些眷恋传统文化的人士。这些人士竭力宣扬"周礼"，甚至试图以"周礼"重新整合天下。

另一方面，各国诸侯及新兴的政治势力又无不想僭取传统文化以笼络人心。这样一来，有些贵族便聘请那些流落民间的王朝"士"人为师，教授其子弟。不用说，这两方面的相互需要，必然会出现与官学不同的私学，即知识分子以个人身份收徒讲学谋生，使教育真正成为一种职业。据文献记载，在孔子之前不久和孔子时代，私人讲学的风气日渐兴盛，其中有晋国的叔向、郑国的壶丘子林和邓析以及鲁国的少正卯等。我们不知道孔子对这些情形了解多少，但从他求学于郯子一事来看，他并不认为文士以个人身份收徒讲学有什么不当之处。

说到孔子的行教及其行教的身份，我们不得不弄清楚孔子所说的"士"的含义。在商朝甲骨文中并没有"士"

【山东曲阜的周公庙以"明德勤思"称颂周公旦，这可能与孔子对周公的评价重点还有所不同。周公旦是"周礼"的主持制定者，是周朝正统文化的奠基者，而文化的万世之功，是孔子最为看重的。】

这个字，西周以来的金文才出现了"士"字。"士"字的初义，在西周时是一种官职，并且与武力有关。就"士"字的本义而言，武官、武士与执法者有时是难以区别的。所以，最初的士人就是武士。在西周社会上升时期，"士"由武官或法官而泛指一般的官员。随着周王朝的社会转型，武官和法官的意义逐渐丧失，但"士"的基本意义却没有轻易丧失，这一基本意义就是尚武精神，以及士人的勇气和气概。在春秋战国时期，旧时代的武士渐渐消失，"士"泛指一般意义上的有才能和有修养之人，进而专指后世所谓的知识分子。

综上所述，一方面，当时的"士"都是受过教育的，当他们在周朝廷上无法以"士"的原有身份和地位获得俸禄时，其中的一些无疑会想到以自己的文化之道谋生；另一方面，这样的知识分子中也确实不乏有勇气有毅力的人。显然，从"士"之意义的变迁，足可以从一个侧面看到周朝社会的变化。"士"阶层的地位升降，以及"士"字的意义变化，在东周以来的文献中尚可看出。在《论语》中，"士"的意义明显正在向着最后的意义迈进，反映了在当时人们的观念中"士"的地位的变化。一定程度上也可以说，正是孔子儒学对"士"的重新定义，才使"士"的最新价值和意义得以普及于世。当然，孔子之所以对"士"有特别的重视，与他本人的经历和追求是息息相关的。

士 貉子卣 王令
士道归貉子鹿三
士 臣辰卣 王令士上
眔史寅殷于成周
士 敔尊 王锡敔
士卿贝朋

【金文的「士」字形似斧钺，象征着以武力为基础的权力。但在早期儒家思想中，以力服人正在让位于以德服人。】

行教之始及意义

孔子的教育事业始于何时，实在是个难以确定的问题。上文提到的琴张，有人即以为是孔子早年的弟子之一。《论语》中又有一人曰"牢"，曾转述孔子之言，有人便根据孔子弟子中有琴牢为由，认定《左传》中的琴张即此琴牢。类似这样的不确定的弟子还有几位，但根据现存典籍，孔子收徒的最早确切记载见于《左传·昭公二十四年》。这个记载虽然最为可信，但显然不是孔子事实上的最早行教记载，因为从这个记载本身就能看得出来。这项记载始于《左传》的一个事件：

> 三月，公如楚。郑伯劳于师之梁。孟僖子为介，不能相仪。及楚，不能答郊劳。九月，公至自楚，孟僖子病不能相礼，乃讲学之，苟能礼者从之。[①]

鲁国是周公旦的封国，周公旦是周朝礼制即所谓"周礼"的制定者，所以，鲁国一向被其他诸侯国视为保存周礼最完备的地方，但是，身为鲁国上卿的孟僖子竟然"不能相仪""不能答郊劳"，没有能力引导鲁公完成"周礼"所规定的典礼仪式，而能够依"周礼"行事的，居然是被中原各国视为蛮夷之邦的楚国，这自然很让周公的后人大失体面。所以，孟僖子"病"之，为此而忧心忡忡，于是就决定在鲁国讲习礼仪。此时孔子年仅十七，很可能还是一个默默无闻的年轻人。但是，待到鲁昭公二十四年（前518年）孔子三十四岁时：

> （孟僖子）将死也，召其大夫，曰："礼，人之干也。

---

① 《左传·昭公七年》。

〔楚系青铜器以构思奇特、造型优美著称，再加上精湛的做工，使这件『展翅攫蛇鹰』更为生动地表现了楚人的进取精神。在孔子时代，楚文化虽被中原文化视为另类，但其对『周礼』的遵从也是不争的事实。〕

无礼，无以立。吾闻将有达者曰孔丘，圣人之后也，而灭于宋。……臧孙纥有言曰：'圣人有明德者，若不当世，其后必有达人。'今其将在孔丘乎？我若获没，必属说与何忌（即孟懿子和南宫敬叔）于夫子，使事之，而学礼焉，以定其位。"故孟懿子与南宫敬叔师事仲尼。仲尼曰，"能补过者，君子也。《诗》曰：'君子是则是效。'孟僖子可则效已矣。"①

　　这段引文，在我们讲述孔子的家世时也引用过一部分，当时的重点在于说明孔子的先人是从宋国移居到鲁国的，现在的引述重点则在于孔子行教的时间起点。从此处的引述中，我们可以肯定以下两点。第一，此时的孔子不仅以知礼而且也以行教而闻名，以至于像孟僖子这样的权臣，不仅自己折服，还要求他的后代去追随和师事孔子，因而，孔子对孟僖子的是非分明的评价便是令人信服的。第二，虽然孟懿子和南宫敬叔是较早的孔子弟子，但却难以确定是否是他的第一批弟子。孔子自称"三十而立"，又坚持"己欲立而立

---

① 《左传·昭公七年》。

【孟僖子以其二子孟懿子和南宫敬叔师事孔子，是孔子从教史和中国教育史上的大事件。这既是社会对于孔子教育活动的肯定，也是官方对于私人教育的肯定。】

人，己欲达而达人"①的原则，孟僖子则认为孔子将是达人，这些都可证明孔子的行教始于三十岁左右。但是，孟懿子和南宫敬叔二人师事孔子之时，孔子已经三十四岁，难说他在此之前就没有收授过其他弟子。或者，如果不是因为孔子在行教方面名声在外的话，也不会有鲁国权臣把后代托付给孔子去教育。所以，孔子的三十四岁，只可视为其行教之始的一个明确的时间节点。

当然，我们在此探究孔子行教的起始点，应该说重点不在于时间，而在于行教的性质及其重要意义。虽然在上文中已经说明，孔子并不是中国历史上最早的以私人身份行教的士人，但是，孔子的教育活动和成就，却是中国古代非官方教育的真正开端。在孔子之前的行

---

① 《论语·雍也》"子贡曰如有博施于民"章。

教之人，不是出于个人生计上的考虑，就是重在表现个人的某种技能，而并没有把教育与育人联系起来，更没有把教育与治国相关联。与此不同的是，孔子行教的意义，在于把私人教育纳入社会发展和社会管理的大系统之中。这样一来，教育的意义就发生了实质性的变化。在教育活动中，无论是施教者还是受教者，既不是单纯地解决个人生活问题，也不是出于个人喜好的目的，而是作为社会一分子所必须完成的社会责任。孔子说："不学诗，无以言。……不学礼，无以立。"[①]如果不接受教育的洗礼，一个人是无法在社会上立足的，甚至他的存在也是没有意义。而从施教者的角度来说，从孔子开始，教育逐渐成为社会分工的一部分，教师则成为一种职业，孔子则是中国最早的"民办教师"。所以，孔子之教的最大意义，是使教育从政治中分离出来，成为社会组织中一个相对独立的单元。从此以后，中华文化开始了有目的的传承，真正自觉地踏上了塑造文明的进程。

行教早期的主要特色

从孔子教育活动的全过程来看，虽然孔子行教之时还很年轻，但他从事教育活动的主要特色在开始行教之时已经形成。在他一生的奋斗中，孔子的教育成就是历史上无人能比的，但是，他的主要追求仍然是在政治方面，并在努力从政的同时，更加全面深入地关注政治问题，关注社会问题。这也意味着，孔子的教育活动是围绕着他的政治追求展开的，甚至可以说教育活动是他的政治追求的副产品。如前所述，尽管通过孔子的努力，教育开始从政治领域分离出来，成为一个影响力巨大的行业，但是，这并不能说教育从此以后就与政治绝缘，

---

① 《论语·季氏》"陈亢问于伯鱼"章。

【据说这是徐悲鸿所作
孔子讲学之图的局部，
其主旨显然是表现孔子
与早期弟子的论学场景。
温馨而又亲切，可视
作同龄人之间的交流，
相互间没有距离感。】

更不能说孔子纯粹是一位教育家。相反，从他一生的成就来看，孔子仍然主要是一位政治家。既然孔子一生奋斗的核心是政治，是解决社会问题，所以，孔子的教育活动从一开始就有这样的特色。比如说，孔子早期的弟子，即所谓"先进（先入门）"①弟子大多以事功为主，积极从仕，全身心地关心社会问题，也更看重现实的政治成就。

　　应该指明的是，孔子办学行教，不同于我们今天对"教育"这一概念的理解。孔子之教并不包括后世的小学启蒙的内容，也不以教授纯粹的知识为主，更没有那么多的清规戒律。早期投师于孔子门下的几乎都是成年人，目的是学"礼"，通过学道德、学做人，进而去治国安邦。早期的孔子门下，与其说是个师生分明的课堂，还不如说是个由一群志同道合的热情青年组成的社团性组织。许多早期弟子的年龄与孔子不相上下，如秦商（字子丕）小孔子四岁，颜渊之父颜无繇小孔子七岁，冉耕小八岁，子路小十岁，漆雕开小十二岁等②。孔子并不算是私学的开山鼻祖，但由于他的行教具有不同于其他私学创办者所倡导的目标，就具有了更强大的凝聚力，也就有可能产生更大的

① 《论语·先进》"子曰先进于礼乐"章。
② 详见《史记·仲尼弟子列传》。

影响。再加上孔子从一开始就不把行教作为单纯的谋生手段，便使得孔门之教在我国的教育史和政治史上独放异彩，无人能及。

◎ 第四节　行教初探

行教归宿和教人得"仁"

正如我们反复强调的那样，孔子行教的目的既不同于他的前辈，又不同于后人。孔子之教不是教给学生某种单纯的知识、某种特殊技能，而是通过教学，努力使受教者区别于鸟兽，不断实现道德提升，在社会中做一个高尚之人，并用德行去影响他人。孟子说过："学则三代共之，皆所以明人伦也。"[1] 事实上，真正地把"明人伦"放在教育之首位的是孔子之教。夏商周"三代"的"明人伦"，只能使受教者知其然，而不能使知其所以然，也就是只能达到按照人伦的要求、礼仪的要求去做，而为什么要去做，如此去做的价值是什么，却是孔子行教之后，通过孔子及其弟子的努力，才成为教育的有机组成部分。这样的所以然，集中体现在孔子之教对"仁"的重视和对仁人的追求之中。

学做人，做道德之人，也就是实现仁人。"仁"这个概念虽非孔子创制，但却被他赋予了全新含义，并逐渐成为孔学的最重要的观念之一，当然也是令后人争议不休的观念之一。孔子并未给

秦商字子丕楚人赠
上洛伯

【像秦商这样的弟子，史籍几无事迹记载。不过，从历史的角度来看，能在孔子门中留下姓名，已经是人生中的一大幸事了。】

---

① 《孟子·滕文公上》"滕文公问为国"章。

或者根本就不愿意给"仁"下一个完整精确的定义，而是在回答弟子们提问时，根据每个人的不同处境、不同关心，给予了不同解说。在孔子心目中，"仁"体现在生活的各个层面和每个阶段。

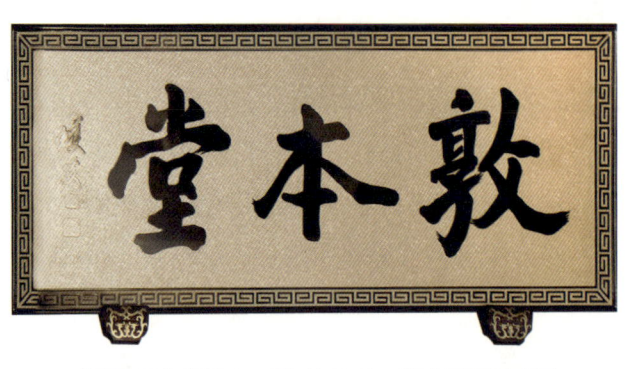

【在孔子的定义中，孝是仁之本，敦本崇孝是成仁的基础。从孝道到仁道，看似简单，实则艰辛无比。】

孔子弟子有若断言："孝弟（悌）也者，其为仁之本与！"[1]此所谓的"本"就是根基和出发点。孔子也曾说："弟子入则孝，出则弟，谨而信，泛爱众而亲仁。"[2]指出了实现"仁"的逻辑起始点和进程，揭示出"仁"是对人之言行的全面要求。所谓逻辑起始点，是说从道理上讲，"仁"起始于最切近每一个人的正常的人生历程，那就是与父母和亲人的关系，也就是一个人最初的社会交往。从这样的原始起点出发，只有在人生的方方面面都落实了"仁"的要求，才是孔子之"仁"对人的真正要求。正如在"颜渊问仁"时孔子回答的，"克己复礼为仁。一日克己复礼，天下归仁焉。……非礼勿视，非礼勿听，非礼勿言，非礼勿动"。[3]孔子从视、听、言、动这四个日常生活的具体方面提出对"仁"的具体实践，虽然有对颜回的具体针对性，但至少证明了"仁"的要求可以涵盖一个人的日常生活的基本面。

仲弓问仁。子曰："出门如见大宾，使民如承大祭。己所不欲，勿施于人。在邦无怨，在家无怨。"[4]

---

① 《论语·学而》"有子曰其为人也"章。
② 《论语·学而》"子曰弟子入则孝"章。
③ 《论语·颜渊》"颜渊问仁"章。
④ 《论语·颜渊》"仲弓问仁"章。

樊迟问仁。子曰："居处恭，执事敬，与人忠。虽之夷狄，不可弃也。"①

另一方面，仲弓和樊迟都是孔子弟子中热衷于从政的人物，作为从政者，孔子对他们实践"仁"的过程提出了更高、更有针对性的要求。由于仲弓的职位更高，具有掌握全面的责任，孔子特别强调了"使民"和"在邦"的要求。樊迟的工作职责更为具体，孔子的要求也就更具有个体针对性。这样看来，"仁"并不是一种具体的死板要求，而是就个人能够达到的最高修养所提出的原则性要求。孔子甚至说："刚毅、木讷，近仁。"②一个人的一些具体的优长之处，比如性格刚毅、言语收敛等，都能近乎"仁"的要求。可以说，"仁"就是从孝悌这个人生第一道人际关系出发，进而对人生的细枝末节之处都提出了严格要求。所以，在一定程度上，仁人就是完人。

从文字发展的角度来看，甲骨文中并未见到后世之"仁"字，而只有"人"。金文始在"人"字旁添加装饰性的笔画，如两点或两横画，这不是为了区别于"人"字，而纯粹是书写者或铸造钟鼎者出于美观的考虑，甚至是书写者个人的兴之所致。所以，"仁"字在它刚出现的时候并没有特殊的意义，是与"人"字通用的，两个字并行不悖，此从《诗经》的使用中即可明晓。即使在《论语》中，许多地方此二字亦可通用，

【这个遒劲有力的「仁」字，说是出自大儒朱熹之手笔。确实，「仁」字不好书写，仁人更难企及。传统建筑匾额中对儒家精神的强调，是传统文化得以普及的重要环节。】

① 《论语·子路》"樊迟问仁"章。
② 《论语·子路》"子曰刚毅"章。

先复传颜

颜渊问仁子曰克己
复礼为仁一日克己
复礼天下归仁焉为
仁由己而由人乎哉
颜渊曰请问其目子
曰非礼勿视非礼勿
听非礼勿言非礼勿
动颜渊曰回虽不敏
请事斯语矣

【所谓"克复传颜",是指孔子把"克己复礼"的教导传授给了颜回,因为孔子门下只有颜回能达到如此要求。当然"克己"与"复礼"是一个事物的两个方面,不可分为两截。】

比如《论语》说"井有仁(人)焉"①。不过,《论语》中的"仁",多半已经不同于"人",这有可能说明,《论语》中的"仁"字很可能是另外一个字。

那么,这个新的"仁"字是什么呢?在近些年的考古发现中,我们看到了一个新的"仁"字,即由上"身"下"心"组成的"息"字。说这个字是个新字,只是从我们新发现的角度来讲的,其实,这个字是古字,是后世"仁"字的前身。为什么说这个字一定是后世的"仁"字呢?很简单,因为在考古发现的文本中,有与传世典籍相同的文章出现,而在传世典籍中使用"仁"的地方,考古文本的相应位置出现的正是这个古老的新字"息"。从字形上看,上"身"下"心",身与心的结合,理当是指身心和谐与协调的意思,所谓"麻木不仁(息)",用的就是这个"息"字的最初的意义,意指身心失调,失去了人的正常感知。

———————————————————————

① 《论语·雍也》"宰我问曰"章。

这样一来，新的问题就出现了。既然"悬"字意义更为古老、准确和全面，为什么却让"仁"字给取代了呢？从文字发展上来看，可能与秦代的统一文字以及随之出现的秦汉之际的文字简化过程有关。人们已经注意到，秦国文字不同于战国时代东部诸国的文字。原因是，秦国自商鞅变法以来，坚持以法治国，方方面面制定了非常详尽且近乎繁杂的法律规定。从近年来考古发现的秦朝简牍文书来看，秦国和秦朝的各级政府有数量相当巨大甚至沉重的文字工作需要处理，并且逐渐形成了负责这种文字工作的一个阶层，即"隶"。因为文字量非常之大，这个特殊阶层为了争取工作效率，就有意识地简化某些比较复杂难写的文字，以至于形成一种特殊字体，即隶字。在这个过程中，由于"悬"字书写复杂，文字隶们便以已经存在的"仁"取代了"悬"字，且"身"字的书写过程也容易形成"仁"字。为了阅读方便，

当我们讨论孔门之"悬"时，也只能使用"仁"字了。但应该时刻注意，"仁"字是由"身"与"心"组成，并不是由"亻"和"二"组成的。

【秦朝隶书『始皇帝』三字，表现了秦隶书的庄严和规整。秦朝统一天下文字，对于华夏文明的传承功不可没。】

　　"仁"与"人"的意义区分，不知是否最早出现在孔子及孔门的使用中。但是，如果说是孔门最早赋予"仁"字以特殊意义，那么，正是儒家思想使得"仁"字的意义逐渐丰满和复杂起来。另一方面，为了深化孔门"仁"的思想，汉儒开始以"二人"解释"仁"。认为二人为仁，"仁"是讲人与人之间的相互关系，"仁"不是独善其身，而是要使更多的人（二人表示多数）共同向善、相互慈爱。汉儒的解释可以说是孔门"仁"学的当然发展，但是，这种思想发展的依据在于汉代儒家思想发展过程的内部，而不在于"仁"字的造字本义和最初使用，不同于孔子和孔门对这个字的理解和使用。从以上对"仁"字形成的历史过程来看，汉儒以"二人为仁"的解释明显是望形生义。而在孔子那里，"仁"的本义是身心和谐，内外协调，道德至上。

　　以上列举的这些孔子对"仁"的阐释，很有些让人眼花缭乱。之所以有那么多不同的阐述，除了"仁"这个概念固有的复杂性和深奥性外，还有一个不容忽视的原因，即孔子本人对"仁"的认识和把握也有一个由浅入深、由偏而全的过程。到他思想发展的后期，孔子也许觉察到了这种繁复的诠释多少会使弟子们产生某种无法理解和履践的情绪，所以，当樊迟这位勇武之人再次追问"仁"的含义时，孔子径直答曰："爱人。"[1] 爱所有的人，以爱待人，其结果必然是仁人。不过，"爱人"只是孔子针对樊迟的情形而做出的回答。因为樊迟性格直率，缺乏一个从政者所应必备的对人的细致观察和关怀，而并不是说"爱人"就是"仁"的全部。反过来讲，一个身心和谐的人，爱人是其必然的行为准则；而一个能够爱人的人，身心也必定是和谐的。

　　孔子又说："仁远乎哉？我欲仁，斯仁至矣。"[2] 仁就在你身边，只要你去爱你周围的任何一个人或者以爱人的心态随便去做些什么，

────────────

[1] 《论语·颜渊》"樊迟问仁"章。
[2] 《论语·述而》"子曰仁远乎哉"章。

哪怕是唾手可得之事，你就得到了"仁"。仁与不仁，完全由人自身决定。孔子讲"克己复礼"①，就是强调社会的动荡并不是人们没有现成的礼法去遵循，而是人心涣散，没有注意到传统文明的价值，更没有立志去改造它的不合时宜之处。只有破坏，没有建树，这是孔子所认定的他那个时代社会动荡的原因所在，所以，孔子才断定关键是人的问题。他大讲"克己""为仁由己"，就是力图激发人自身的自主性和创发性，使人性趋向和谐，使言行达到协调。

孔子的所谓"仁者"也并不是独善其身者。他们既有"出入"之类的在家之事，又有"使民"之类的在邦之务。孔子断言："如有王者，必世而后仁。"②也强调了仁者对社会、天下的责任。这再次体现出了孔子之教的独特之处，那就是，孔子行教的思想归宿，就是希望"天下归仁"，人人身心和谐，社会全面和谐。

【 "居仁"的修养为儒家世代所重。"居仁"之"居"有追求、持守、传布等诸多意义，凸显的是"仁"在儒学中的最高地位。】

孔子之师和从师之道

作为中国历史上最有成就的教师，孔子本人的所师所学也一直受到各方面的重视。孔子主张学必有师，他自己投师问学，也是必然之

---

① 《论语·颜渊》"颜渊问仁"章。
② 《论语·子路》"子曰如有王者"章。

事。上述孔子向郯子求教，显然也是一种求师问学的行为。另外，从学理上说，孔子之"学"的含义，无论是知识之学、技能之学，还是做人之学、"为己"之学，都不是空谈，而是要遵循一定的途径来完成。孔子说：

【孔子问学于老子，是一桩著名的公案。说的是，年轻时的孔子，曾经远赴东周都城洛邑，向在东周朝廷做官的老子请教。这其中疑点无数，乃道家人物所杜撰的传奇。】

> 述而不作，信而好古，窃比于我老彭。①
> 我非生而知之者，好古，敏以求之者也。②

　　孔子的学习途径之一是"好古"和"述"，即求教于传统文明，但是，孔子这样的求教并不完全是自学而成。尽管自学和自悟，即孔子所说的"学"和"思"③是其为学过程中的重要方面，但孔子显然不认为这是唯一的学习途径。为实现全面而深入的"学"，一个合格而有成就的学习者，还要向社会生活学，向师长学。史载：

> 孔子之所严事，于周则老子；于卫，遽伯玉；于齐，晏平仲；于楚，老莱子；于郑，子产；于鲁，孟公绰。数称臧文仲、柳下惠、介山子然，孔子皆后之，不并世。④

---

① 《论语·述而》"子曰述而不作"章。
② 《论语·述而》"子曰我非生而知"章。
③ 《论语·为政》：子曰："学而不思则罔，思而不学则殆。"
④ 《史记·仲尼弟子列传》。

甘罗曰："大项囊生七岁为孔子师。"①

孔子学琴鼓师襄子。使人歌，善，则使复之，然后和之。②

子与人歌而善，必使反（返）之，而后和之。③

史籍中对孔子求师问学的这些记载，显然是比较宽泛的，甚至还有些传奇色彩在其中，与后世严格意义上的拜师求学不尽相同。因为在孔子时代，以私人身份向某位个人拜师，还是一种新事物，是一种刚刚开始出现的历史现象。确切来说，孔子之师并不都是正式所拜之师，而是孔子所说的"三人行，必有我师"④之师。孔子说这话的意思，并不是说任何人都有做老师的资格，而是从学习者的角度来说，任何人的任何长处都值得我们去学习。所以说，择善而从就是孔子投师的准则。唐代学者韩愈在其著名的《师说》一文中所声言的"吾师其道也"，讲的就是这个意思。

【孔子擅长鼓奏琴瑟，学当有自。尽管《圣迹图》渲染的"学琴师襄"场面表现的是中老年孔子的行为，明显欠妥，但孔子的学习精神，始终是后人的典范。】

---

① 《史记·樗里子甘茂列传》。
② 《史记·孔子世家》。
③ 《论语·述而》"子与人歌"章。
④ 《论语·述而》"子曰三人行"章。

受教条件和入门方式

正因为孔子坚持了以道为师的原则，所以，当他担负起传道的使命时，对学生受教条件的要求才有可能是理性的和划时代的。与他之前的官方教育和个人行教者不同，孔子行教的对象是所有人而不是某一阶层，孔子之教的指导原则是道而不是某一利益集团的特殊要求，孔子也没有把教育活动作为一种单纯的谋生手段。这些原则合在一处，形成了孔子朴素的平等教育观。

孔子平等教育观主要有两方面内容。首先是"有教无类"[1]。无论受教者的其他条件如何，只要有志于学，即可成为教育对象。孔子说："自行束脩以上，吾未尝无诲焉。"[2] 这是至今人们所看到孔子讲述的唯一的一句有关受教条件的话，也是引起绝大争议的一句话。流行的说法认为"束脩"是某种食物，但也有此物是贵是贱的争论。作为一种物品，一般认为是拜师之礼物，类似于后世所谓的师赞。也有一种说法，认为"束脩"即"束发修行"之意，脩、修二字通假。古人十五岁束发，若孔子只收十五岁以上的人为弟子的话，则即与孔子本人的"十五志学"相洽，又合乎孔子之教的宗旨。其实，撇开这种争论不谈，孔子所收授弟子的实情似乎更能为"有教无类"作注。

纵观孔子弟子，从出身上讲，颜渊居陋巷，原宪贫于穷闾，仲弓之父为贱人，此等可谓贫士；子贡出身商贾，处于社会中层；而孟懿子则是贵族出身。就资质而论，宰予、子贡利口善辩，"柴也愚，参也鲁，师也辟，由也喭"[3]，特色明显。从品行上看，颜渊好学而不为富贵所动，而闵子骞、曾子则以孝闻。讲到志向，又是子张喜干禄，漆雕开不仕。甚至从无关紧要的相貌上来说，子羽状貌甚恶，子羔长

---

① 《论语·卫灵公》"子曰有教无类"章。
② 《论语·述而》"子曰自行束脩以上"章。
③ 《论语·先进》"柴也愚"章。

不盈五尺，而有若则有貌似孔子的传闻。总之，弟子们的个人条件很不相同，但孔子并不以此作为取舍的依据。也就是说，有没有资格做他的弟子，主要是有没有"好学"的诚心。显而易见，这里的前提是，每个人都具有能学的潜能和权利。所谓"性相近"，也许亦有这方面的含义。前面提到过"为仁由己"，看起来，为学也不例外。

【古人所绘孔子弟子像近乎千篇一律，很难从原宪的此类画像中看出他是一位贫居守节的有操守之士。但意义深远的是，孔子所称"德行"弟子，包括原宪在内，均来自社会下层。】

孔子平等教育的另一方面是"无隐"，也可以说是"有教无隐"。孔子说：

> 二三子以我为隐乎？吾无隐乎尔。吾无行不与二三子者，是丘也[1]。

孔子之所以有如此诚恳的解释，可能是因为弟子们经过一段苦学之后，依然觉得无所卓立，如颜回之叹"瞻之在前，忽焉在后"[2]，以及子贡的"夫子之言性与天道，不可得而闻也"[3]等，怀疑孔子对他们有所隐匿，没有将有关的学问都告诉他们。所以孔子才解释说，我没有向你们隐瞒任何东西，这当然也包括教学方面的内容。其实，孔子不过是在"有教无类"的大前提下，遵循了因材施教、循序渐进的原则，这在一定程度上会使某些弟子疑惑不解。有一则故事很能说明这方面的问题，《论语》记载：

> 陈亢问于伯鱼曰："子亦有异闻乎？"对曰："未也。

---

① 《论语·述而》"子曰二三子"章。
② 《论语·子罕》"颜渊喟然叹"章。
③ 《论语·公冶长》"子贡曰夫子之文章"章。

尝独立，鲤趋而过庭。曰：'学诗乎？'对曰：'未也。'
'不学诗，无以言。'鲤退而学诗。他日，又独立，鲤趋而
过庭，曰：'学礼乎？'对曰：'未也。''不学礼，无以
立。'鲤退而学礼。闻斯二者。"陈亢退而喜曰："问一
得三。闻诗，闻礼，又闻君子之远其子也。"①

这就是说，孔子并不因为伯鱼是他的儿子而另有所授。他如何教
授弟子，决定因素是弟子们的才性，而不是他们的身份高低、地位贵
贱或者与孔子的关系远近。在孔子的心目中，只有行"道"和平等意
义下的弟子。

过庭诗礼
孔子尝独立鲤趋而过庭
曰学诗乎对曰未也不学
诗无以言鲤退而学诗他
日又独立鲤趋而过庭曰
学礼乎对曰未也不学礼
无以立鲤退而学礼

【孔子与伯鱼的这场著名的对话，有着多重意义。在《论语》中，所谓"过庭诗礼"强
调的是《诗》和礼的作用，但后人同样看重孔子的教育理念，特别是面对自己儿子的时候。】

依靠现有材料，我们无法知晓每位弟子拜师孔子时的具体情形。
上述孟懿子和南宫敬叔是遵父所嘱，除此之外，大抵就数子路的情形

① 《论语·季氏》"陈亢问于伯鱼"章。

比较具体了。王充《论衡·率性篇》云：

> 　　世称子路无恒之庸人，未入孔门时，戴鸡佩豚，勇猛
> 无礼。闻诵读之声，摇鸡奋豚，扬唇吻之音，聒贤圣之耳，
> 恶至甚矣。孔子引而教之，卒能政事，序在四科。

《史记·仲尼弟子列传》则曰："孔子设礼稍诱子路，子路后儒
服委质，因门人请为弟子。"像子路这样入孔门时的生动记载，恐怕
再无他例。仅就此例而言，想必是每位弟子都不同程度地以不同的渠
道在入孔门前便对孔子之教有一定的认识，然后下决心来受教。在入
门"手续"上，后人的理想说法是，先着
儒服，再送上表示诚意的礼物，然后还得
有门人的引荐（哪怕是形式上的）。但事
实上，以孔子之为人，恐怕不会有如此拘
谨的要求。子路是孔子亲自去"引"、去"诱"、
去"教"，其他弟子呢？大抵有自慕者，
有因某种偶然因素而入门者。像颜回、曾
子之属，又可能是随父求教者，因为他们
的父亲颜无繇和曾晳也都是孔子弟子。

仲由字子路卞人赐
衛俠

【子路的行伍出身和率真性格，从一开始就是孔门中生气勃勃的另类。描摹子路的这幅古画，生动表现了他的飞扬神采，令人对孔子的教育成就肃然起敬。】

弟子数目与七十贤人

　　孔子弟子的数目，对后人来讲也是个大难题。历史上首次认真考
查这一问题并有所收获的是司马迁，他在《史记·孔子世家》中说："孔
子以《诗》、《书》、礼、乐教，弟子盖三千焉，身通六艺者七十有

二人。"而在《史记·仲尼弟子列传》中，司马迁却又说：

> （弟子）三十五人，显有年名及受业闻见于书传。其四
> 十有二人，无年及不见书传。孔子曰："受业身通者七十有
> 七人。"皆异能之士也。

"身通六艺"是汉代人的说法，并不符合实情，相对来讲，"异
能之士"的说法可能更为可取，但明显的是，前说七十二，后说
七十七，《史记》本身就不一致。所以，自古以来说法颇多就不足为
奇了：

> 孔子弟子七十，养徒三千人，皆入孝出悌，言为文章，
> 行为仪表，教之所成也。①
> 孔子无爵位，以布衣从才士七十有余人，皆诸侯卿相之
> 人也。②
> 仲尼门徒，升堂者七十有二。③
> 孔子……委质为弟子者三千人，达徒七十人。④

孔子有一次评论子路道："由也升堂矣，未入于室也。"⑤根据
孔子这一说法，结合上述种种记载，我们是否可以说，孔子一生中以
各种方式教授过的弟子共有三千余人，而其中升堂者有七十余位，至
于入室者则是这七十余位中的一部分。也就是说，三千多人是个大约
的说法，因为"三千"的说法本身也是比较宽泛的，意指所有向孔子
请教或求教过的人，包括短暂相会，甚至只有片言只语式的交谈过的
人，因为这样的人太多，也不太好统计，只好以"三千"约数概括之。
至于所谓"七十子"之说，则是比较严格的说法，意指正式进入孔子
门下的弟子。这些弟子，至少要行正式的拜师之礼，在孔门也要有相

---

① 《淮南子·泰族训》。
② 《盐铁论·刺复》。
③ 《颜氏家训·诫兵》。
④ 《吕氏春秋·遇合》。
⑤ 《论语·先进》"子曰由之瑟"章。

对长时间的逗留，接受孔子的正规指导。不用说，在孔子时代，这样的弟子能达到"七十"之数，仅从数量上讲已经弥足珍贵。如果再考虑到这些弟子们的巨大成就，考虑到他们对华夏文明的巨大贡献，这个"七十"就可以达到震撼历史的效果了。事实上，就因为习惯上认为孔子有过"七十二"弟子的教育成就，就连"七十二"这个数字本身也具有了一定的魔力。所有这一切，都不能不说是孔子行教所取得的巨大成功的见证。

司马迁关于"七十子"数目的考订有他自己的原则。他说："学者多称七十子之徒，誉者或过其实，毁者或损其真，钧之未睹厥容貌，则论言弟子籍，出孔氏古文近是。余以弟子名姓文字悉取《论语》弟子问并次为篇，疑者阙焉。"① 但对照现存的《论语》，其情形亦有未明之处。比如前文曾论及"牢"这位人物，也有认为就是孔子弟子；《公冶长》篇又有申枨这个人，孔子讲"枨也欲"②，颇合孔子评论弟子的口吻。还有子禽和陈亢二人，以及孔子之子伯鱼等，亦多次见于《论语》，而且没有理由说他们不是孔子弟子。但上述这几位，均未被司马迁列入《史记·仲尼弟子列传》，不知有何可靠的依据，或者是属于"疑者阙焉"之列吧。

总之，经过千百年的锤炼筛选，能为我们了解较详的弟子尚不足七十七子之半数。在本书中，关于孔子弟子的讨论是重点之一。我们将试图分类介绍和分析孔子弟子的成就，

【孔子弟子申枨，《论语》仅一见，被孔子看作是有欲无刚之人。可见，面对孔子的严格要求，弟子们在孔门的日子并不轻松。】

---

① 《史记·仲尼弟子列传》。
② 《论语·公冶长》"子曰吾未见刚者"章。

并试图从孔子弟子的角度探讨孔子思想是如何传递给后世，并不断发挥其巨大影响的。

◎ 第五节　初次游仕

批评"三桓"僭礼

孔子生活在春秋末期，这是中国历史上少有的大变动时期。用一句西方人的谚语来说，一切事物都离开了它们原来的位置，但还没有找到新位置。如上所述，周天子基本上失去了作为天下共主的权力，诸侯们各行其是，各国间不断发生的冲突和战争使普通人的生活非常艰难。齐桓公和晋文公的称霸曾使天下形势趋于缓和，但那也已经是孔子之前一二百年的事情了。到了孔子时代，就连孔子所在的鲁国，虽然是周公之后，礼乐治邦的国家，在政治上也远离了周礼的要求；而且，就在孔子三十多岁之后开始讲学，谋求扩大政治影响的时候，鲁国的政治形势又有了新的变化。首先有两件事，使孔子在愤懑之余，开始担心鲁昭公的地位了：

> 三家者以《雍》彻。子曰："'相维辟公，天子穆穆。'奚取于三家之堂？"[1]
> 孔子谓季氏："八佾舞于庭，是可忍也，孰不可忍也？"[2]

所谓"三家"，亦称"三桓"，是当年鲁桓公的三个儿子及其后人们所形成的三个有势力的大家族，即叔氏、孟氏和季氏，其中的季氏掌握了鲁国大半的政治和经济资源，使鲁公的生存空间日渐狭窄。这种状况既不合乎周礼的要求，又使鲁国政坛时常陷于混乱之中。然

---

[1] 《论语·八佾》"三家者以雍彻"章。
[2] 《论语·八佾》"孔子谓季氏"章。

而，作为权臣的"三桓"家族并不满足在鲁国的专权，还进一步僭用天子的乐和礼，即"以《雍》彻"和"八佾舞于庭"，这就表示，在他们的眼里，在位的鲁君即鲁昭公根本无地位可言。对此，孔子先是大加斥责："人而不仁，如礼何？人而不仁，如乐何？"[1]不讲仁义之人，僭用天子的礼乐又能如何呢？难道人们就会以天子待之吗？虽然有这样的批评，但在理智考虑之下，孔子也不得不认为对"三桓"是毫无办法的，所以他又叹息道："夷狄之有君，不如诸夏之亡也。"[2]夷狄之人尚且知道尊敬国君，为何号称礼义治国的华夏各国反而目无国君呢？当时的孔子乃一介文士，即使通晓礼仪，可是，除了对僭礼行为表示不满之外，又能如何呢？当然，这也说明，一方面，孔子坚持道义，对已有的一官半职并不在乎。另一方面，孔子也是暗下决心，一定要谋得更高职位和更大权力，以便制止频繁出现的非礼行为，进而安邦定国，造福苍生。

【这尊塑像表现的是温文尔雅的老年孔子，所谓"七十而从心所欲不逾矩"者也。不过，除了佩剑有些多余之外，还有一些道者人物的神态。当真是表现一位真孔子相当不易。】

游仕齐国遭挫

就在孔子积极观察和评论鲁国政治的时候，鲁昭公二十五年（前

---

① 《论语·八佾》"子曰人而不仁"章。
② 《论语·八佾》"子曰夷狄之有君"章。

517年），"三家"与鲁君的矛盾再次公开化：

> 孔子年三十五，而季平子与邱昭伯以斗鸡故得罪鲁昭
> 公，昭公率师击平子，平子与孟氏、叔孙氏三家共攻昭公，
> 昭公师败，奔于齐，齐处昭公乾侯。其后顷之，鲁乱。[1]

面对如此混乱的局面，人微言轻的孔子清楚地意识到，此时很难在鲁国获得从政的适当机会，于是，孔子就带着几位弟子离开鲁国，去了齐国。孔子选择齐国有多种原因，一是因为齐国与鲁国的政治格局很相近，所谓"齐一变，至于鲁"[2]是也。二是因为齐、鲁相邻，而齐国又是大国，倘能求仕于齐，亦未尝不可。在那个时代，虽然各诸侯国的利益泾渭分明，但从政治上说，毕竟还都是周天子的封国，文化上也没有本质隔阂，所以，士人们在各国间求仕从政，也是理所当然之事。同时，孔子选择齐国，或许还有想去拜见落难的鲁昭公的意思。不过，从现存史料上看，不知何故，孔子一直未见到鲁昭公。更重要的是，孔子知道齐国执政的晏婴很贤明，所以，求仕的心情就更迫切一些。

孔子到齐国后做了高昭子的家臣，目的显然是想通过高昭子而得到齐景公的任用。高昭子名张，据《左传》记载，此人是齐景公的宠臣，名声不好，甚至可以说是个

【齐国本是为建立西周王朝立下大功的姜太公的封国。姜氏本在天下之西，为安定西周早期的东方而受封在天下之东，可以想见其立国的根基是相当雄厚的。孔子求仕于齐，在当时是正确的选择。】

七〇

---

[1] 《史记·孔子世家》。详情参看《左传·昭公二十五年》。
[2] 《论语·雍也》"子曰齐一变"章。

不肖之徒。孔子投在他的门下，可能是因为那时高昭子的名声还不是很坏，或者也可能是孔子想暂时找一条生存之路，对高昭子之类的宠臣做一些政治上的利用而已。还有可能是孔子的政治经验尚浅，未及考虑许多。后世许多儒者拼命否认此事，其实大可不必，因为任何人都有一个成熟的过程，特别是在政治上，要想在那样一个混乱无序的时代做到中规中矩并不是一件容易的事情。

无论是非如何，孔子确实是见到了齐景公，并与景公进行了若干次交流：

> 齐景公问政于孔子。孔子对曰："君君，臣臣，父父，子子。"公曰："善哉！信如君不君，臣不臣，父不父，子不子，虽有粟，吾得而食诸？"①
> 他日又复问政于孔子，孔子曰："政在节财。"景公说（悦）。②

孔子回答的第一个问题，一方面是有感于鲁国刚刚发生的内乱，另一方面则是针对了齐国的政治现状。鲁昭公与"三桓"之所为显然是君不君、臣不臣的，他们居然因为"斗鸡"这样的奢靡之事而大动干戈，导致举邦混乱，真是令人痛心疾首。在齐国，齐景公虽没有像鲁昭公那样失政，但在处理一些家庭事务以及过度信任宠臣的问题上，也是孔子所不能赞成的。孔子虽然是求仕者，但更是坚持原则的典范。孔子生动地利用语辞关系阐发"君君、臣臣"这一准则，强调君主一定要像个君主的样子、大臣要像个大臣的样子，父、子亦然，可以说也是他的"正名"③原则的一个重要方面。我们知道，孔子的"正名"原则是不苟同于任何人的，哪怕是自己的学生，或者是大权在握的显贵。

---

① 《论语·颜渊》"齐景公问政于孔子"章。
② 《史记·孔子世家》。
③ 《论语·子路》"子路曰卫君"章。

　　但是，齐景公的回答却颇为令人失望，因为他把落脚点放在了个人得失上。虽然不能说这样的理解是完全错误的，但在格局上显然还达不到孔子的要求。孔子意识到了这一点，所以当他再次回答齐景公的"问政"时，便讲了"政在节财"这样的具体问题，使齐景公颇为满意。在这里，我们是否可以认为，且不说"节财"之说符不符合孔子根本的政治主张，即便就事论事，孔子此时多少也有一些投齐景公之所好的意味。这暴露出了孔子政治经验的不足。孔子以为，只要在不乖大道的前提下讲一些齐景公可听之言就可以得到任用，殊不知，孔子的政见对某些现实政权中的既得利益者已经形成了威胁。

　　根据《史记·孔子世家》所云，几次问政之后，齐景公对孔子的印象很好，准备把尼溪这个地方赐封给孔子。但出乎孔子意料之外，

【"晏婴沮封"图把孔子、晏婴、齐景公聚合在同一画面之中，生动表现了理想的政论家、现实的政治家和无能的君主们在那样一个政治动荡时代的不同走向。】

关键时刻，晏婴出来阻拦了。

《论语》记载了孔子的一句话，他说："晏平仲善与人交，久而敬之。"① 很可能在齐国时孔子与晏婴也有过交往，而且对他的印象还不错，故有此说。那时的孔子初次与高层实权人物做政治往还，而晏婴是位职业政治家，又有礼贤之名，表面上对于孔子这样的文化名人很客气，致使孔子也对他产生了"敬"的感觉。

不幸的是，孔子尚未认识到，政治家所谓的礼贤，只"礼"那些合乎自己政治标准的贤，否则的话，他们就会只承认你之贤，而并不打算任用你。那时的孔子，很有些理想主义者的味道，他的政治主张是：

为政以德，譬如北辰，居其所而众星共（拱）之。②
道（导）之以政，齐之以刑，民免而无耻；道（导）之以德，齐之以礼，有耻且格。③

这些讲的都是以道德礼义为治国之本，用道德规范来约束现实政治。这种主张显然过于书生气，过分理想化了。包括君君、臣臣等原则在内，假如普天之下都依此而行，周天子便不会形同虚设，像齐国这样的大国当然也不能随便征伐了。明眼的晏婴焉能看不到这种威胁？所以他强烈反对任用孔子，他对齐景公说：

夫儒者滑稽而不可轨法，倨傲自顺，不可以为下；崇丧遂哀，破产厚葬，不可以为俗；游说乞贷，不可以为国。自大贤之息，周室既衰，礼乐缺有间。今孔子盛荣饰，繁登降之礼，趋详之节，累世不能殚其学，当年不能究其礼。君欲用之以移齐俗，非所以先细民也。④

① 《论语·公冶长》"子曰晏平仲善与人交"章。
② 《论语·为政》"子曰为政以德"章。
③ 《论语·为政》"子曰道之以政"章。
④ 《史记·孔子世家》。《晏子春秋》《墨子》等载此文微异。

平心而论，这番描述确实有些战国时人的味道，相当夸张，所以许多人并不以为有过这回事，再者《左传》《论语》向未提及，故以为不可确信。但是，想见当时孔子在齐国的经历，与齐景公论政有洽，又备称晏子，却不得所用，连一介微职都未谋到，确实有理由让人怀疑当权的晏婴从中所起的作用了。至于晏婴是不是采取了上述夸张说法，则并不是问题的症结所在。

孔子在齐国的此次遭挫，与他本人的政治主张有着决定性的关系。从后人的角度来看，这次打击可以说是孔子的政治理想及其政治命运注定要走向失败的开始。但可惜的是，此时的孔子才刚刚开始远大政治目标的奋斗，正沉浸在救助天下的宏伟设想之中。他根本不在乎这次游仕齐国的政治挫折，因为他的政治之旅还长着呢。

考察齐国文化

在齐国求仕的同时，孔子走访了一些从周天子那里流落而来的文化旧臣，并考察了齐国官方和民间保存下来的传统文化。孔子断言："齐一变，至于鲁；鲁一变，至于道。"① 可见他认为在政治和文化上齐、鲁两国颇为相近，加之有着相似的历史渊源和地位，比如都是西周初期分封的东方大国，所以，在政治、文化的先进性上，齐国只要稍有进步，就能达到鲁国的水平；鲁国如果能够进一步，就能达到大道的要求。为此，孔子非常尽心地考察传统周文化在齐国的生存状况，并取得了巨大收获。

> 子在齐闻《韶》，三月不知肉味。曰："不图为乐之至于斯也。"②
> 子谓《韶》尽美矣，又尽善也；《武》尽美矣，未尽善也。③

---

① 《论语·雍也》"子曰齐一变"章。
② 《论语·述而》"子在齐闻韶"章。
③ 《论语·八佾》"子谓韶"章。

　　《韶》传说是虞舜时的宫廷乐章，自然表现的是（也许是儒者想象中的）黄金盛世的祥穆。童年时的孔子对传统文明就备生景仰，这次游历，又聆听到著名的《韶》乐，自然引发了内心的共鸣，称赞这首古曲是尽善尽美之作，甚至因为沉浸在无边的享受之中，连美食佳肴的滋味都感觉不到了。相形之下，周武王宫廷中的《武》乐则内含杀伐之气，虽然曲调上很优美，但音乐表现出的内在精神却并未达到尽善的境界。孔子的音乐修养很高，他不仅能够恰当地品评古乐，也喜欢歌吟，《论语》中有孔子向他人学习歌唱的记载，到了晚年，孔子还整理过有乐曲相配合的《诗经》篇章。

　　值得指出的是，孔子提出的这种善、美结合的文艺美学思想，深刻影响了后世学者。这是孔子游历齐国、考察传统文化的重要收获之一，也是中国思想史上的重要成果之一。

【孔子"在齐闻《韶》"而"不知肉味"的著名故事，显示了世风凋落之际真士人的历史使命感。与拯救世人的使命相比，个人的享受完全可以忽略。】

被迫离开齐国

鲁昭公在外流亡七年后死在国外。这期间，孔子的大部分时间可能都是在齐国的徘徊中度过的。孔子没有间断他的政治活动，虽具体情形不明，但以晏婴为首的政治权势必定对孔子的行动时时戒备，并会选择适当的时机进行打击。眼见孔子久滞不归，一些齐国人唯恐他给齐国政治造成什么威胁，就开始散布流言，甚至妄造不利于孔子一行人的证据，以迫使孔子尽快离开齐国。《史记·孔子世家》记载："齐大夫欲害孔子，孔子遂行。"《孟子·万章下》则云："（孔子）之去齐，接淅而行。"可见当时的情形确实很紧迫，孔子一行人无奈，只好捞起正淘着的米匆匆离开了齐国。

孔子的首次游仕就这样结束了。

孔子离开齐国，回到了鲁国，迎接他的将会是什么呢？

【这是春秋时期齐国长城遗址。在那个时代，它阻挡的恐怕不只是各国对齐国的军事攻击，而更多的是像孔子思想这样的文化进步。】

第三章

四十而不惑
——师生切磋

【孔子的黑陶塑像表现了平民孔子的外貌，而黑色的基调则更能使人感受孔子思想的深沉和孔学命运的起伏。张岱年先生所书"先师孔子像"，更为孔子形象平添了许多朴实无华。】

孔子匆匆离开齐国的时间史籍无载，根据他后来的活动情况推断，应该是在四十岁左右。鲁昭公去世后，鲁定公即位，那时孔子四十三岁。经过在齐国求仕遭挫的洗礼，以及鲁国政治形势变化的影响，四十岁成为孔子思想变化和提升的又一个关键点。孔子使用的"三十""四十"这些时间点，是为了表达上的方便，并不是孔子认为人生每经过十年就必有思想上的飞跃，更不是认为"十"这样的数字有什么神秘之处。从人之常情来看，在成年人的眼里，以十年为单位的人生历程，有时会对人产生微妙的影响，但这样的影响也更多地表现在人的心理层面。所以，综合上述因素，当孔子自称"四十而不惑"[1]时，就是说他在四十岁左右时，思想上又有了新的收获，认识水平又有了新的进展。

◎ 第一节　思想认识的全面成熟

孔子并没有对自己四十岁之后的思想进展进行具体阐述，但他在四十岁左右时的一系列言论和行动却为我们探讨"不惑"的具体内容作了必要说明。孔子所谓"不惑"大抵讲的是，孔子在年轻时就开始

[1] 《论语·为政》"子曰吾十有五"章。

进行的政治思考，到四十岁左右时终于达到了豁然贯通的境地，并且可以作为一个整体而运用了。在齐景公问政时，孔子虽然也强调君君、臣臣，但也不免迁就齐景公，讲了"政在节财"的看法。在经过了游仕齐国的挫折和数年来的深入考察和思考之后，"不惑"的孔子终于确定并展开了德政思想，在"以德治国"的主旨之下，他的思想已经没有任何疑虑了。

评论晋国政治

鲁昭公二十八年（前514年），孔子三十八岁，晋国发生的一系列事件引起了孔子的注意。这一年，晋国权臣韩宣子去世，魏献子开始执政。魏氏很有魄力，首先大胆进行了人事大变动，总的方针是举贤才，即所谓"夫举无他，唯善所在，亲疏一也"①的原则。

> 仲尼闻魏子之举也，以为义。曰："近不失亲，远不失举，可谓义矣。魏子之举也义，其命也忠，其长有后于晋国乎！"②

孔子政治思想的中心是"德"政，德政的中心点，一是"举贤才"③和"举人"④，一是"因不失亲"⑤和"故旧不遗"⑥。举用贤才，强调的是从政者的德行；任用亲人和续用旧人，乍看上去强调的是政治的连续性和社会的安定，其实还有基于血缘关系的对于道德伦常的维护作用。当然，这两方面的政治指导思想都肯定了当政者的主观因素，而看重血缘关系则更容易导向政治领域的裙带关系。但是，在孔

---

① 《左传·昭公二十八年》。
② 《左传·昭公二十八年》。
③ 《论语·子路》"仲弓为季氏宰"章。
④ 《论语·卫灵公》"子曰不以言举人"章。
⑤ 《论语·学而》"有子曰信近于义"章。
⑥ 《论语·泰伯》"子曰恭而无礼"章。

【赵鞅（简子）是孔子时代最有影响力的政治人物之一，著名的"侯马盟书"显示的就是晋国赵氏家族的政治权威。孔子非常关注赵简子在晋国的政治作为，可惜这两位划时代的人物却错过了面对面交流的机会。】

子时代，政治体制就是以血缘关系为纽带的君权专制体制，只有"不失亲"和"不失举"同时起作用，才能实现对社会有效而合理的管理。在这个问题上，我们理解的重点不应该在形式上，而应该在本质上。那么，孔子德政思想的本质是什么呢？那就是才德与伦常并重，举贤与因亲并行。

用现代术语讲，孔子是位仁道主义者，他孜孜追求的理想的邦国之政，是从政者通过自己的德行影响臣民，使社会在平和的气氛中稳步发展，而不可以让社会不时地处在动荡、恐怖，甚至流血之中。因此，当次年晋国的赵鞅等人把范宣子所作的刑书铸成刑鼎时，孔子感到十分震惊：

　　仲尼曰："晋其亡乎！失其度矣。夫晋国将守唐叔之所受法度，以经纬其民，卿大夫以序守之，民是以能尊其贵，贵是以能守其业。贵贱不愆，所谓度也。文公是以作执秩之官，为被庐之法，以为盟主。今弃是度也，而为刑鼎，民在鼎矣，何以尊贵？贵何业之守？贵贱无序，何以为国？"①

---

① 《左传·昭公二十九年》。

从孔子的论述中可以看出，他所肯定的两种法——唐叔所受之法和被庐之法，是所谓的礼法，相当于今天的行政法，是要求卿大夫为民树立道德榜样，从而实现社会安定，即"民尊其贵，贵守其业"。而铸刑鼎则是颁布刑法，其内容是强制性和惩罚性的。按照孔子的想法，君主和卿大夫的贤明和德行是实现社会安定的最佳途径，也是政治的本义，即所谓"政者正也"①，这样做的结果是"民有耻且格"②，人民具有恪守本分的自觉性。相反，弃德用法的结果是，人民只想着侥幸地钻法律的空子，天长日久就会变得毫无道德廉耻。倘若卿大夫不重视自身的典范作用，只是一味地依法行事，强制百姓，社会风气就会一日不如一日，社会秩序会更加混乱，社会状况也会距离立法的初衷越来越远。

上述孔子的政治主张是相当系统的，且就其自身而言也是可以自圆其说的，所以很快就得到了同时代一些开明人士的赞同。蔡国史墨评论道："然不得已，若德，可以免。"③意思是说，刑鼎已铸，无可挽回，但如果能够加强德治，晋国可以免于败亡。另一方面，就史

【在周朝，青铜鼎既是权力的象征，又是政治进程的见证。尽管西周早期的鼎不及春秋时代的晋国鼎精致，但所起的作用却基本相同。】

---

① 《论语·颜渊》"季康子问政"章。
② 《论语·为政》"子曰道之以政"章。
③ 《左传·昭公二十九年》。

实而论，孔子的"晋其亡乎"的论断也是符合历史的实际进程的。孔子预言的行将灭亡的"晋"是指晋国公室。晋国君主既不能守护其立国者唐叔虞的法度，又不能坚持晋文公制定的被庐之法，就逐渐失去了对卿大夫的约束和控制。晋国最终被赵、魏、韩"三家"所瓜分（史称"三家分晋"），也就在情理之中了。所以说，孔子的主张虽然听上去有些空洞、迂腐，甚至与那个时代还有些格格不入，但却正好切中各国政治的要害。如果周天子和各国君主们都能以德治国，就不会大权旁落，就不会失政和失国了。

总之，通过对于这两件事的分析，我们可以看出，孔子主张的"为政以德"并不是空洞说教，更不是片面要求普通人追求道德修养，而是观点鲜明地要求在位者以德治身、以德治国，这是孔子之政的核心，是孔子持守一生的最高政治原则，也是孔子政治思想走向全面成熟的标志。

评论鲁国政治

孔子自齐归鲁大抵在鲁定公即位前后，在这期间，鲁国季氏家族首领季平子在鲁定公五年（前505年）去世，季桓子开始执掌季氏家族，继位初期的鲁定公同样无能为力，近乎任人摆布。这一时期的孔子政治思想依然延续着三十岁以来相对正统的观念，因此，在鲁国的这种鲁君失政、重臣掌权的政治格局下，孔子不仅得不到从政的机会，甚至都难以产生从政的念头。但是，孔子因为人格上的威望，以及收授弟子（包括像孟懿子和南宫敬叔这样的贵族子弟）和知识渊博而闻名于鲁国，所以，孔子虽无官职，却也受到了朝野内外普遍尊敬。《国

【从《圣迹图》中所谓"犆羊辨怪"的传说中，我们不仅能够感受到孔子的博识，还能领略其理性精神。众人都在疑惑之中，孔子亦称"以丘所闻"，对于未知事情，强调表达的仅是个人所闻。】

语·鲁语下》和《史记·孔子世家》载有季桓子挖井时得到怪羊后请教孔子之事，也载有吴国人毁会稽城时得到骨节后专车来请教孔子之事，这类事情虽然事涉滑稽不经，并且不甚合于孔子"不语怪力乱神"①的原则，但如果说鲁国人及他国之有心者因一些文物典章之事来请教孔子的话，也是合乎情理的。总之，诸如此类的事情，使得孔子的声名与日俱增，《论语》记载达巷党人的话说："大哉孔子，博学而无所成名。"②足以反映出孔子此时的社会影响。

　　然而，具有讽刺意味的是，"三家"的专权不仅未能使鲁国安定，也不能让他们自身的安全得到保证。相反，正是由于他们对鲁君不恭，才引发上行下效的结果，使"三家"内部产生了不可调和的矛盾，导

---

① 《论语·述而》"子不语"章。
② 《论语·子罕》"达巷党人"章。

致"三家"在政治上不断遭受挫折。鲁定公五年（前505年）：

> （季）桓子嬖臣曰仲梁怀，与阳虎有隙。阳虎欲逐怀，公山不狃止之。其秋，怀益骄，阳虎执怀。桓子怒，阳虎因囚桓子，与盟而释之。阳虎由此益轻季氏，季氏亦僭于公室，陪臣执国政。是以鲁自大夫以下皆僭离于正道。[①]

在这种乱政之下，孔子的处世之道是，一方面不谋求参与这种"僭离于正道"的政治，因为此时若从政，只能与季氏一道背离公室。另一方面，他也不苟同于现实政权势力，而是采取"议政"的方式，严厉抨击各方面的悖礼之事：

> 孔子曰："天下有道，则礼乐征伐自天子出；天下无道，则礼乐征伐自诸侯出。自诸侯出，盖十世希（稀）不失矣；自大夫出，五世希（稀）不失矣；陪臣执国命，三世希（稀）不失矣。天下有道，则政不在大夫，天下有道，则庶人不议。"[②]

天下无道，是孔子对于现实政治及其发展趋势的总的看法，透露出了孔子对于天下形势的极度焦虑。孔子希望看到一个有秩序、讲道德的社会。当然，在今天看来，孔子心目中的合理的政治秩序肯定是基于周礼所规定的一个上下有序的等级社会。近代以来，颇有人认为孔子的这种追求是一种政治保守的表现，但是，即使在季桓子、阳虎、仲梁怀这些当时鲁国政坛上的"风云人物"看来，政治上必要的上下有序也是必不可少的，只是他们都想把自己放在类似孔子所说的"天

---

① 《史记·孔子世家》。
② 《论语·季氏》"孔子曰天下有道"章。

子"的位置上而已，这才引发了不断的矛盾和冲突。所以，矛盾的焦点并不是要不要秩序和等级，而是如何确定这样的秩序和等级。

事实证明，依靠强权和阴谋来确定这样的等级只能造成更大的灾难。依照孔子的原则，奉行"天下有道"，以一套既定的原则确定天下的秩序，才是唯一的正确选择。孔子既不反对"继周者"①，甚至主张建立一个新的"东周"②，这说明孔子并不认为旧的周礼不可改变，他只是强调不能依据个人权力和好恶去肯定或否定周礼而已。如果像"三家"或阳虎之类的新的政治力量能够确定一整套符合天下人利益的新的礼仪制度，能够有效地取代周礼对天下政治资源的统合作用，也是未尝不可的选择。

【民国时期的泰山和曲阜，或许更能让人感受到历史
的沧桑。纵然是圣人故地，也需遵循历史的轮回。】

---

① 《论语·为政》"子张问"章。
② 《论语·阳货》"公山弗扰"章。

回到鲁国之后，孔子又说：

> 禄之去公室，五世矣，政逮于大夫，四世矣，故夫三桓
> 之子孙微矣。①

在鲁国，自鲁宣公开始失政以来，历成公、襄公、昭公、定公共五世，已经到了上述"五世希（稀）不失"的时候，所以，鲁国公室的彻底失政，实质上是难以避免的。另一方面，在"陪臣"，即诸侯的大臣这一边，季氏家族自季武子开始"执国政"，历悼子、平子、桓子，也已四世，所以，季氏家族出现家臣阳虎等人开始左右鲁国政局，也是鲁国政治发展的一种必然现象。

孔子在评论鲁国政治过程中表达出的种种观念，其意义是多方面的。最明显的意义，是孔子对于鲁国政治形势和政治前途的担忧。其次，在担忧鲁国政治的过程中，孔子也表达了"四十不惑"时期的政治理念。最深层的意义，是孔子在其坚定的政治信念中所表现的决心，那就是时刻准备着，在适当的时候步入政坛，把自己的政治理念落实到现实之中。

历史观和文化观

无论孔子对历史与政治的认识是如何深刻，也无论孔子的政治理想是何等美好，但现实毕竟是残酷的。根据《史记·孔子世家》的说法，"故孔子不仕，退而修《诗》、《书》、礼、乐，弟子弥众，至自远方，莫不受业焉"。对司马迁的这段记载，我们可以分两部分来分析。一是阅读和整理古籍，研究历史和传统文化，二是更大规模地收授弟子。

---

① 《论语·季氏》"孔子曰禄之去公室"章。

【孔子"退修《诗》、《书》",严格说来发生
在他四十岁至五十岁和七十岁之后的两个时期。】

　　孔子年轻时就热衷于传统文明的学习和研究,他求教过像郯子这样的博学多识的在位者,也实地考察过传统文化在齐国的存在状况。与此同时,孔子肯定还在不停地读书和思考,再加上他的教学所得,使他对历史和传统有了更深一步的认识。对于历史的认识,孔子是深刻而又开放的,他认为:

　　　　殷因于夏礼,所损益,可知也;周因于殷礼,所损益,
可知也;其或继周者,虽百世,可知也。[1]
　　　　行夏之时,乘殷之辂,服周之冕,乐则《韶》舞。[2]

　　这就是孔子的历史发展观和传统文化观。孔子是殷人之后,又生活在周朝,如果有什么理想的社会模式可以选择的话,他也只能从历史和现实中去寻觅。特别是对于他生活在其中的周朝,孔子有着更全

---

[1] 《论语·为政》"子张问十世可知"章。
[2] 《论语·卫灵公》"颜渊问为邦"章。

面和理性的认识。孔子明确主张："郁郁乎文哉，吾从周。"① 一个理性的社会，不能完全与传统隔绝，对于历史文化，减"损"固然应该，但增"益"也是必不可少的。孔子所举的例子，如夏时、殷辂、周冕等，不过是想说明，凡是历史的精华，不必计较它的时代早晚。另一方面，更重要的是，孔子并不认为周朝便是人类社会发展的顶点。虽然周人继承和发展了前人的文化成就，达到了那个时代的人们能够达到的最高程度，但是，随着时代的发展，孔子清醒地认识到人类进步的脚步是不会停止的，所以他才会认为，一定会有"其或继周者"，有新的时代来继承和发扬周人创造的文明。所以，孔子设想的社会模式不是固化的。他选择的并不是某个特定的朝代，或特定的时期，而是一种具有一般意义的文化价值，或者是历史发展（不一定是直线前进）的普遍模式。孔子说"吾从周"，不过是他认为周代基本上遵循了这种价值而已。这样一来，许多人想当然地认为孔子思想保守、僵化，甚至主张历史倒退，其实都是些肤浅之论，或者是为某种先入之见的想法服务的，已经超出了历史事实所能说明的范围了。

【周文王姬昌是严格意义上的周文化的发轫者，是孔子所遵循的『周礼』的重要源头。】

在这段时间里，孔子还研究了各国的历史和有关史籍，其中包括鲁国的史书《春秋》，所以他才有上述"五世""四世"之类的断言。在他的言谈中，孔子又多引用《诗》，说明他对《诗》的研究并未中止。孔子大讲夏、殷之事，对《书》也有进一步的学习心得。孔子甚至引用

① 《论语·八佾》"子曰周监于二代"章。

过《易》，并强调了《易》之理才是真正有价值的内容。值得指出的是，这些典籍不仅是孔子认识社会和历史以及自我修养的工具之一，也是他教授弟子们的部分"教材"。

◎ 第二节　行教再探讨

在上一章，与孔子何时开始行教的分析相结合，我们初步探讨了孔子从事教育活动的一些基本理念和做法，以及某些方面的具体收获。在这一章，我们要结合孔子在其"不惑"之年的政治思考和思想成就，对于孔子的教育活动做进一步的探讨，以期深化对于孔子教育活动更加全面的认识。孔子的教育活动是他一生的事业。在他的一生中，伴随着时代变迁，伴随着他本人的不同境遇和思想认识的不断提高，孔子的教育活动也在不断地进行调整，最终取得了巨大成功。

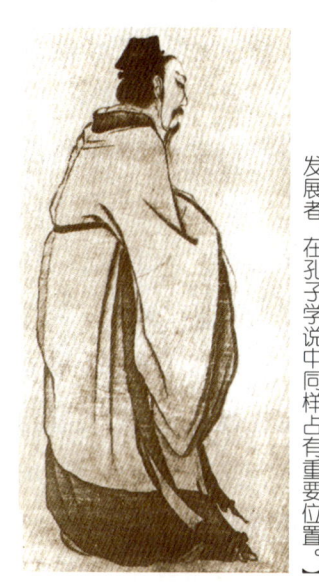

【周武王姬发是周文王所开创的周文化的发展者，在孔子学说中同样占有重要位置。】

教学内容

从孔子四十岁左右自齐归鲁，到他五十岁前后再仕鲁国这十几年的时间里，与他的议政和修《诗》《书》，定礼、乐等活动同时进行的是他的教育事业。虽然在政治上不得意，但孔子的办学声誉却日渐隆盛。

据《史记·仲尼弟子列传》所记，到孔子五十岁时，孔子弟子中已在门下的，至少有秦商（四十五岁）、颜无繇（四十三岁）、冉耕（四十二岁）、子路（四十一岁）、漆雕开（三十九岁）、闵损（三十五岁）、冉求、商瞿（此二人均为二十一岁）、颜回、冉雍、宰予、宓不齐、高柴、巫马期（此六人均为二十岁）、子贡（十九岁），以及年岁不详的公冶长、南容、司马牛等人。也就是说，先进弟子中的德行、政事、言语弟子差不多已都在门下了。除了这些在历史上留下事迹的杰出弟子，未能留下事迹或名姓的弟子也不在少数。可见，在其"不惑"之年以后的十几年中，孔子的教育成就，仅从弟子数目上讲，已经达到了相当的规模。

　　如上所述，孔子行教有两大特点，一是早期弟子年龄大多与孔子不相上下，所以孔门并不像是一个师道尊严的学校，而更像是个轻松愉快的研讨班；二是孔子之教主要是教人做人，这就使得师生关系更为密切，近乎师生平等。这样一来，孔门中的所谓教学内容，极可能是在相互讨论中完成的。至于后儒奉作"经典"的那些书籍，也离不开相互切磋的学习形式。《论语》记述的"侍"或"侍坐"①，便是这种融洽场景的反映。

【曲阜孔府中民国时期和当今时代的"杏坛"，传说是孔子设教授徒的地方。】

---

① 《论语·公冶长》"颜渊、季路侍"章、《子路》"闵子侍侧"章、"子路曾皙冉有公西华侍坐"章等。

　　由于孔子的教育宗旨是学做人，所以他很强调"为己之学"。孔子声言："古之学者为己，今之学者为人。"① 真正的学习者是提高自己的道德水平，并以此服务社会，而虚妄的学习者却是装饰门面，以求博得他人的赞誉甚至谀谄。从此立足点出发，孔子又提出了他的行教总条目：

　　　　志于道，据于德，依于仁，游于艺。②

　　从总的把握上看，这是要求学习者先立志，树立正确的学习态度，然后才可进入一招一式的具体的"艺"的学习。孔子又道："兴于诗，立于礼，成于乐。"③ 强调了在具体的学习中增进对学习本身的思想认识。如孔子教训儿子伯鱼时就有"不学诗，无以言"④ 的观点。言，是人生的自然起步，也可以说是接触社会的开始，而学诗则是言的必要训练。在学诗以言的过程中，诗的更深一层的作用会自然发挥出来。孔子说："小子何莫学夫诗？诗，可以兴，可以观，可以群，可以怨，迩之事父，远之事君，多识于鸟兽草木之名。"⑤ 可见，在孔门之中，学知识与学做人从一开始就是一致的。

　　讲到孔子行教的具体条目，人们自然会想到"五经"和"六艺"的地位。其实，当时孔门之中不可能有"五经""六艺"等定型化的说法。孔子有身教，有言教，在言教方面，当然会有古代的书籍，但究竟是哪些书，恐怕现在是找不到答案了。《论语》提到过《诗》《书》和《易》，但《礼》和《春秋》作为书名却未出现过。尽管《论语》有《礼》和《春秋》中的一些内容和事件，但这毕竟不能说就是这两部书本身。仅从《论语》来看，孔门教科书可能会少于"五经"，但

---

① 《论语·宪问》"子曰古之学者为己"章。
② 《论语·述而》"子曰志于道"章。
③ 《论语·泰伯》"子曰兴于诗"章。
④ 《论语·季氏》"陈亢问于伯鱼"章。
⑤ 《论语·阳货》"子曰小子"章。

【孔子"志于道"的教诲，确定了孔子教学和儒家教育的大方向，更是修身做人的第一要义，自古以来就是士子们的座右铭。】

孔子学通古今，而当时周天子王室的经籍又大量散失民间，孔门之中亦有精通文学（文物典章）的子游和子夏，那么，孔子的教学用书肯定不会局限于"五经"之内。

至于"六艺"，即所谓的礼、乐、射、御、书、数，孔子也未明确做过归纳，则可断定在孔门之中并没有像汉代以来那样的严格。孔子周游列国，在实践中教导弟子，强调发挥人的主观能动性，所以，孔门之实践课程远远超出了"六艺"的范围。但倘若一定要一项项地

【"杏坛礼乐"所描绘的场景，除去豪华的设施之外，较为接近孔门设教的真实。】

落实下去，恐怕孔子之所教有时又不足"六"艺。显然，正如我们一再强调的那样，孔子奉行的并不是制度化的教学。孔子更像是现今大学教育中的导师，关注更多的是学习的宗旨、学生发展的方向、学习的基本方法等。

当我们强调孔子教学的灵活性时，并不是说他的教学内容是杂乱无章的。对于孔门的教学内容，《论语》虽然没有具体的和集中的阐述，但它的主题还是相当清晰的。比如：

　　子以四教：文、行、忠、信。①
　　子不语怪、力、乱、神。②
　　子绝四：毋意，毋必、毋固，毋我。③

这样的要求，与其说是教学内容，还不如说是确定教学内容的指导原则。孔门的教学内容，无疑是围绕着这样的主题或原则展开的。它留给我们的印象是，就教学内容而言，具体的科目或书本并不是中心。一旦原则确定了，具体的教学内容是很容易跟进的。显然，孔子重视的是道德品质和为人处世的基本原则的培养，即使《论语·乡党》中孔子本人令人怵惕的典范行为，也不过是为那些一般原则作例证而已。

总之，孔子的教学内容，无论是采取什么方式来达成，都是具有普遍价值的道德原则，而且是与政治生活相关的道德原则。孔子之教以教人学做人为主，并不设立具体课程，而是具体灵活地解决现实生活遇到的各种难题。孔子要求："学而不思则罔，思而不学则殆。"④"学"是教学内容，"思"则是教学原则。教学内容和原则是同一事物的两个方面，相互依赖，不可分离。要想全面理解孔门的教学内容，

---

① 《论语·述而》"子以四教"章。
② 《论语·述而》"子不语"章。
③ 《论语·子罕》"子绝四"章。
④ 《论语·为政》"子曰学而不思则罔"章。

与其关注其具体科目，还不如深入思考其指导原则。所以，孔子之教严格说来并不能等同于后世及当今的教育，当然它更没有旧时代官方专制化教育的种种流弊。

教学方法

孔子的教学方法，比较突出的且多为后人称道和效仿的主要有两条原则，其一是启发式的教学，其二是因材施教的方法。孔子主张：

不愤不启，不悱不发。举一隅不以三隅反，则不复也。①

所谓"不愤不启，不悱不发"，根据现存记载，是孔子首创的一种教育方法。说的是，在孔子的教育中，不是采取所谓"满堂灌"的方法，即老师不停地讲，学生只是被动地听，而且是所有的学生，不论学习程度和兴趣如何，都在听着同样的内容。孔子的教学方法与此截然不同。孔子只是与学生们一同探讨修身治国之道，但从不集体讲授某种具体知识。为此，孔子的做法是提出问题，要求他们根据自己的理解给出答案。所以，孔子首先设法给学生施加压力，让学生努力思考有关内容，而只有在学生达到了"愤"和"悱"的程度，即实在思考不下去或想表达什么又表达不出来的时候，孔子才会进一步地予以必要的启迪和诱发，以期让学生获得印象深刻的实在收获。与此同时，如果某位学生达不到由此及彼、"闻一知二"②式的举一反三的程度，就说明对他的教授不能继续往前走，还需要从头开始。

孔子的这种最大程度地调动学习者内在潜力的教学法，应该说颇为契合现代教育的初衷，但其实际效果，却是现代教育望尘莫及的。

① 《论语·述而》"子曰不愤不启"章。
② 《论语·公冶长》"子谓子贡"章。

加上孔子所授实质上是做人的学问，这使我们更能体会到举一反三的重要性。其实，道德原则本身就颇具灵活性。不能举一反三，就说明还需要在开发潜力上下功夫，而不能再告之以下文。在这一点上，《论语》中有一个极其生动的例子：

　　　　子夏问曰："'巧笑倩兮，美目盼兮，素以为绚兮。'何谓也？"子曰："绘事后素。"曰："礼后乎？"子曰："起予者商也！始可与言诗已矣！"①

"绘事后素"讲的是当时的绘画技法，先施白色粉底，再绘以五彩，然后才能完成一幅画作。子夏由此联想到人的道德品质和礼仪文饰的关系，认为做人需先有良好的本质，再修饰以礼仪风度，最终成为一个完整的人，也就是孔子所谓的"文质彬彬，然后君子"。②孔子用"绘事后素"解释"素以为绚"，这本来只是局限于一种绘画知识的讲授，但却使子夏深受启发，联想到孔门的基本要求——做人。看上去这是个复杂的过程，但对于子夏却很简明自然，这正体现了孔子教育的成果。

魏侠

卜商字子夏衞人贈

【卜商（子夏）既是孔门有成就的学生，也是后世有成就的教师。把学习与做人融为一体，是子夏式的杰出弟子获得成长和成就的根本保证。】

因材施教的微妙作用，我们在上文分析孔子讲述"仁"的思想时已有所论术。其实这也很自然。做人并没有统一的、可以测试的标准，在孔子看来，只要不乖大道，每个人尽可以合理地发挥自己的性格特点。这是孔子因材施教的教学方法的思想基础。孔子弟子多已成人，

---

　①　《论语·八佾》"子夏问曰"章。
　②　《论语·雍也》"子曰质胜文"章。

各人的情形不尽相同，而孔子的教学内容又相当灵活，并没有现代教育中上下拉平式的教育理念。这是孔子因材施教的教学方法的社会基础。在这样的背景下，孔子的因材施教式的教学理念和教学方法，既是自然而然的，又是难能可贵的。孔子的任务，不过是对于弟子们的行为加以必要的调节，避免出现极端而已。比如：

> 子路问："闻斯行诸？"子曰："有父兄在，如之何其闻斯行之？"冉有问："闻斯行诸？"子曰："闻斯行之。"公西华曰："由也问闻斯行诸，子曰有父兄在；求也问闻斯行诸，子曰闻斯行之。赤也惑，敢问？"子曰："求也退，故进之；由也兼人，故退之。"①

这是《论语》对孔子因材施教的教学方法最为生动的一次解读。孔子在此并未过问弟子们"闻"的具体内容，因为重点在方法而不在内容。孔子只是针对提问者的不同情形，给予了不同的方针性的指点。孔子无意改变子路和冉求的性格，只是有意让他们克服自身缺点可能造成的不良结果，而这正是孔子教育所要达成的崇高目标之一。

总之，启发式教学和因材施教乍看上去仅仅是孔子的教学方法，但是，它们所体现的教育理念和道德教化作用，早已超越了教育和教学的范围。这样的方法无疑是在孔门的具体环境中产生的，它们与孔

---

① 《论语·先进》"子路问闻斯行诸"章。

子的政治理念和政治理想，以及孔子的历史观和文化追求，是一致的。从教学方法的角度来看，如果孔子用统一的大课堂教导弟子，用"满堂灌"式的方法教育弟子，孔子弟子就不会有异彩纷呈的思想发展，更不会有影响后世的思想成就，孔子的思想也不会得到真正的发扬光大。正是因为有了正确而合理的教育之道和教学方法，孔子的思想、孔子的品格，在孔子的教育活动中才得到了淋漓尽致的表现。

◎ 第三节　不仕的考验

在鲁国，鲁定公八年、九年间（前502年～前501年），季氏家族的家臣阳虎加快了全面控制鲁国政局的步伐，直到企图用武力夺取"三桓"的权力、取代"三桓"的地位。阳虎的同党公山弗扰则拥兵盘踞在季氏的封地费邑做策应，季氏及"三桓"的地位岌岌可危。但是，在动员鲁国舆论和社会影响力方面，阳虎等人毕竟根基浅薄，所以在动手之前曾打算利用孔子的社会影响力，邀请孔子参与他们的篡权阴谋。史书记载：

> 孔子循道弥久，温温无所试，莫能己用，曰："盖周文王起丰镐而王，今费虽小，傥庶几乎！"欲往。子路不说（悦），止孔子。孔子曰："夫召我者岂徒哉？如用我，其为东周乎？"然亦卒不行。[1]
>
> 公山弗扰以费畔（叛），召，子欲往。子路不说（悦），曰："末之也已，何必公山氏之之也？"曰："夫召我者，而岂徒哉？如有用我者，吾其为东周乎？"[2]

---

[1] 《史记·孔子世家》。
[2] 《论语·阳货》"公山弗扰以费畔"章。

　　孔子为什么最终没有成行呢？弟子的反对是原因之一，但起关键作用的还是孔子最终意识到这样去做的不良结局，同时，孔子在冷静之余，也有能力识破阳虎等人的政治阴谋，甚至会想起在齐国做高昭子家臣的政治教训。诚如司马迁所言，一个以治国为己任的人，终日空对书本、弟子，有时不免有些失落之感。也许会有一时冲动，考虑到阳虎等是"三桓"的对头，可以利用他们除掉作为僭臣的"三桓"。但冷静下来之后，孔子不能不想到阳虎等人毕竟也是僭臣，去掉"三桓"，留下阳虎、公山弗扰之流，鲁国的政局只能走向更加混乱。想到这些，孔子怎么能助纣为虐呢？

　　类似这样的思想波动，在孔子的一生中也还出现过。但这并不表示孔子的思想经常动摇，而是当时的政治形势实在是太复杂了，而孔子救世的期盼也太强烈了。后世的一些儒生想不通这一点，总是认为史籍中类似的记载是不可靠的，其实完全不必对这样的事情做太复杂的推断。孔子的思想是伟大的，是无与伦比的，但生活在现实中的孔子本人，唯其更真实，才显得更伟大。

　　正因为孔子是伟大的，所以，只有经过了这样的思想波动，他才能够更坚定地走在自己选择的道路上。反映在孔子的思想中，是他经常发出的自我劝慰。孔子说：

　　　学而时习之，不亦说乎？有朋自远方来，不亦乐乎？人不知而不愠，不亦君子乎？[1]

　　这是《论语》第一章的文字，对于很多人来说是耳熟能详的几句话，更被无数人在无数场合做各种目的的引用。知之较浅的人，

---

[1] 《论语·学而》首章。

在学习中引用；知之较深的人，在交友中引用；而只有知之最深的人，才能体会到孔子真正的心境。所谓"人不知而不愠"，是说尽管不被人理解甚至误解、不受当权者知遇或任用，但孔子却从内心里没有抱怨。这是为什么呢？因为孔子的精神和思想，孔子的救世

【旧照片中的曲阜孔庙大成殿石柱，显得更有支撑力。尽管这些石柱雕琢得过度华丽，不甚符合孔子思想的本质，但岁月的沧桑仍然足以让人对它们肃然起敬。】

行动，在他本人那里都有实实在在的落实之处。那就是不知足地学习，以及远远近近的朋友汇聚。也有认为孔子在此所说的"有朋"本是"友朋"，指的是从四面八方来到孔门的求学者。如若然，不就更进一步证明孔子的"不愠"是多么的理性、多么的坚韧了吗？

有趣的是，阳虎等野心家根本不能理解孔子的真正追求。出于政治利益的考虑，他们并没有死心，还是想利用孔子，软的不行就来硬的。《论语》记载：

阳货（虎）欲见孔子，孔子不见，归（馈）孔子豚。孔子时（伺）其亡也，而往拜之，遇诸途。谓孔子曰："来，予与尔言。"曰："怀其宝而迷其邦，可谓仁乎？"曰："不可。""好从事而亟失时，可谓知（智）乎？"曰："不可。""日月逝矣，岁不我与。"孔子曰："诺，吾将仕矣。"①

---

① 《论语·阳货》"阳货欲见孔子"章。

拜祚遗盟
阳货欲见孔子孔子
不见辞孔子豚孔子
窥其亡也而往拜之
遇诸塗谓孔子曰来
予与尔言曰怀其宝
而迷其邦可谓仁乎
曰不可好從事而亟
失时可谓智乎曰不
可日月逝矣岁不我
与孔子曰诺吾将仕矣

【《圣迹图》中「矜胙遇途」的场面，照《论语》的记载来看，远没有如此彬彬有礼。】

　　季氏家臣阳虎尽管曾经瞧不起年轻时的孔子，但在此时却不得不肯定孔子的才德和社会影响力。为了达到利用孔子的目的，他从行动和思想两方面给孔子施压。第一步，他为了让孔子来见他，故意先给孔子送礼。根据当时的礼仪，并且是孔子所认可的周礼的规定，士人得到地位更高者的馈赠，应该当面致谢。虽然孔子明白阳虎的不良用心，但也不得不依礼而行。不过，孔子也想了个折中的办法，故意在阳虎不在家的时候去拜谢，但不巧的是在途中与阳虎相遇。此时的阳虎还是一如既往的盛气凌人，并且有意利用孔子的观点诘问孔子。孔子当然不屑与阳虎争辩，阳虎的目的自然也不可能达成。这从另一个角度证明，孔子对自己的原则是决不会放弃的。

　　孔子的原则是什么呢？在孔子看来，阳虎所说的仁、智这些概念并不仅仅是一种言辞，而是有它的实际内容的，也并不是任何人都可以使用的。更重要的是，仕与不仕要有条件，而仁、智之人也并不是随便可以去从政的，这正如孔子所说的：

不义而富且贵，于我如浮云。①

君子谋道不谋食。②

富与贵，是人之所欲也，不以其道，得之不处也；贫
与贱，是人之所恶也，不以其道，得之不去也。③

在孔子这里，仕与不仕的准则在"义"与"道"，一旦撇开这一
准则，所谓合不合乎仁的讨论是毫无意义的，这一点是阳虎根本无法
弄明白的。所以，孔子虽然口头上答应出仕，但实际上并未履行这一
逼迫之下的诺言。或许有人会认为，可能是孔子尚未来得及行动，阳
虎等人的武装叛乱活动就被粉碎，然而，这样的猜测并没有明确证据。
落败的阳虎先逃到齐国，最后又投奔晋国。而孔子得知晋国赵氏家族
留用了阳虎时，便预言道："赵氏其世有乱乎？"④果然，孔子的话
在后来得到了应验。

孔子的守义不仕，不仅为某些阴谋家不能接受，也使一些关心孔
子的鲁国友人不能理解。《论语》记载：

或谓孔子曰："子奚不为政？"子曰："《书》云：'孝
乎惟孝，友于兄弟，施于有政。'是亦为政，奚其为为政？"⑤

他们不理解的是，孔子为什么不去积极地直接参与到现实政治之
中？这也就证明，孔子当时并不是没有出仕的机会，只是孔子不能放
弃原则而已。但是，对于类似的善意关切，孔子出于礼貌，并没有予
以正面的解释或反驳，而只能委婉地引用《尚书》上的话加以解释。
在孔子看来，直接地参政议政固然是为政，但在一个政治不清明的社

---

① 《论语·述而》"子曰饭疏食"章。
② 《论语·卫灵公》"子曰君子谋道"章。
③ 《论语·里仁》"子曰富与贵"章。
④ 《左传·定公九年》。
⑤ 《论语·为政》"或谓孔子曰"章。

会中，通过传播道义而影响社会，感化在位者和其他迷惑之人，又何尝不是一种政治行为呢？孔子的这种并非消极的为政观，在他培养弟子，特别是德行弟子的过程中，得到了更加充分和全面的展示。

◎ 第四节　孔门中的德行弟子

世称孔子弟子或孔门弟子，无疑主要是指孔子的入门弟子，即上文所定义过的七十弟子，其数目无论是七十二或七十七，都是说这七十多人构成了孔子弟子的主体。他们是孔子三千弟子中的最有成就者，也是孔子思想的主要传承人。当然，"七十二"的数目在历史上更被认可，原因之一，是中国古代文化对数字三的认可甚至迷信，而七十二正好是三的倍数。

【"德必有邻"和"以德为邻"，是中国传统人生修养的高尚追求，具有永恒价值。】

人群之中，完全相同的人是没有的。孔子入门弟子的人数达到七十余位，且都是"异能"之士，自然是异彩纷呈、各有特色。正因为他们各有特色，各有不同的努力方向和个人成就，我们才能对他们做一些类别上的划分。这种划分，不仅符合实际，也有助于深入了解这个特殊群体的特色，全面把握这个群体的成就。事实上，孔子在世之时，已经做过这方面的划分，再加上后世的记载和分析，我们就可以很有依据地做这方面的尝试了。

类型和派别

如上所述，迄今为止，虽然我们动辄称呼孔子弟子，但各位弟子在行动方向和思想发展并不是一致的。尽管其中的原因相当复杂，但并不影响我们依据这种不一致的事实，再结合孔子的看法，分派叙述他们的行动表现和思想发展。相对来讲，单独描述或叙述每一位弟子的做法，虽然简单易行，但却容易失之于离散，使弟子之间缺乏必要的联系，因而既不易整体把握弟子们的思想，又不利于更深入地研究孔门思想的方方面面。不过，分派也有它的困难之处，比如分派标准的不易把握，以及弟子们个人独特性的难以确定等。同时，分派还有其他的困难之处，比如人们思想中对"派"的习惯性偏见以及史料的难以驾驭等。尽管如此，在了解和研究孔子弟子的问题上，与单独叙述相比较，分派无疑是利多弊少的一种选择。

孔子晚年时，对门下弟子有一个简明分类，这是对孔子弟子最早最全面也最具有权威性的类别区分，当然也是我们当前研究工作的最可靠的基础。《论语》记载：

> 德行：颜渊、闵子骞、冉伯牛、仲弓；言语：宰我、子贡；政事：冉有、季路；文学：子游、子夏。①

所谓德行、言语、政事、文学，世称"四科"，显然是从弟子们

---

① 《论语·先进》"德行"章。这一章虽未冠以"子曰"，并且也不像是孔子的原话，但应该说是表现了孔子的意见，或者是对孔子相关意见的概括。

聖門四科
德存顏淵閔子騫冉伯
牛仲弓言語宰我子貢
政事冉有季路文學子
游子夏

【当年"圣门四科"的景象当然不可能有画面中表现的如
此华丽，但是，"四科"的思想成就所谱写的华夏文明的
篇章，却远远超出了任何人能够想象到的华丽程度。】

的实际成就着眼的。具体说来，德行之科偏重于个人修养，言语和政
事偏重于世俗政治中的收获，而文学则指所谓文物典章，既有现实政
治的一面，也有形而上学和文化学术的一面。这样一来，孔子弟子的
成就显然是多方面的，从而也使如此的分类体现出了相当的全面性。

除此之外，孔子还从弟子们入门求学的先后做过分类。孔子说：
"先进于礼乐，野人也；后进于礼乐，君子也。"①所谓"先进"与"后
进"之分，仅只是从时间的角度做的一个大致区分，相当于现在所说
的前期与后期。为什么要有此划分呢？主要是和弟子们与礼乐之教的
关系有关。孔子的解释是，前期弟子通常是在三十多岁之后才进入孔
门，接受孔子所认可的礼乐之教比较晚，所以，这部分弟子可以说是
"野人"出身，即多为社会中下层人士，本性质朴。后期弟子通常是

① 《论语·先进》"先进于礼乐"章。

在二十岁之前就进入孔门，接受孔子所认可的礼乐之教比较早，可以说是"君子"之人。所谓"野人"，是与前文解释过的"君子"相对而言的。君子是社会中上层人士，野人则是社会中下层人士。就接受文化教育、人文熏陶、礼乐之教而言，君子较早，野人较晚。所以，此所谓君子和野人的区分，重在受教育的早晚和受礼仪约束的深浅，并不包含道德评价的意义。

另外，孔子对弟子们的个人特色也是很在意的。"闵子侍侧，訚訚如也；子路，行行如也；冉有、子贡，侃侃如也。子乐。"[1] 对于弟子的不同性格和不同表现，孔子的欣赏之情是溢于言表的。同时，正如我们一再强调的，对于同一问题，不同弟子发问，孔子的回答明显不同，这也是肯定了弟子们的不同表现和特色都是有价值的。从此意义上来看，孔子弟子的不同发展是必然的，也是应该倡导的。这又从思想基础上认定，对于孔子弟子的分类是理所当然的。

在孔子之后，儒家集群内部对于孔子弟子的认识，很快就上升到了分门别类地加以了解和研究的程度。孔子去世百余年后，孟子在《孟子》一书记载了大量孔子弟子的言行，他认为：如"琴张、曾皙、牧皮者，孔子之所谓狂矣。"[2] 这明显是一种类别区分式的描述。此后不久，《荀子·非十二子》中又有对子夏、子张和子游等三派"贱"儒的抨击，进一步强调了不同的派别表现已经延续到了孔子弟子的后人之中。

在先秦时代，对于孔子弟子分类理解的观点中，最有影响的是韩非子关于"八儒"的论述。韩非子断言：

> 世之显学，儒墨也。……自孔子之死也，有子张之儒，有子思之儒，有颜氏之儒，有孟氏之儒，有漆雕氏之儒，有

一〇五

---

[1] 《论语·先进》"闵子侍侧"章。
[2] 《孟子·尽心下》"万章问曰"章。

仲良氏之儒，有孙氏之儒，有乐正氏之儒。……故孔、墨之后，儒分为八，墨离为三，取舍相反不同，而皆自谓真孔、墨。①

　　韩非子的语气在此处是相当肯定的，其时间跨度是自孔子去世到战国中后期，其中的"孙氏"，应该是指韩非子的老师荀子，因为荀子人称孙卿。在人物类型方面，有孔子直传弟子，也有再传弟子，甚至有孟子和荀子这样的儒学大家。韩非子如此描述的重点虽然在于说明儒家内部的思想纷争，但却从一个角度肯定了孔子卒后儒学内部学术争鸣的盛况。同时，《韩非子》的这项记载也告诉我们，孔子弟子的思想不仅有不同的派别，而且这样的派别一直影响到了战国中后期儒家思想的发展。可以说，孔门弟子的思想分化和不同思想派别的出现和发展，在孔子去世后演化成先秦儒学的第一次学术高潮，并为孟子和荀子这样的儒学大师的出现和后世儒学的浩荡发展做出了必不可少的开创性的贡献。

【这一组人物，自左而右是孟子、荀子和韩非子，他们都是先秦时代杰出的思想家，是我们永远的思想导师。】

① 《韩非子·显学》。

先进和后进

如上所述，孔子一生对他的众多弟子有过种种划分和评价，而就弟子与现实社会的适应程度而言，孔子认为：

> 先进于礼乐，野人也，后进于礼乐，君子也。如用之，则吾从先进。[1]

我们说过，所谓先进和后进，指的是进入孔门的先后。当然，这种先后并没有绝对明确的时间界限。大体上讲，在孔子六十岁前进入孔门的可称之为先进弟子，他们进入孔门之时，年龄大都在三十岁以上。所以，先进弟子的显著特色并非指其进入孔门的时间，而是他们结合自身条件的思想和现实追求。孔子说先进弟子是"野人"，即质朴之人。这些人进入孔门时年龄较大，有一定的社会阅历，但却缺乏礼乐之学和人文制度方面的修养。他们的追求是事功，想成就一番政治事业。而此一时期的孔子也以求仕为主，无暇做学问，因此，六十岁之前的孔子就很容易与先进弟子成为政治上的志同道合者。只是当孔子六十多岁之后对于从政完全绝望之际，才开始转向纯粹的学问之道，并且也才有许多年轻人被他收入门下，这部分弟子就是后进弟子。

孔子的政治追求是德政，即所谓的"为政以德"[2]，提倡以道德约束现实政治，这样一来，一个合格的从政者，首先必须是一个有修养、讲道德的人。不用说，孔子所要求的道德，是以"周礼"为基础的一整套道德规范，这在《论语》中有着全面的阐述。正因为孔子的政治追求也是一种道德追求，所以，当他对弟子们做"四科"之分时，才把"德行"之科放在首位。既然如此，当我们探讨孔子弟子时，也

---

[1] 《论语·先进》"先进于礼乐"章。
[2] 《论语·为政》"子曰为政以德"章。

必然要首先探讨"德行"弟子的表现。

孔子的政治追求既影响了先进弟子的选择，也影响了后进弟子的走向。先进弟子对道德和事功的追求虽然成为孔门中特定时期的主要潮流，但这并不意味着每个人都有过实际从政的经历。有德是从政的先决条件，但从政却不是修养道德的唯一归宿。事实上，在孔子那样的时代，由于政治混乱无序，甚至黑暗恶浊，有许多弟子，当他们的道德修养达到了相当高度时，反而对现实政治失去了希望和兴趣，并最终选择了远离现实政治、拒绝从政。这样的结果虽然也为孔子所认可，但却逐渐成为中国古代政治中一种有趣的吊诡。

颜回与德行弟子

孔门中颜氏人物很多。据《史记·仲尼弟子列传》记载，除颜路（无繇）和颜回父子之外，尚有颜幸、颜高、颜祖、颜之仆、颜哙和颜何诸人。《史记·孔子世家》中还出现过一位弟子颜刻，乃一武夫，也可能是鲁国人。

颜回与他的父亲颜路都曾求学于孔门，《史记·仲尼弟子列传》云："颜无繇，字路。路者，颜回父，父子尝各异时事孔子。"这是在说，颜氏父子二人是在不同的时候求学于孔门的，但这样一来，便出现两种可能性。其一是颜回受父亲的影响，成人后入学孔门；其二是颜回早夭后，颜路才进入孔门。《论语》载：

> 颜渊死，颜路请子之车以为之椁。子曰："才不才，亦各言其子也。鲤也死，有棺而无椁。吾不徒行以为之椁。以吾从大夫之后，不可徒行也。"[1]

---

[1] 《论语·先进》"颜渊死颜路请子之车"章。

颜回英年早逝，应该是在孔子周游列国中最困难的时期，否则孔子也不至于无法体面地为颜回下葬。此时的孔子尽管处在极度悲伤之中[①]，但还是能够理智地为孔门的政治前途着想。因为孔子还要去会见各国政要，不能用仅有的一辆车去给颜回换取棺椁。根据《论语》这一记载，应该是颜回去世后颜路才进入孔门，至少是此时才正式成为孔子弟子的，因为他对孔子的生存状况和政治追求缺乏起码的了解和理解。不过，颜回最终能够进入孔门，虽然未必能够成为韩非子所谓的"颜氏之儒"中的重要人物，但父子俱学于孔门，也足可以证明孔门之教的巨大影响力。相对来讲，颜回虽然在孔子之前去世，但以他的德行和学问，却足以影响颜氏后学循着他的方向走下去，开一派思想学术之风。

颜回字子渊，小孔子三十岁，终年二十有九[②]。

【颜 祖】

【颜之仆】

【颜 唅】

【颜 何】

【颜无繇】

【颜 幸】

【颜 高】

【颜氏家族是鲁国的望族，但在文化积累方面可能有所欠缺，所以，虽然在孔子门下人数众多，却未能形成思想发展的脉络。】

---

① 《论语·先进》：颜渊死。子曰："噫！天丧予，天丧予！"○颜渊死，子哭之恸。
② 《史记·仲尼弟子列传》。

【颜回一生最重要的价值，不是他做出了什么，而是证明了孔子思想的巨大影响力。】

颜回的生平我们所知甚少，唯一能确定的是他的贫困生活。孔子说："回也其庶乎，屡空。"①说的是颜回虽然德行近乎道，但却经济条件很差，屡受空乏之苦。孔子更明确的说法是："贤哉，回也！一箪食，一瓢饮，在陋巷，人不堪其忧，回也不改其乐。贤哉，回也！"②颜回在物质生活方面的匮乏，在孔子时代已经陷入谷底了。在孔子的描述中，颜回住在贫民区，食物是简单到了仅能维持生存，但是，颜回却浑不在意这一切，因为他的真正乐处不在于物质享受，而是追求学问和大道。在与鲁哀公的一次对话中，孔子对于颜回的好学求道的精神特别予以了肯定：

　　哀公问曰："弟子孰为好学？"孔子对曰："有颜回者好学，不迁怒，不贰过，不幸短命死矣！今也则亡，未闻好学者也。"③

　　颜回的"短命"早亡，显然与他的困苦生活有着相当程度的联系。然而，贫穷的生活并没有影响到颜回对德行的孜孜追求，所以才被孔子肯定为"好学"。孔子所欣赏的颜回的好学，主要是颜回能将学到的东西有效地转化为实践。从横的方面讲，颜回"不迁怒"，不因此而怒彼；从纵的方面讲，颜回"不贰过"，同样的过错不会再犯。孔子自称"好学"④，作为德行弟子的颜回，在"好学"方面与孔子并驾齐驱，在孔门之中并无第二人，这就说明，德行的获得主要是后天努力的结果。

---

① 《论语·先进》"子曰回也其庶乎"章。
② 《论语·雍也》"子曰贤哉"章。
③ 《论语·雍也》"哀公问曰"章。
④ 《论语·公冶长》：子曰："十室之邑，必有忠信如丘者焉，不如丘之好学也。"

　　与颜回同列孔子"德行"之科的尚有闵子骞、冉伯牛和仲弓。根据《史记·仲尼弟子列传》的记载，闵损，字子骞，少孔子十五岁；冉耕，字伯牛；冉雍字仲弓，少孔子二十五岁。此三人均为鲁国人，且均出身贫寒，也同是孔子的先进弟子。闵损的德行很有名，孔子说："孝哉，闵子骞！人不间于其父母昆弟之言。"[1] 意思是说，即使是像父母兄弟这样的至亲之人，他们对闵子骞的评价都是公正的，没有任何人认为他们有偏爱自己儿子的说法。这就说明，闵子骞是从内到外的方正之士。至于冉耕，孔子除了肯定了他的德行

【像冉耕这样的弟子，虽然在历史上留下的东西很有限，但在孔子讲学的时代，却是孔子思想中道德至上精神的深切证明者。】

之外，在他不幸患上恶疾而行将故去之时曾叹惜道："斯人也而有斯疾也。"[2] 可惜这样的一位德行高尚的人士会得恶疾而亡，足见他在孔子的心目中是占据着重要地位的。

　　弟子以德行见重于孔子者，尚有南容和公冶长。南容，又称南宫适或南宫括，字子容，鲁国人。公冶长，字子长，齐国人。南容的德行，孔子认为是"邦有道，不废；邦无道，免于刑戮"[3]，可见他生平谨于言行，能在政治旋涡中保持操守，所以，孔子让兄长的女儿嫁给了他。南容又有言论道："羿善射，奡荡舟，俱不得其死然，禹、稷躬稼，而有天下。"[4] 这是认为，只有德行之人才能成为天下之王，所以孔子称赞他是君子之人和尚德之人。与此相似，孔子又肯定公冶长曰："虽在缧绁之中，非其罪也。"[5] 虽在囹圄之中，但罪不在己，

---

① 《论语·先进》"子曰孝哉"章。
② 《论语·雍也》"伯牛有疾"章。
③ 《论语·公冶长》"子谓南容"章。
④ 《论语·宪问》"南宫适问"章。
⑤ 《论语·公冶长》"子谓公冶长"章。

可见此人亦是言行中正之人，所以，孔子就把女儿嫁给了他。虽然说我们并不想用与孔子的关系亲疏来评价某位弟子，但在那种极重宗亲关系的时代，孔子的这种选择应该还是可以说明一些问题的。

德行弟子与政治

德行弟子的政治表现在孔门中具有相当的代表性。这些弟子大多是先进弟子，进入孔门时都有从政的愿望，但是，由于天下无道，在思想上又受到孔子政治理念的深刻影响，他们大多都未能如愿以偿地登上政坛。对于颜回，孔子说："用之则行，舍之则藏，唯我与尔有是夫！"① 意思是说，只有孔子和颜回才能选择适当的时机去从政。这样的断言，可以说是孔子对自己一生政治追求的总结，同时也可见颜回的政治操守与孔子是一致的。虽然颜回有

【弟子南宫适和公冶长尽管是孔子的亲戚，但孔子对他们的赞扬却是很有分寸的。】

时也向孔子请教"为邦"②之道，但由于种种因素的限制，这样的讨论也只能停留在理论层面。颜回终身未仕，可能与他的早逝有关，但更重要的是他与孔子共有的"舍之则藏"的原则在起作用。

至于闵子的情形，《论语·雍也》载云："季氏使闵子骞为费宰。闵子骞曰：'善为我辞焉。如有复我者，则吾必在汶上矣。'"这就证明，闵子骞不仅不参与季氏之政，还有唯恐避之不及的意味。如同孔子一

---

① 《论语·述而》"子谓颜渊"章。
② 《论语·卫灵公》"颜渊问为邦"章。

样，闵子骞不是没有从政的机会，而是"不仕大夫，不食污君之禄"①，一直在坚持着孔门的政治原则。事实上，闵子骞不仅自持高洁，没有亲身参与季氏之政，还保持着对现实政治的严厉批评，比如季氏等要重建长府（仓库），闵子骞就公开批评道："仍旧贯，如之何？何必改作？"②这种鲜明的政治立场，表现了孔门德行弟子的政治操守，并且对一位贫士来说更是相当难能可贵的磊落表现。

【闵子的政治操守与颜回等其他弟子一样高洁，但更可贵的是，闵子还有一些相关言论传世，使后人能够更真切地景仰这些高洁之士的形象。】

德行弟子的政治品格，在仲弓身上同样有着显著表现。孔子断言："犁牛之子骍且角，虽欲勿用，山川其舍诸？"③这一方面说明了仲弓的贫贱出身，另一方面则是肯定了仲弓的政治才能。在孔子时代，世袭制虽然已被动摇，但还是政治领域的主流。在这样的背景下，孔子主张以品格和才能任用人才，就显得非常重要了。孔子认为，即使仲弓出身卑微，但他的政治品质和德行修养却是从政者所必不可少的，这样一来，即使那些政治保守者反对任用仲弓，却又怎么能够阻挡历史前进的脚步呢？所以，孔子进而主张："雍也可使南面。"④像仲弓这样的德行之人，即使去做诸侯，也没什么不可以的，因为孔子心目中的君王一定是德行之隆者。

如果说颜回的德行是表现在日常生活之中，那么，仲弓的德行就可以说是表现在从政之上。仲弓曾做过季氏之宰，孔子对他的上任嘱咐是："先有司，赦小过，举贤才。"⑤仲弓为人稳重实在，不善言辞，所以孔子要求他以德行贯彻其政治措施，并要以身作则，宽待下属，

① 《史记·仲尼弟子列传》。
② 《论语·先进》"鲁人为长府"章。
③ 《论语·雍也》"子谓仲弓"章。
④ 《论语·雍也》首章。
⑤ 《论语·子路》"仲弓为季氏宰"章。

【冉子不是孔子弟子中最有实际政治成就的，但却是对孔子的政治理念把握和实践得最稳妥、最全面的。】

举用贤才。作为德行弟子，仲弓亦有对德行之仁的关切，孔子的教诲是："出门如见大宾，使民如承大祭。己所不欲，勿施于人。在邦无怨，在家无怨。"① 与对政事弟子冉求、子贡和子路等人的要求相比，对仲弓的此番教导显然更接近孔子本人的政治理想。由此可见，虽然仲弓的实际政治地位和权力无法与冉求等人相提并论，但在实现孔子的政治理想方面，孔子对仲弓却是寄予厚望的。

总而言之，因为孔子坚持"为政以德"，所以，虽然德行弟子的实际政治成就有限，但他们的思想高度和现实表现，却受到孔子的高度关注。通过了解和思考孔子与德行弟子的深入交流，可以更全面深入地把握孔子政治思想的真谛。

颜回之学与孔子

如上所言，由于时势、个性及孔子思想的影响，颜回虽居德行弟子之首，但却未能在现实政治中去实践孔子的政治理想，所以，颜回的德行更多地表现在日常生活中，尤其在他深思熟虑的思想中。颜回是后儒特别是宋明儒学家们特别关注的孔子弟子，究其原因，恐怕是他的治学之道颇多契合理学家或心学家们的心态。颜回自谓天资"不敏"②，所以，他的治学方法很有玄思的味道，《庄子》的寓言每每以颜回为主人公，原因大抵也在此处。

相对来讲，颜回的治学之道是内省式的。按照孔子的说法：

① 《论语·颜渊》"仲弓问仁"章。
② 《论语·颜渊》"颜渊问仁"章。

　　语之而不惰者，其回也与（欤）。①

　　回也，非助我者也，于吾言无所不说（悦）。②

　　回之为人也，择乎中庸，得一善，则拳拳服膺而弗失之矣。③

　　由于崇信孔子，颜回并不与孔子辩驳，也不轻易在孔子面前发表自己的看法，而是动员内在力量，竭力让那些有益的精神财富在内心深处扎下根来，加以消化，最后化作合乎中庸的行动。这种途径，非常适合于反求诸己式的修身进程，亦且是孔子启发式教学的典型表现。子贡认为颜回"闻一知十"④，想来正是颜回内省式治学之道和反躬式修身之途的必然结果。

　　颜回的早夭与其独特的治学之道大有关系。王充认为："颜渊困于学，以才自杀。"⑤《史记·仲尼弟子列传》则云："回年二十九，发尽白，蚤死。"可以想见，在那样艰苦的物质条件下，颜回所从事的精神劳动又是不同寻常的沉重，而双重的压力，无疑要影响他的自然寿命。

　　作为孔子心目中的"好学"弟子，颜回除了政治观念与孔子一致而外，他与孔子之间真诚的思想和感情交流也是孔门中动人的一幕。孔、颜二人之间的那种交流和理解、切磋和扶持，不仅使后人一睹伟大圣哲的风采，也使人们深信人与人之间是完全可以确立起超乎一切的真诚坦荡的友情。在《论语》中：

　　颜渊喟然叹曰："仰之弥高，钻之弥坚；瞻之在前，忽焉在后。夫子循循然善诱人，博我以文，约我以礼。欲罢不能，既竭吾才，如有所立卓尔。虽欲从之，末由也已。"⑥

---

① 《论语·子罕》"子曰语之而不惰者"章。
② 《论语·先进》"子曰回也"章。
③ 《中庸·第八章》。
④ 《论语·公冶长》"子谓子贡"章。
⑤ 《论衡·命义篇》。
⑥ 《论语·子罕》"颜渊喟然叹曰"章。

相传："少正卯在鲁，与孔子并。孔子之门三盈三虚，唯颜渊不去。颜渊独知孔子圣也。"[1] 显然，颜回对孔子的认识，并不是表面崇拜或盲目信仰。颜回对孔子有一个由浅入深的认识过程，而且一旦有了肯定的结论之后，便坚定不移地坚持到底。当孔子一行周游列国期间遭到匡地之人的逐迫时，颜回掉了队。等到颜回终于回到大家面前时，孔子脱口而出："吾以女（汝）为死矣。"颜回则真诚地应答："子在，回何敢死。"[2] 这真是一幅极其令人感动的场景。正是因为他们二人心心相印到了至高无上的境地，孔子才说："惜乎，吾见其进也，未见其止也。"[3] 在颜回身上，孔子真切看到了自己行教的最佳成果，所以，当颜回不幸早夭时，史载孔子"哭之恸"[4]，自认为是"天丧予"[5]，这不仅是因为颜回是孔门中的才德第一人，也是因为"回也视予犹父也"[6]。孔子用传统所重的父子关系来比喻他们之间的相知相悉，这在其他弟子那里是不曾有过的。

【元代大画家赵孟頫的『三圣图』，所绘人物为至圣孔子、复圣颜回和宗圣曾子，反映了那个时代对此三子的思想定位。所谓复圣，就是认为颜回是孔子的具体而微，是孔子的摹本。】

德行之儒是孔子行教前期孔门弟子中的主要类型之一，也是孔子不惑之年以后在政治上心事重重、进退两难的思想的实践者。德行弟子对不合理政治的批判以及坚贞的气节为后人广泛称道，但他们的流弊也是相当明显的。他们虽然能够坚韧自持，但却缺乏积极而具体地向社会的不合理、不公正进行抗争的作为。这虽然与政权势力的残酷压迫有关，但严格说来也是一种悲观的，甚至社会责任感不够强烈的表现。

① 《论衡·讲瑞篇》。
② 《论语·先进》"子畏于匡"章。
③ 《论语·子罕》"子谓颜渊"章。
④ 《论语·先进》"颜渊死"章。
⑤ 《论语·先进》"颜渊死"章。
⑥ 《论语·先进》"颜渊死"章。

第四章

五十而知天命
——共同的政治求索

孔子一生的成就是多方面的。事实上，几千年来，很难用一句话或一个方面的成就去概括孔子一生的奋斗所得。就我们的理解而言，孔子本人最看重的是他在政治领域的作为。孔子即使不是一位现实政治中成功的政治家，也应该是影响中国古代政治进程的重要人物之一。

孔子的政治成就至少包括以下方面。第一，孔子的政治思想和政治追求是明确的，他的"为政以德"的理念既是他那个时代最缺乏的，也是他身后任何时代的政治思想的核心问题之一。第二，孔子虽然有着显赫的世系，但他本人并没有享受到这种世系的荣荫，而是在年轻时就以平民身份参与到现实政治之中，并从最底层的官吏做起，开始了政治生涯。这一事实导致了两个结果。一方面，孔子对普通人的政治诉求有着切身体会；另一方面，以平民身份达到政治高位，正是代表了时代政治的最新朝向。第三，在他的时代，孔子也曾进入到一国政治的顶层，并努力实践过自己的政治原则，这使他的政治理念虽然不乏理想性，但也更加具有责任感

【"生民未有"是后人对孔子的最高赞誉，并且从未加于其他历史人物身上。孔子思想对华夏文化进程的贡献，确实"生民未有"，自有人类以来未有第二人。】

和历史感，并因此在若干世纪之后成为中国古代政治主流意识形态。第四，无论孔子的政事弟子是否能够全面实践孔子的政治主张，但这部分弟子的政治成就无疑深深地打上了孔子思想的烙印，是孔子政治成就的一个重要组成部分。

◎　第一节　短暂的从政辉煌

孔子一生中有两次实际从政经历。第一次是在他青年时代，二十岁左右时做过"委吏、乘田"① 等职，这虽然是下级官吏，但严格说来也是一种从政经历，毕竟因为担任这样的职务而获得了生活资料的报偿，并且对于孔子认识社会、认识政治产生了深远影响。孔子的第二次从政是在他五十岁左右的五六年间，即所谓"五十而知天命"的时期。孔子从中都宰做起，直到所谓的"摄行相事"②，代行鲁国之相，这是孔子在世时达到的最高的世俗

【身为司寇，掌握多少人的生死大权，应该有其威严的一面，但即令如此，孔子也不应该如此图所示般的"凶神恶煞"。】

政治地位。孔子此番二次从政，对于孔子政治思想的定型，起到了最重要的作用。

历史上颇有人怀疑孔子二次从政的真实性，认为是后世儒生附加在孔子身上的荣耀。但事实上，我们会很容易看到，诸多可靠的史料记载了孔子的此次从政。若说其中有不可信之处的话，也是一些具体

---

① 《孟子·万章下》"孟子曰仕非为贫也"章。
② 《史记·孔子世家》。

过程或细节，而这样的或不实、或矛盾之处，在那个时代所有政治家或思想家的履历中都能看到，不足为奇。所以，我们需要的是静下心来仔细考量孔子的此次经历，以及这一经历对于孔子思想，对于孔子一生，对于中国古代政治，对于孔子身后的一切所产生的无尽影响。

二次从政

在鲁国，季氏家臣阳虎的篡权之乱到鲁定公九年（前501年）六月算是结束了。这个事件给了"三桓"极大的震动，也使他们遭受了空前的损失。出于弥补自身利益所受损失的考虑，也为了平息国人对这次内乱的不满情绪，或许还有要在天下诸侯面前挽回颜面等原因，"三桓"不得不任用当时声望很高的孔子。这样的任用虽然必须获得"三桓"特别是季氏的同意，但至少在形式上还是以鲁国公室的要求出现的，

【诛杀少正卯，应该说是孔子二次从政中的重大政治事件。身处那样的时代，孔子的决策是无可厚非的。】

换句话说，孔子所做的是鲁国之臣，服侍于鲁定公。在孔子那里，这样的区别是至关重要的。

至此，孔子结束了十几年的等待。这一年，按照中国古代的传统纪年方式，孔子五十一岁。《史记·孔子世家》的记载是：

> 其后，定公以孔子为中都宰，一年，四方皆则之。由中都宰为司空，由司空为大司寇。

这是说，孔子先做鲁国都城曲阜的最高行政长官，一年之后升任鲁国的司空，负责经济，然后又转任司寇，负责司法和社会治安。司马迁所言"四方皆则之"，大有汉儒的言语夸张和文学家的用词过当之嫌，但是，结合其他史书的记载，《史记》上述孔子的此次从政的基本事实还是可信的。

从鲁定公九年开始在鲁国任职，到鲁定公十四年辞职，再次离开鲁国，孔子第二次的从政时间仅有四到五年。在这四五年中，根据现存资料，孔子确实有过出色的政绩。

夹谷之会

孔子二次从政后的主要功绩之一是在鲁定公十年（前 500 年）主持参与的齐国与鲁国之间的夹谷之会。鲁定公即位前后，晋国国力渐呈下降之势，致使以前依附于晋国的一些中小国家，如郑、卫、宋等国纷纷脱离晋国，投向楚、齐等国，而鲁国则是晋国的最后盟国。为此，齐、鲁之间屡次发生冲突。直到晋国收留了鲁国当权者季氏的仇人阳虎，鲁国对此大不为满，鲁、齐两国才开始修好，并决定于鲁定公十年之春，齐、鲁两君在齐国的夹谷会盟。

很显然，齐、鲁两国的夹谷之会，在当时的历史条件下是相当重要的一次会盟。在鲁国，自鲁僖公以来，"相礼"鲁君之事，皆由"三桓"的家族首领之一以上卿的身份来完成。所谓相礼，就是助礼，是作为主要助手帮助君主完成相关事件中的礼仪进程。这种相礼的进程有"周礼"的详细规定，而相礼之人通常是一国之中仅次于君主的重要人物。此时的鲁国，虽然鲁君的实际权力远不及"三桓"，不过，在一些重大场合，比如鲁国定期举行的国家祭祀活动，以及重要的外交场合，相礼者的荣耀和影响力还是受到各方面的重视。在夹谷之会以前，"三桓"也从未在这样的场合把相礼者的位置让与他人。然而，在这次齐、鲁之君的夹谷之会上，鲁国却决定由孔子相礼。这一方面证明了孔子的才能和影响力，另一方面也可能是因为刚刚经过阳虎之乱的"三桓"没有颜面出现在诸侯面前。

【孔子表现在"夹谷之会"中的外交智慧和勇气，是孔子政治实践最成功的范例。】

《公羊传·定公十二年》云："孔子行乎季孙，三月不违。"所谓"季孙"，是指季氏的首领，即鲁国最有实权的政治人物。"行"，是说孔子与季孙的交往。"三月不违"，是说在一个相对较长的时间内，孔子的意见能被季氏完全接受。总之，种种现象表明，此时的季氏急需一位有威望的贤士来收拾阳虎之乱后鲁国政治的残局，而此时的鲁国，这个角色非孔子担当不可。所以，孔子以下大夫或下卿之身份代替"三桓"上卿相礼夹谷之会，应该是自然而然的事情。

《左传·定公十年》的记载是："夏，公会齐侯于祝其，实夹谷。孔丘相。"齐国人得知此次相礼的是孔子，认为孔子是"知礼而无勇"，就打算以武力挟持鲁定公，达到让鲁国接受不平等盟约的目的。而齐国的所谓武力，就是动用"莱人"之兵。所谓"莱人"，是齐国境内的少数民族，世代以勇武善战著称。哪知孔子对齐国君臣上下非常了解，他与齐景公有过交流，也受过齐国大臣的威逼，意识到齐国人不会以诚心会盟，于是，孔子也做了周密的军事准备。其实，像夹谷之会这样外交事件，虽然双方都打着和好的招牌，看上去并没有武力对抗的必要，但是，对于相对弱小的一国来说，见机行事的军事准备和有理有节的斗争策略，仍是至关重要的。

从《左传》的记载来看，当孔子看到莱人出现在盟会上时，马上下令："士兵之！"命令早已待命的鲁国士兵驱逐莱人，而且还讲出了一番大道理。孔子对齐景公说：

> 两君合好，而裔夷之俘以兵乱之，非齐君所以命诸侯也。裔不谋夏，夷不乱华，俘不干盟，兵不逼好。于神为不祥，于德为愆义，于人为失礼。君必不然。

　　孔子的这番据理力争，把他的博学、正义感和外交才能表现得淋漓尽致。孔子首先肯定了齐国的霸主地位，而既然是诸侯的霸主，就不应该让外夷之人出现在两国会盟的神圣场合，因为这样做既有违于神灵之意，又不合乎道德礼义。并且孔子的结论是"君必不然"，身为霸主的齐君一定不会这样，肯定是齐国某个大臣的主张。其实，此时的齐国早已失去了"命诸侯"的霸主地位，而孔子故意抬高齐国，目的无非用一种外交辞令提高对齐国的政治要求，使齐国不至于在两国盟会的重要场合贸然"非礼"。所以，孔子的一席话，既批评了齐国君臣上下，还给齐景公留下了足够的颜面和后退的空间，使得齐景公在众目睽睽的情形下不得不做出让步，让莱兵退去。

　　《左传》并没有记载盟会的全部过程，只是着力描述了孔子在盟会上的出色表现。比如说，在莱兵退下之后，齐国人并不甘心在盟会上一无所获。齐国人先是在盟书的条款上做文章，在盟书中加入了要求鲁国协同齐国出兵的要求。孔子则以相应的条款作答，明确提出只有齐国归还鲁国的土地，鲁国才能接受齐国的要求。结果是，在盟会结束时，两国"打"成了平手。齐国人还是心有不甘，于是，齐景公在盟会之后提出要另外招待鲁定公。没想到孔子有理有节地批驳了齐国的要求，认为这种做法既不符合两国会盟的惯例，更不符合礼义的要求，是典型的不"昭德"，即有损于道德的做法。

　　夹谷之会的结局是，鲁国不仅免受齐国的阴谋之害，顺利完成了夹谷之会，还得到了事先没有想到的实利——以接受齐国要求鲁国协助出兵的条件为交换，收回了阳虎出逃齐国时带过去的原属于鲁国的"郓、讙、龟阴之田"[1]。因为孔子深知，鲁国既然不得不放弃与晋国的密切交往，转而与齐国交好，那么，随同齐国出兵就是必然之事，

---

[1] 《左传·定公十年》。

【齐景公因为孔子的一番抗争而"归田谢
过",是以孔子为代表的文化软实力的胜利。】

而齐国归还鲁国土地，则是可做又可不做之事。以鲁国对齐国的必做
之事，换得齐国对鲁国可不做之事，无疑是有利于鲁国的。

日常政务

孔子在夹谷之会上获得的成功，为孔子在鲁国政坛上赢得了暂时
的稳固地位。在此后的一年多时间里，他从容地做了一些以自己的德
治思想为基础的政治事务。孔子在这方面的努力虽然未能彻底扭转鲁
国的政治局面，但对他自己及弟子们的政治思想和行为却产生了深远
影响。

《左传·定公元年》记载："秋七月癸巳，葬鲁昭公于墓道南。
孔子之为司寇也，沟而合诸墓。"因为鲁昭公死在国外，又与季平子
不睦，所以，当鲁昭公的遗体运回鲁国之后，季平子故意葬之于鲁君
墓地的墓道之南，而鲁昭公的先公们则均葬在墓道之北，暗示鲁昭公

不是称职的君主。孔子"沟而合诸墓"的做法，就是在鲁昭公墓地之外挖沟，扩大墓域，取消了墓道南北的划分，使鲁昭公之墓看上去与诸先公之墓合为一域，以此来纠正季氏以臣贬君的错误。孔子做司寇时，季氏的首领是继承了季平子的季桓子。我们不知季桓子对此有何反应，但从结果上来看，至少并没有强力反对孔子的做法。而对于孔子来说，这样做既有实际意义，表示了对鲁昭公个人和鲁国公室的并重；也有思想意义，表明孔子要实现他在政治上的"正名"原则。无论如何，君毕竟是君，特别是对于僭臣而言。

《孟子》载云："孔子之仕于鲁也，鲁人猎较，孔子亦猎较。"以及"孔子先簿正祭器，不以四方之食供簿正。"[1]《孟子》所说的"猎较"是一种民间祭祀活动，严格说来不甚合于"周礼"的规定。但是，由于这样的活动在民间极有影响，对于安定社会有利，所以孔子并没有强行取缔，而是先参与其中，然后再说服其修正祭器和献祭之物，

【这幅"猎校从鲁"图，孔子的打扮似乎与环境不太协调。只是对于"猎校"之类的活动，古来多有不同说法。】

---

[1] 《孟子·万章下》"万章问曰敢问交际何心"章。

达到既不违民愿，又使这种活动走上正轨的效果。这是孔子了解和重视社会下层在社会进程中的作用的例子，而其总的目的，还在于使社会安定，并逐渐走向有礼有序。

这期间，孔子还常常得到鲁定公的召见，并与鲁定公讨论治国之道。《论语》记载："君命召，不俟驾，行矣。"①《孟子》也说："孔子君命召，不俟驾而行。"②有鲁君召见的命令传来，孔子来不及等待备好车，就徒步而行了。这一方面说明孔子对鲁君的尊重，另一方面则说明了孔子当时的从政热情。孔子严格按照他认定的传统的君臣准则行事，也想借此来影响季氏等僭臣。今存《论语》中孔子与鲁定公的问答，大抵均发生在这一时期。

> 定公问："君使臣，臣事君，如之何？"孔子对曰："君使臣以礼，臣事君以忠。"③
> 定公问："一言而可以兴邦，有诸？"孔子对曰："言不可以若是，其几也。人之言曰：'为君难，为臣不易。'如知为君之难也，不几乎一言而兴邦乎？"曰："一言而丧邦，有诸？"孔子对曰："言不可以若是，其几也。人之言曰：'予无乐乎为君，唯其言而莫予违也。'……不几乎一言而丧邦乎？"④

鲁定公所问，显然主要是关心如何加强君主的权力，以及如何对臣下加以有效约束，这与鲁定公所处的形势是息息相关的。孔子不会不明白鲁定公这般发问的动机，但却并没有因为是鲁君之问，就做迁就性的回答，而是完全从孔子的政治原则出发，努力尽到为臣之责。孔子当然会想到鲁国的先君，比如鲁昭公，在与臣子季平子的冲突中

① 《论语·乡党》"君赐食"章。
② 《孟子·万章下》"万章曰敢问不见诸侯"章。
③ 《论语·八佾》"定公问君使臣"章。
④ 《论语·子路》"定公问一言而可以兴邦"章。

就没有贯彻"君使臣以礼"的原则。而"三桓"自专权以来当然也从未尽过"臣事君以忠"的义务。鲁定公自然深感上世君主的结局之惨，而自己面对的季桓子依然擅权如旧，所以急于得到一个瞬间兴邦的秘诀。孔子的回答看上去很简单，甚至有些令人失望，但实际上已经指明了当时君臣关系的关键。毋庸置疑，孔子的观点还是他的"为政以德"的原则。那就是，倘若君臣均能恪守本分，结局必然是国之大治，这与他评论晋国铸刑鼎的思想是一致的。从更深层次上讲，孔子想强调人的问题，君与臣的个人表现，依然是那个时代政治问题的关键。这种思想的基调虽然还是人治主义，但却是孔子时代唯一合理的选择。

任用弟子

【弟子漆雕开到后来也是从政之士，但在这个时候能够主动承认自己没有从政的信心，确实是难能可贵的，是孔门良好政治风气的体现。】

为了尽快而顺利地在鲁国推行其政治主张，孔子做了多方面的准备工作，其中之一是用人上的准备。孔子首先举荐了勇武有力的弟子子路担任季氏之宰，以加强对季氏军事力量的管理。《论语》记载说，冉雍也是季氏之宰①，想必是与子路同事季氏，一武一文，显然能够更好地控制季氏的力量。

需要强调的是，此时孔子虽然很有权力，且能亲自安排某些弟子从政，但他重视的是弟子们的真实能力，而并不是要求所有弟子都来从政，甚至为从政而从政，

———————————————
① 《论语·子路》："仲弓为季氏宰。"

以扩充自己的政治实力。《论语》记载说：

> 子使漆雕开仕。对曰："吾斯之未能信。"子说（悦）。①
> 子路使子羔为费宰。子曰："贼夫人之子。"②

孔子此次从政时，漆雕开已经三十多岁，子羔也有二十多岁，从年龄上讲都有了相当的社会阅历，从道理上是可以从政的。那么，为什么孔子还赞成他们的不仕之举呢？孔子说过："三年学，不至于谷，不易得也。"③虽然此时的鲁国政治不像他四十多岁时那么混乱，但这并不妨碍孔子对从政所持有的极其审慎的态度。在孔子看来，从政之事不仅关系到从政者个人的政治前途，亦关系到更多人的实际利益甚至天下政治的"有道"与"无道"的走向。不具备从政素质的人，学而未成之人，无自信之人，孔子认为他们还是不仕为佳。同理，如果具备了从政条件，孔子则是坚决支持的。比如：

> 季康子问："仲由可使从政也与（欤）？"子曰："由也果，于从政乎何有？"曰："赐也可使从政也与（欤）？"曰："赐也达，于从政乎何有？"曰："求也可使从政也与（欤）？"曰："求也艺，于从政乎何有？"④

孔子又称"雍也可使南面"⑤，认为弟子冉雍甚至有做诸侯的才能。可见，弟子中有从政才能的人都得到了孔子的大力支持。还有弟子原宪，此时做孔子家宰，也是孔子得力的政治助手。总之，子路、冉雍和原宪等人的从政，显然都与孔子直接有关。

也许有人会问，孔子居下卿之位，焉有偌大的用人之权？对此，

---

① 《论语·公冶长》"子使漆雕开仕"章。
② 《论语·先进》"子路使子羔为费宰"章。
③ 《论语·泰伯》"子曰三年学"章。
④ 《论语·雍也》"季康子问"章。
⑤ 《论语·雍也》首章。

我们应当看到，在中国古代的专制政治中，一位从政者权力的大小，并不时时都由他的官职来决定，重要的决定因素是他是否拥有实权以及与君主和权臣的关系如何。孔子是在鲁国内忧外患的情势下受命的，鲁定公和"三桓"，特别是当权的季氏，当时非常倚重孔子的才能和影响力。所以，孔子的职位虽然不属最高层，但一时间的权力却相当大。以此为基础，孔子以实际才能为标准，任用一部分弟子，应该是再正常不过的事情了。

堕毁三都

孔子二次仕鲁期间最重要的政治事务是所谓的"堕三都"，因为"堕三都"的成功与否是孔子的政治宏图能否描绘到底的关键。"三

【《圣迹图》中"礼堕三都"的场面，酷似明代章回小说插图中的场景。以"礼"堕毁"三都"，强调的是"三都"不合礼制，而不合礼制的背后则有更深层的政治原因。】

都"是"三桓"的食采邑，它们分别是季氏的费地、叔氏的郈地、孟氏的成地。"三都"是"三桓"的根据地，是他们最重视的地盘。因此，在他们各自的全力经营下，"三都"逐渐形成了重兵把守、城池坚固的军事要塞。在孔子时代，"三都"虽然名义属于"三桓"，但实际上均为各自的邑宰所把持，几乎成了这些邑宰的私人领地，而费地则最终走向极端，变成了阳虎和公山弗扰与季氏公开对抗的阵地。

一直以来，上述状况已经成为鲁国上下公开的秘密，"三桓"也不是不明白其中的利弊。在"三桓"看来，一方面，他们必须要有自己在都城之外的根据地，以便应对种种突发状况。另一方面，他们本人又不得不在朝中周旋，以维护自己的利益，不可能分身去亲自经营封邑。但是，如果派人把守，在那样的时代环境下，又时刻面临着羽翼丰满的邑宰伺机背叛的风险。当然，根据孔子上任之前发生的阳虎之乱来看，邑宰的背叛更加危险。于是，孔子便利用"三桓"这种两难处境和恐惧心理，向他们提出了"堕三都"的建议。堕者，毁也。"堕三都"就是拆毁"三都"上的军事防御设施，使叛乱者无险可守，不敢轻易与他们的主人分庭抗礼。

"堕三都"是孔子治理鲁国之政的一个重要步骤。尽管孔子首先任用子路管理季氏的军事力量，以便随时应对在"堕三都"过程中有可能出现的军事对抗，但是，直到孔子从政的第三年，即鲁定公十二年（前498年），在他认为做好了各方面的准备之后，才将"堕三都"付诸实施。如上所述，"堕三都"至少在表面上看是剪除"三桓"内部权隆欺主的邑宰，所以，起初得到了"三桓"和鲁君的共同支持。先是叔孙氏堕郈（可能使用的是和平手段），紧接着就是季氏的堕费。此时的费邑还在邑宰公山弗扰的控制之下。公山弗扰虽然曾经与阳虎相勾结，但始终没有公开与季氏对抗。孔子很清楚占领费邑的难度，就派出子路率重兵奔向费邑。眼看大兵将至，公山弗扰不得不撕下伪装，与季氏公开为敌了。但是，公山弗扰没有与子路的大军正面对抗，而是率兵袭击兵力很少的鲁国都城曲阜。所幸的是，在孔子的镇静指挥之下，鲁国人击败了公山弗扰的进攻。公山弗扰兵败后逃往齐国，堕费也取得了成功①。

眼看大功就要告成，不承想孟氏采邑成地的邑宰公敛处父却开始站出来反对堕都。公敛处父是击败阳虎的功臣，骁勇善战，能力很强。公敛处父的策略不是公开与主人对抗，而是劝阻孟孙。公敛处父说："成，孟氏之保障也；无成，是无孟氏也。"并出主意道："子伪不知，我将不坠（堕）。"②公敛处父及时效忠孟孙，又长言以劝，使"三桓"终于看出，"堕三都"的最终结局是削弱他们的力量，所以，他们马上改变了态度。于是，同年"冬十二月，公围成，弗克"③。这里只讲"公"围成，不言季氏等"三桓"力量的参与，说明孔子、子路的"堕三都"之举，在此时已经失去了"三桓"的支持，只能使用鲁定公的武装力量，所以才没有攻下成地，致使"堕三都"功败垂成。"堕三都"的半途而废，表明"三桓"对孔子之政已经不再支持，也间接宣告了孔子在鲁国的政治前途走向终结。

当然，我们应该注意到，孔子强力推进的"堕三都"，看上去是为了维护"三桓"的利益，进而安定鲁国政局。但是，在此政治意愿的背后，不能不说还有着有意削弱"三桓"的实力，还鲁国之政于鲁公的更长远的打算。在当时，"三都"的存在当然是对"三桓"的威胁，但这种威胁是暂时的，也是可以防止的。然而，一旦"三都"尽毁，"三桓"就失去了各自最后的军事根据地，极有可能被孔子主导

---

① 详见《史记·孔子世家》、《左传·定公十二年》。
② 《左传·定公十二年》。
③ 《左传·定公十二年》。

下的鲁君的力量削弱，甚至被消灭，而这样的威胁是长久的，是不可逆的。所以，当"三桓"在公敛处父这样精明的政治人物的提醒之下明白了自己有可能遭遇到的危险处境之后，他们联合起来反对孔子及其政治力量就是预料之中的事情了。

被逼去鲁

根据相关事实判断，"三桓"同意孔子担任鲁国重要职位的动机并不纯正。他们的主要目的是让孔子处理"三桓"在阳虎之乱后形成的政治困局，所以，一旦困境过去，如果孔子能完全按照"三桓"之意行事，"三桓"也许有可能仍然同意孔子执政。但是，孔子第二次在鲁国出仕，明显有他自己的政治目标和理想，那就是想方设法使鲁国政治走上"周礼"所要求的正确轨道，核心问题是归还鲁公应有的权力，恢复公室的合理地位，以达到安定鲁国，进而安定天下的目的。从孔子的做法来看，诸如沟昭公墓和"堕三都"等举措，孔子不仅无视"三桓"的既定规章和既得利益，而且大有削弱乃至消除"三桓"之势。随着时间的推移和事情的进展，"三桓"逐渐明白了孔子的意图，再加上孔子的影响日盛以及适时任用其贤能弟子等，更使"三桓"深感不安。但是，孔子的上述做法也颇为讲究策略，至少在表面上使"三桓"无法怪罪孔子。这样一来，为了对付孔子，"三桓"只好采取软逼的手段。

据《史记·孔子世家》所云，恰巧在此关键时刻，齐国人赠送给鲁国一队女乐，原因是说，齐国人惧怕孔子治理之下的鲁国大有起色，会对齐国形成威胁，就想让鲁国君臣耽于欢娱，疏于理政。《论语》仅言其事，未言其由，所谓"齐人归（馈）女乐，季桓子受之，三日

【齐国赠送鲁国的"女乐文马"应该是一个偶然事件，
而"三桓"对于这一事件的利用才是一个必然事件。】

不朝。孔子行"①。因为惧怕孔子治理下的鲁国胜过齐国，从而以女
乐离间鲁国当权者与孔子的关系，这样的理由显得有些迂曲。仅仅因
为季桓子三日不上朝，孔子就辞职而去，又似乎是低估了孔子的忍耐
力。事实上，齐人赠送女乐，应该只是个偶然事件，未必是针对孔子
而来。相对来讲，季桓子的"三日不朝"才算是一种明确的表征，表
示季氏不再积极理会孔子的工作。在这样的表征下面，真正要表达的
是"三桓"对于孔子之政的不满。所以说，在这个问题上，《孟子》
的记载显得更为全面和合理：

> 孔子为鲁司寇，不用；从而祭，燔（膰）肉不至。不税（脱）
> 冕而行。不知者以为为肉也，其知者以为为无礼也。②

孟子说过："孔子于季桓子，见行可之仕也。"③也就是说，在

---

① 《论语·微子》"齐人归女乐"章。
② 《孟子·告子下》"淳于髡曰"章。
③ 《孟子·万章下》"万章问曰敢问交际何心"章。

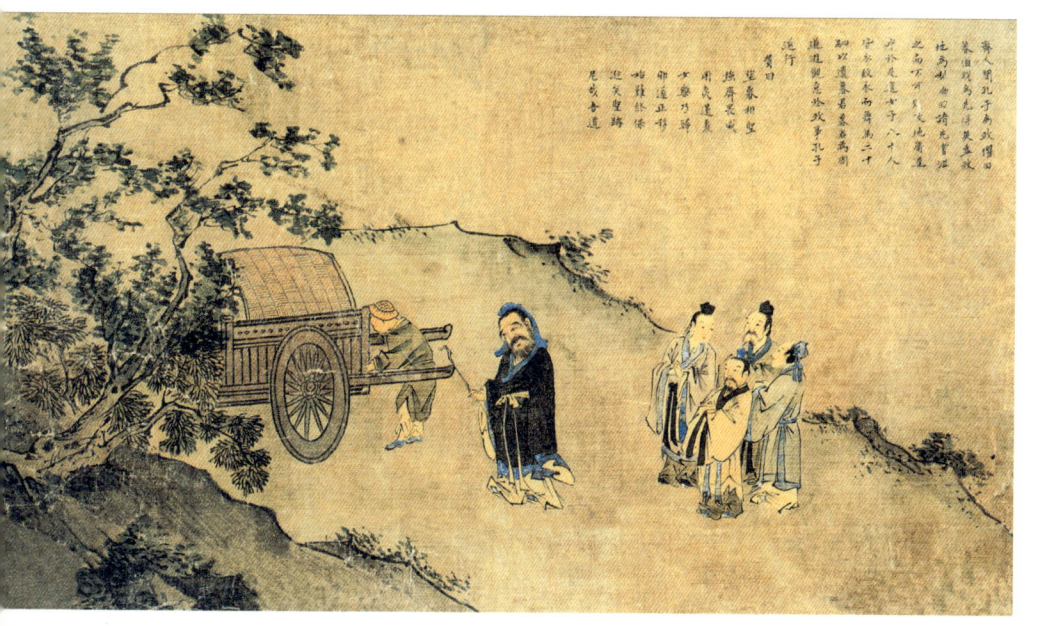

【孔子"因膰去鲁"，因为没有得到膰肉而离开鲁国，同样是偶然之中的必然。膰肉不至的表征意义是明显的，而孔子的政治嗅觉在这一时刻也是足够敏锐的。】

当时的历史条件下，孔子与季桓子处在双方尚可接受彼此的程度，所以才有了孔子出仕鲁国的五年。而在五年之后，既然彼此不能容忍，而"三桓"更是对孔子采取了"不用"的态度，孔子便只能选择辞职而去，并且离开了鲁国。而期间的一个导火索，是孔子虽然参加了一次重要的祭祀活动，但在祭祀之后却没有得到理应分发给所有参与其事的卿大夫的祭肉。此时，孔子已经感受到了"三桓"对于他的正式的政治态度，所以，孔子马上辞职。说孔子"不脱冕而行"，没有来得及脱下官帽就离开了鲁国，是形容孔子急于离开"三桓"、离开鲁政的态度。此时的孔子已经不想坚持下去了。孔子不想与"三桓"发生明朗化的冲突，以免出现不可收拾的，甚至于危及鲁政的局面。

孔子本来就是个敏感的理想主义者，他坚持"君君、臣臣"的原则，倘在"三桓"的作梗之下无法以臣之道事鲁君，那么，做这样的臣子还有什么意义呢？他也预料到辞职后的鲁政还将会落入"三桓"之手，他待在鲁国恐怕一生都不可能再有任何政治作为了，还不如就此到别的国家去努力一下，或许利用已有的经验和影响，能够再次获得从政机会。于是，他决定再次游仕，并且一去就是将近二十年。

◎ 第二节　"五十而知天命"

定义"天命"

孔子自谓"五十而知天命"，正如我们一再强调的，乃是表示他

【在中国古代，孟子是最能体会士人心境的，也是对孔子的个人心理体味最深的。】

的精神境界、思想认识到五十岁时又产生了新的飞跃。那么，在孔子思想中，"天命"究竟是什么含义呢？毋庸讳言，天命的观念在孔子的表述中也是缺乏明确定义的，并因此而容易引起争议。这是因为，孔子的天命观既有它实在的涵义，又有其变化发展的历程。

孟子断言："天将降大任于是人也，必先苦其心志。"[①] 用这句话来理解孔子天命观中的积极意义，可以说"大任"相当于天之"命"。在这里，天的作用有两个相反的朝向。如果各种相关条件共同作用的结果能使某个事物朝着有利的方向发展，则一旦认识到它并努力利用之，便可以达到满意的结果，而认识不到或认识有

① 《孟子·告子下》"孟子曰舜发于畎亩之中"章。

误时则不会得到预期的有利结果。反过来讲，如果各种相关条件共同作用的结果使某个事物朝着不利的方向发展——尽管这些条件之中的有些是积极的，那么，一旦对此有所认识并及时调整努力的方向和强度，就可在不利的结果中减少损失——当然并不能彻底改变这种不满意的大结局，而一旦没有认识到或者认识有误则会遭致失败。

在上述四种可能之中，有两个要点必须要注意。其一，造成有利或不利结果的所有条件时时都处在变化之中；其二，偶然事件有时足以改变整个事物的运动形式、发展方向和最后结果。所以，假如某一时刻各种条件都显示出要导致好的结果的话，下一时刻则完全有可能因其中一项或多项的变化，或者因某个不利的偶然因素的出现而使事物马上或逐渐地向不利的方向转化。

【当今旅游时代背景下的曲阜孔子庙大成殿，人潮如织，难道也是"天命"使然？】

所以，对于身处事物进程中的个人而言，某个事物发展的最终结果，从上述角度来看，便宛如远离人自身的、人所不能左右的身外之物一样，孔子形象地称之为"天""命"或"天命"。换句话说，孔子所说的天命，就是人自身以外的、人的主观努力影响不及的所有足以对事物发展产生影响的种种条件的总和。这样的条件，至少不全是人自身能够掌握和影响的。不用说，这样的天命是任何人在任何时候都会遇到的。因为是人自身无法掌控的，所以孔子把这种情形或力量寄之于天、托之于命。当然，这并不是说人的努力是不重要的，更不是说人应该坐待天命的结果，而是说，在太多的情形下，某个人，甚至是某些人，并不能改变大局，并不能完全掌握某件事情及其发展进程。

如此看来，天命本身至少可以从两个方面去理解。哲学意义上的天命是无所谓善恶好坏的，它表示的就是一种个人无法掌控的必然性，主观努力无法左右的客观性。但是，天命的具体内容是有善有恶、有好有坏的。对于孔子来说，他的二次从政就体现了天命的上述特征。孔子之所以认定五十岁之后知天命，就是想说明他的从政是天命的要求。而他的辞职，同样是天命的作用。换句话说，对于孔子政治进程的影响有多种因素，在这些因素中，就有孔子个人不能抗拒或左右的。在孔子看来，这些外在因素或力量就可以统称为"天命"，天之命令。

孔子要求自己"不语怪、力、乱、神"[1]，这与他把天命定义为现实中的力量的观点是一致的。"力"和"乱"指现实中的强力、暴力和动乱、叛乱，这是孔子所反对的，孔子不去主动言说，比较容易让人理解。而"怪"和"神"，即现实中发生的怪异之事和神秘力量，孔子为什么也不去主动言说呢？这显然是说，与孔子对待天命的态度一样，"怪"和"神"既然是人力所不能左右的，就只好随它们发生和发展吧。所以，面对天命，孔子并不悲观，而是积极地认知，以便充分地加以利用。

认知"天命"

根据上述分析，孔子五十岁时所知之天命有以下特点。这个天命，首先是明确的，是可以去认知的；其次，可以认知，并不意味着可以把握，至少不意味着可以轻易地持续把握；再其次，这个天命是处在

---

[1] 《论语·述而》"子不语"章。

变化之中的。那么，在他五十之时，孔子所认知的天命究竟是什么呢？

必须要肯定的是，既然是上天之命，就是人自身不能改变，至少是不能完全改变的客观情势。从这个角度来看，孔子是理性主义者。我们知道，作为殷人之后的孔子，虽然从家世背景中没有直接得到多少益处，但从他童年和少年时期的表现来看，我们却分明看到了这个历史背景对他的思想形成所产生的深远影响。孔子"十有五而志于学"，是他初次认识到了某种使命的存在。做一个合格的、有成就的政治家是孔子的终身抱负，所以他很早就争取从政，向政治靠拢，结交政治人物，发表政见，并在四十岁的不惑之年形成了独特的、系统的政治观点。在他行将五十岁之际，鲁国政局的动荡给孔子发挥其政治才能和文化优长创造了条件，所以才会有人问他"奚不为政"①。也许就从此时起，孔子明确预感到天之大任将要降临到他的身上。果然，他五十一岁时安然步入政坛，一时间大放异彩，成就斐然，几乎达到了左右鲁国政治的程度。回顾这个过程，难道孔子还能怀疑"天命"的作用吗？

不幸的是，孔子的从政过程既是辉煌的，又是短暂的。之所以是那样的短暂，孔子必有反思。在他晚年读《易经》时总结说："加我数年，五十以学《易》，可以无大过矣。"②孔子学习《易经》，当然不是进行占卜，而是从中学习先民的生活和社会经验。他说的"加我数年"只是一种假设，是说如果能让他在五十岁之前

【孔子与《易经》的关系并不十分明朗，但综观其思想，孔子显然不会用这本书去占卜，因为他的天命观里并没有占卜之术的地位。】

---

① 《论语·为政》"或谓孔子"章。
② 《论语·述而》"子曰加我数年"章。

学习到《易经》的话。也就是说，孔子自认为他二次从政的辉煌之所以短暂，与他本人的政治经验和能力是有关的。正是因为能力有限、经验不足，才造成了政治过失，最终导致此次从政近乎昙花一现。这虽然是事后总结，但其中还是透露出了孔子对天命之必然性的肯定。

这种天命的必然性，体现在孔子的二次从政经历中，从最终失败的角度来看，至少有以下几个方面。第一，孔子的政治理念与"三桓"之类的当权者是格格不入的，并且是无法妥协的。第二，孔子的政治改革措施中归政于鲁君的做法迟早会被"三桓"识破，因为鲁君与"三桓"的利益是对立的。第三，在当时，仅凭孔子所蓄积的政治力量，是无法与"三桓"公开抗衡的。显而易见，这些方面的因素，即双方不同的政治理念、不同的政治立场、不同的政治力量，是孔子个人所不能改变的，因而正是天命中的内容。所以，才会有记载于《论语》中的事件发生和孔子"天命观"的发表：

公伯寮愬（诉）子路于季孙。子服景伯以告，曰："夫子固有惑志于公伯寮，吾力犹能肆诸市朝。"子曰："道之将行也与（欤），命也；道之将废也与（欤），命也。公伯寮其如命何？"①

这件事就发生在孔子二次从政之际，或许还正在"堕三都"期间。有人向季氏首领季桓子进子路的谗言。孔子得知后，采取了听天由命的态度。孔子所说"道之

【如果公伯寮真的是孔子弟子，那就说明，孔子门下也并不是一种理想的和谐状态，并且这种情状可能更符合情理。】

① 《论语·宪问》"公伯寮"章。

将行"，就是说天命行将推动有利的结果出现；而"道之将废"，是说天命行将推动不利的结果出现。这都是在说，天命自有其客观性和必然性，也就是说，孔子所推行的政治改革与季氏的政治利益发生冲突是必然的，而类似公伯寮这样的人物，无论他在季孙面前说什么，在孔子看来并不属于决定天命的因素，因而也改变不了天命的运作结果。令人印象深刻的是，后来的孟子也遇到了类似情形，而孟子的表现也与孔子有着惊人的相似。当他与鲁平公的会面被一个名叫臧仓的人阻挠而未获成功后，孟子自信地说："吾之不遇鲁侯，天也。臧氏之子焉能使予不遇哉？"[①] 也就是说，真正起作用的是孟子思想与鲁平公之类的诸侯们的政治取向的本质不同，这是任何个人不能改变的。这种不可改变性，就是孔子所说的天命。

在天命的铁律之下，既然季氏之类的立场不能被改变，孔子的思想也不能改变，那么，孔子唯一能做的，就是毫不动摇地听"命"于"天"了。

坚守"天命"

不幸的是，虽然孔子本人以身作则地实践着他的理想主义式的政治目标，但现实的回答却是无情的。孔子为"三桓"所逼，不得不出走鲁国。但是，因为孔子对天命的认知是根深蒂固的，对他所认定的客观规律是严格遵循的，所以，即便孔子那时已经五十四五岁，也并不认为自己的政治前途已经终结，也就是说，在孔子五十岁以后的岁月里，他不认为上天对他的命令会消失不见。对于天命的要求，他要坚守。当孔子一行人在卫国政治流亡时：

---

① 《孟子·梁惠王下》"鲁平公将出"章。

　　王孙贾问曰："与其媚于奥，宁媚于灶，何谓也？"

　　子曰："不然。获罪于天，无所祷也。"①

　　在当时的卫国，国君是卫灵公，而卫灵公夫人南子也很有实权。这位王孙贾是卫国大夫，他请教孔子，自己应该站在那一边才更有政治前途。奥与灶是家中供神之所，王孙贾用它们分别委婉地代表卫灵公和灵公夫人。孔子此时还处在流亡初期，深信天命所昭示的正道依然存在，所以才告诫王孙贾，同时也自我表白说，天决定了的事情，靠个人的祈求是改变不了的。孔子认定了天赋予他的积极的使命尚未取消，并认为诸种条件总体上讲还在向着有利的方向发展，亦即人还可以去"弘道"②。尽管"三桓"的阻挠也属于天命的因素，但孔子更倾向于把这种因素视为暂时的甚至是偶然的，或者是上天对他的一种考验，因此，即使他在中原各地流亡的过程中暂时陷入困顿的时候，孔子还是坚持了向上奋争的精神。

　　孔子适宋，宋司马桓魋（音 tuí）欲杀孔子，孔子去。弟子曰："可以速矣。"孔子曰："天生德于予，桓魋其如予何？"③

　　子曰："天生德于予，桓魋其如予何？"④

　　子畏于匡，曰："文王既没，文不在兹乎？天之将丧斯文也，后死者不得与于斯文也；天之未丧斯文也，匡人其如予何？"⑤

　　在陈绝粮，从者病，莫能兴。子路愠见，曰："君子亦有穷乎？"子曰："君子固穷。小人穷，斯滥矣！"⑥

---

① 《论语·八佾》"王孙贾问"章。
② 《论语·卫灵公》："人能弘道，非道弘人。"
③ 《史记·孔子世家》。
④ 《论语·述而》"子曰天生德于予"章。
⑤ 《论语·子罕》"子畏于匡"章。
⑥ 《论语·卫灵公》"在陈绝粮"章。

衣陈绝粮
是使人聘孔子千愿
辟陈蔡大夫谋曰孔
子用於楚则陈蔡危
兵相與发徒役围之
粮绝者病莫能兴孔
子诵诗不衰子见孔
子疾楚昭王兴师迎
孔子然後免

【孔子一行人"在陈绝粮",是说在陈地时,日常饮食都出了问题。这时候的孔子及随行者,不可能如图所示有那么多的人,更不会有骑马舞剑者。】

其实,人在顺利的时候坚持天命是比较容易的,而像孔子这样,当他从政治高峰跌至政治低谷的时候,并且还有突如其来的困顿向他持续侵袭的时候,他还能坚守对天命的遵从,确实是常人做不到的。在上述事件中,有时孔子甚至面临生与死的关头,包括像子路这样孔门最坚定的信徒都有些想不通或产生一定程度的思想动摇的时候,孔子还能以"固"应之,无疑是一种伟大人格的表现。此处的"固"至少有二义,一是本应如此,二是固守不移。这正如孔子所总结的:"君子有三畏。畏天命,畏大人,畏圣人之言。"①君子与天命,或"天"与"予(我)"的直接联系,从终极意义上讲,是其他不相干的因素无法破坏的。显然,孔子在这里有一些直觉的或自我认定的倾向,甚至将天命当作了信仰。

① 《论语·季氏》"孔子曰君子有三畏"章。

总之，孔子讲的"五十而知天命"，是认为他在这一时期已真正地从思想到实践中担负起了天之大命，即用他的思想并通过他所主导的现实的政治行为去改变天下的混乱无序，去重建以礼乐文制、仁义忠孝等为主干的新的社会格局。

◎ 第三节 流亡生涯的前期

孔子此次大约十四年的政治流亡生涯，史称"周游列国"。此所谓"游"，当然是游仕，就是寻求从政的机会。对于这一历史时期，孔子虽然经常提及，但却并没有过比较全面的记述，这就为后人评说这一时期孔子的作为及其意义留下很大的争议空间。综合各方面记载，大致可以分为前期和后期两个主要阶段。从孔子"六十耳顺"的说法来看，孔子六十岁之前，其思想和行为还是以遵循天命的积极要求为主。在孔子六十岁之后，随着不断"碰壁"，各方面对他的批评日渐增多，直至进入到他的思想比较消极的流亡后期。

在回味孔子"五十而知命"的时候，我们一定要强调的是，孔子的这种政治努力并不是单枪匹马进行的，除了有一段时间的君主信赖、权臣让道及国人支持之外，他的众多弟子，特别是其中的政事弟子，给予了孔子最有力的支持，而这些弟子本身，也无疑在追随孔子政治流亡的过程中得到了锤炼。

游仕之始

孔子离开鲁国的确切时间实属难定，根据上文所述事件的进程，大抵不出鲁定公十二年、十三年（前498年、前497年），此时孔子是五十四五岁。《孟子·万章下》曰："（孔子）去鲁，曰：'迟迟吾行也。'去父母国之道也。"留恋之情溢于言表。虽然孔子事事循道而行，但他孜孜追求的政治目标似乎离他越来越远了。我们可以想象孔子离开鲁国时的心绪，在"迟迟"的背后，是愤懑、悔恨，还是失望呢？也许从他十四年的流亡中能够找到部分答案。

论及孔子此次周游列国的具体行程，即何年何月离开何处至何处，又在什么地方滞留多久，史籍的记载纷繁错杂，以至于无法确定。首先大胆描述孔子一行之行程的《史记·孔子世家》亦颇多自相矛盾，且言语记事之间多有明显的不实之处。所以，最合理的做法是，不去详述和勾勒孔子的具体行程，而是把重心放在那些关节点上。

孔子政治流亡的这十四年，也是孔子的先进弟子，特别是其中的政事弟子走向成熟的重要时期。此时的孔子，由于闲暇时间较多，与弟子们的交流也就多了起来。加之游历各国各地，以所见所闻进行实地实例的教导，效果亦颇佳。

在孔子此次周游列国时期，弟子之随行者确定无疑的有颜路、颜回、子路、子贡、冉求、公西华、伯鱼和巫马期，以及公良孺、颜刻等。其中的一些弟子，由于这段不凡的经历，加之孔子的影响力或推荐作用，先后从仕。子贡和冉求仕于鲁国，子路和高柴仕于卫国等。

高柴字子羔 卫人赠

【高柴是孔门弟子中较有争议的一位，根据一些材料的记载，他甚至被推测为最终离开了孔门。但他与子路关系密切，是一位积极从政的弟子。】

他们在孔子失去从政机会的同时活跃于政坛，成为孔门弟子中的从政佼佼者。

渴求从政

孔门一行人到达的第一站是卫国。卫国毗连鲁国，其时的在位者是卫灵公。孔子断言："鲁、卫之政，兄弟也。"① 可见鲁、卫两国各方面的情状多有相似之处，所以孔子首先选择了卫国。但是，卫国根本没有任用孔子的意思，只是以客礼待之，原因可能是，其一，孔子曾是鲁国大夫，又是文化名人，不能轻慢；其二，孔子是"三桓"的敌手，卫君不想因为任用孔子而与邻国的权贵为怨。在那个时代，各国君主均以招贤标榜（尽管贤人的标准不一），所以，对于"名"

【所谓"灵公郊迎"孔子，是汉代儒生的美好愿望，在当时不太可能发生。但这并不妨碍卫灵公与孔子之间形成的一种奇特关系。二人交往甚多，但孔子却得不到在卫国从政的机会。】

---

① 《论语·子路》"子曰鲁卫之政"章。

人，虽不用，亦不能慢待。可令人感慨的是，孔子追求的并非贤人之名，而是从政之实。

既然卫国在任用孔子的问题上左右为难，无法抉择，孔子只好离开卫国，去其他国家寻求被任用的机会。在此后十几年中，孔子曾数次出入卫国，主要原因可能是卫君们对孔子的态度总不明朗，同时又能在生计上给予孔子一行较多帮助。也可能是，卫国距鲁国较近，孔子希望他在卫国的消息能够及时传回鲁国，使鲁国的当政者对他的处境有所考虑。另外，孔子在卫国也有许多好朋友，比如一直为孔子提供住处的好友颜雠由和蘧伯玉等贤大夫。这些朋友自始至终善待孔子，不仅给了孔子很大的精神安慰，也是孔子经常出入卫国的实际保障。

孔子不断进出卫国的事实表明，六十岁以前的孔子，对于他认定的上天付与他重任的那种"天命"还未绝望。孔子宣称："君子病无能焉，不病人之不己知也。"[1] 这明显也有振作精神、竭力争取一切机会再次从政的意思，以至于最终发生了一件颇为重要的历史事件。《论语》云：

【孔子对卫国贤大夫蘧伯玉评价甚高，二人之间有着高尚的友谊，这在那个时代是难得的。】

　　子见南子，子路不说。夫子矢（誓）之曰："予所否者，天厌之，天厌之！"[2]

---

① 《论语·卫灵公》"子曰君子病无能"章。
② 《论语·雍也》"子见南子"章。

【孔子见南子，恐怕永远都得不到一个合情合理且能说服大多数人的答案。】

南子是卫灵公的大人，在《左传》的记载中是一位行为不甚检点、名声相对不佳的贵族女子。孔子去见她，极可能是主动求见，而不像《史记·孔子世家》所说的那样是受召而见。孔子之所以主动求见南子，无非是在得知南子对卫灵公有极大影响力的情形下，想让南子去说服卫灵公，或者是想通过礼节性的拜访南子而使卫灵公对他增加好感，这与孔子渴求从政的心情是一致的。

显然，这些隐情是无法和弟子们解释清楚并让他们接受的。性情耿直的子路公开反对，孔子也只能用他一向信赖的"天"来起誓。

孔子会见南子大抵未有什么收获，而只有细心的子贡才能体会出孔子此时对于从政的渴求。子贡巧妙地问道："有美玉于斯，韫椟而藏诸？求善贾而沽诸？"孔子肯定地回答："沽之哉，沽之哉！我待

【卫灵公与南子同车而行，是传统礼法不允许的。孔子"丑次同车"，不愿意随行在这种车子的后面，并因此而离开卫国，也是在情理之中的。】

贾者也。"① 美玉一定盼望行家的赏识，卓越的政治家同样需要称职的当政者的任用。在这种心情的驱策下，孔子甚至产生过不该有的冲动。孔子五十八岁时，晋国中牟的邑宰佛肸发动叛乱，邀请孔子加盟，孔子竟然准备前往，他的理由是："不曰坚乎，磨而不磷；不曰白乎，涅而不缁。吾岂匏瓜也哉？焉能系而不食？"② 真正的信仰不会被外界所改变，真正的贤才不应该被无理地埋没，这就是孔子的真正想法。孟子后来也说："《传》曰：'孔子三月无君，则皇皇如也，出疆必载质（贽）。'……士之失位也，犹诸侯之失国家也。"③ 孔子不想成为没有实用价值的匏瓜，更加厌烦长时间的无君可奉，所以，才想以后儒所谓的"入于污泥而不染"的精神准备去利用反叛者的力量。但是，这与孔子打算答应公山弗扰时的情形一样，严格说来是不符合孔子的政治主张的。此事理所当然地遭到了子路的反对，而孔子在冷静思考之后亦觉不妥，最终并没有成行。虽然这样的事件告诉我们，孔子并不是完人，但是，那个时代对孔子的漠视，无疑也会使人感到无比气愤。只有在这样的前提下，孔子"皇皇如也"的心境才能被人们更全面地理解。

孔子虽然身在国外，却时刻关心着鲁国国内发生的事情，甚至还常派弟子回去探听。鲁定公十五年（前495年），邾隐公访问鲁国。子贡奉孔子之命回去观礼，然后又面见孔子，讲述了他在鲁国的见闻，毫无讳言地批评了邾、鲁二君的失礼行为。特别是对于鲁定公，子贡认为其行为已经表现出某种病兆，果然，鲁定公就在那一年死去了。孔子说："赐不幸而言中。"④ 到了鲁哀公三年（前492年），鲁国宫廷建筑遭遇火灾，鲁桓公庙和鲁僖公庙被焚毁，孔子那时正在陈国，却预料到了这件事情。⑤ 可见，孔子虽然身在域外，但内心之中依然

---

① 《论语·子罕》"子贡曰有美玉"章。
② 《论语·阳货》"佛（音 bì）肸（音 xī）召"章。
③ 《孟子·滕文公下》"周霄问"章。
④ 《左传·定公十五年》。
⑤ 《左传·哀公三年》。

深切关注着鲁国政局。只是由于他是被逼而去鲁，自认为并无过失，所以，只有当政者邀请，他才能体面地回去。

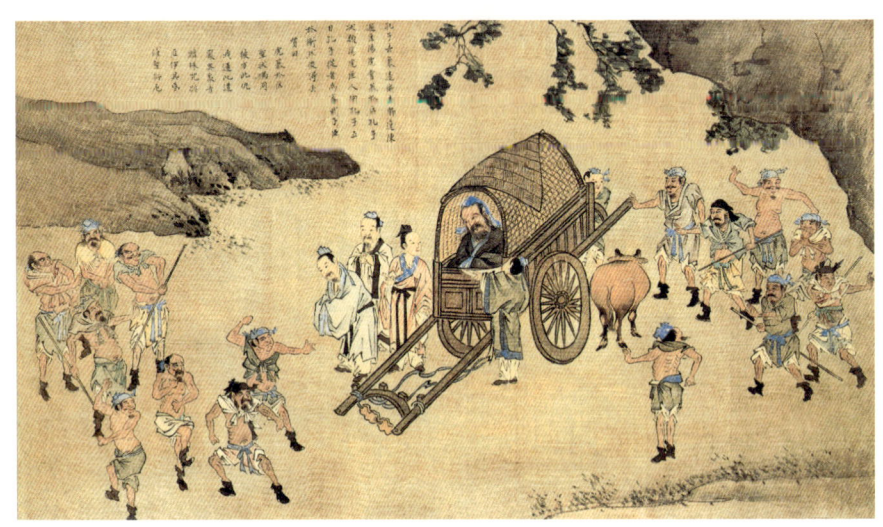

【"匡人解围"图，形象再现了孔子在周游列国途中所遭遇到的危厄。这样的磨难，都是后儒们难以遇到的，而这样的经历却在很大程度上决定了孔子的思想高度。】

除了多次滞留卫国之外，孔子还先后去过郑国、宋国、曹国、蔡国和陈国等国家。在这些国家的一些地方，比如匡地和蒲地，孔子一行人还遇到过程度不同的劫难，所幸的是终未酿成大祸。这些磨难，对于孔子而言既是打击，也可以说是考验。至少在他六十岁之前，孔子更认为是考验，因为孔子政事弟子的表现给了孔子很大的信心。

◎ 第四节 孔门的政事弟子

在孔子一生的政治追求中，孔子政事弟子的地位是非常重要的。孔子对政事弟子的培养，以及政事弟子们的成就，与孔子"五十知天命"时期的政治追求是相呼应的。孔子在印证自己政治思想合理性的过程中，政事弟子们的接受和实践，对孔子来说是必不可少的。如上所述，孔子在鲁国推行的政治改革，也不能没有政事弟子的强力支持。孔子晚年的日常生活以及教学活动的全面开展，也有赖于政事弟子在鲁国获得的权力和地位。总之，尽管政事弟子在政治思想上和政治实践方面与孔子的不同之处最为明显，但他们在孔门中的地位却是不可小觑的。

子路、子贡和冉求的性格特点及政治表现

孔子一向认为弟子们应各自发挥特长，只要大的方向不谬，完全可以在事业上做出个人的选择。同时，孔子一生为政治奔波，这方面也需要志同道合的弟子。我们说过，六十岁之前的孔子本来就把现实的政治追求放在首位，孔子的前期弟子或称先进弟子亦以事功为要，导致孔门中曾涌现出许多政治人物，其中尤以子路、子贡和冉求最为出色。子路和冉求是孔子心目中的政事弟子，子贡虽在"言语"之科，但他在外交上的杰出才能也为他获得了巨大的政治影响力。

子路名仲由，亦曰季路，卫国卞地之人，少孔子九岁。子贡姓端沐，名赐，字子贡，亦曰子赣，卫国人，少孔子三十一岁。冉求字子有，鲁国人，少孔子二十五岁①。《荀子·大略》曰："子赣、季路，故鄙人也。"这是说子贡和子路都是贫寒人家的子弟，或者是在他们出生时，各自的家庭已经沦为社会下层。至于冉求，孔子说他是："求也艺，于从政乎何有？"②那么，"艺"，多才多艺，具有处理具体事务的才能，这一特点意味着什么呢？弟子们认为孔子说过"吾不试，故艺"③的话，孔子本人也说："吾少也贱，故多能鄙事。"④这里

---

① 《史记·仲尼弟子列传》。
② 《论语·雍也》"季康子问"章。
③ 《论语·子罕》"牢曰子云"章。
④ 《论语·子罕》"大宰问于子贡"章。

所说的"鄙事"，就是从事具体工作的才能。由此可以证明，冉求的出身并不在社会上层，至多是破落人家，以至于多才多艺。

当然，最令人感兴趣的是这三位从政弟子颇具特色的性格，以及他们的性格与他们的政治风格、政治成就的关联。

子路是孔门中有名的勇武之人。孔子说："自吾得由，恶言不闻于耳。"① 可见子路的威武之名确实不同寻常。说到子路的性格，孔子的说法是"由也喭""由也兼人"②，"喭"是刚猛之意，"兼人"即不礼让于人。因此，子路的日常行为也是直来直去，毫无委婉可言。《论语》云："子路有闻，未之能行，唯恐有闻。"③ 由此看来，子路扎扎实实的行为虽有过分拘谨之嫌，但其中透露出的憨直性格，亦足以使一般人为之怵惕了。

【就人的纯真情感而论，子路是孔子最为亲近的弟子。无论孔子对子路的表扬也好，批评也罢，毫无保留的真情流淌是孔门中最温馨的场景。】

子路的性格特点也表现在他与孔子的问答之中。比如，子路曾有君子是否"尚勇"④之问，还与孔子讨论过"强"⑤的问题。在孔子的回答中，既没有一概否认勇和强的价值，同时又强调必须用"义"和"中"来调节勇力的方向和力度。

子贡的性格与子路有所不同，明显比子路更为豁达。作为成功的商人，子贡虽有自矜的一面，但其性格却是谨慎之中不乏机智。以上两方面的特点，使子贡成为一个颇为关心个人形象的弟子。为此，子贡很关注其他弟子在孔子心目中的地位，比如他问："师与商也孰

---

① 《史记·仲尼弟子列传》。
② 《论语·先进》"柴也愚"章、"子路问闻斯行诸"章。
③ 《论语·公冶长》"子路有闻"章。
④ 《论语·阳货》"子路曰君子尚勇"章。
⑤ 《中庸·第十章》。

贤？"① 弟子子张与子夏谁更贤能。又直问孔子："赐也亦有恶乎？"②希望孔子指出他的不足之处。对于子贡喜欢议论人之短长的特点，有时孔子亦提出批评："赐也贤乎哉？夫我则不暇。"③ 还劝诫他"己所不欲，勿施于人"④。孔子之所以有如此委婉的批评，是因为子贡与子路不同。子路的有过在于无知，子贡的有过则在于多知。子贡向孔子请教时，总喜欢就某一问题先摆出自己的看法，然后再听孔子的观点。他有一次问孔子："君子之所以贵玉而贱珉者，何也？为夫玉少而珉之多邪？"⑤且不说子贡的见解是否有错，但就他的问法而言，便知这不可能是子路之所为。

冉求的性格与子路正好相反。在回答另一位弟子的问话中，孔子明确比较了子路和冉求的不同性格特征。孔子的说法是"求也退，由也兼人"⑥，冉求谦退保守，子路则喜欢激进胜人。从冉求的政治表现和孔子"求也艺"⑦的说法中，可知冉求既有丰富的社会经验，又有执着的政治追求，坚韧之中也不乏灵活善变，是典型的政治实干家的性格。《论语》云：

【子贡的聪慧和机智在孔子弟子中是首屈一指的，而更可贵的是，子贡式的机敏是以正义感和责任心为主干的。】

　　子适卫，冉有仆。子曰："庶矣哉！"冉有曰，"既庶矣，又何加焉？"曰："富之。"曰："既富矣，又何加焉？"曰："教之。"⑧

① 《论语·先进》"子贡问师与商也孰贤"章。
② 《论语·阳货》"子贡曰君子亦有恶乎"章。
③ 《论语·宪问》"子贡方人"章。
④ 《论语·卫灵公》"子贡问曰"章。
⑤ 《荀子·法行》。
⑥ 《论语·先进》"子路问闻斯行诸"章。
⑦ 《论语·雍也》"季康子问"章。
⑧ 《论语·子路》"子适卫"章。

这是孔子赶赴卫国，冉求为孔子驾车时，师生二人的一番对答。对话的内容是治国理政的逻辑顺序。孔子认为，如果一个国家人口足够多时，要让民众富裕起来，然后就要加强道德教化。不过，就对话的形式而言，从这一问一答中，既看不出子路的表现，也寻不见子贡的影子。因为子路不会一路追问，而子贡则很可能先有一番见地。

以上三位弟子不同的性格特点，在他们的政治行为中亦有相应的表现。孔子认为此三人均具有从政的素质，子路果敢，子贡通达，冉求多艺①，可惜的是，孔子二次从政时，只有岁数较大的子路得以辅助，不然的话，孔子的仕途可能会更为丰富多彩一些。

三位弟子都有过"问政""问大臣"和"问事君"之类的政治关切。子路关心事君，孔子回答："勿欺也，而犯之。"②这正符合子路的性格。孔子认为子路具备了做大臣的条件，但同时又肯定

【孔子"过蒲赞政"，充分肯定了子路对蒲地的治理之功。由此可见，在中国古代政治中，好的政治并不一定需要高超的才能，而是需要当政者的品质端正。】

---

① 《论语·雍也》"季康子问"章。
② 《论语·宪问》"子路问事君"章。

他"弑父与君，亦不从也"①，有着孔子弟子必备的政治忠诚。可见，孔子相信子路是勇而不乱的。子贡自恃辩才，更关心如何成就"士"的事业，孔子亦顺其特点曰："行己有耻，使于四方，不辱君命。"②这明显是鼓励他发挥外交才能。对于冉求，孔子说："千室之邑，百乘之家，求也可使治其赋。"③孔子十分认可冉求的经济才能，冉求后来果然成为季氏的称职管家，帮助季氏在鲁国不断地聚敛财富。

从具体的政治表现上看，孔子说："片言可以折狱者，其由也与（欤）？"④根据一方讼辞就可定案，这是子路以自己的耿直之性去衡量他人的表现之一。在孔子周游列国后期，卫国君主任命子路去做蒲地的大夫，据说此地颇多壮士，难于治理。子路了解壮士的脾性，因人施政，终于服众。数年之后，孔子路过蒲地时，称赞了子路的政绩。后来，子路又去卫国都城做卫国大夫孔悝的家宰，最终死于一场内乱之中。子路战死时的情形最能体现他的性格。当时，子路本可以合理地避开此祸，但他以为"利其禄，必救其患"，孤身入险，且在临终之时还要"结缨"正冠，以为"君子死，冠不免"⑤，充分体现出他耿直、勇武的气质和坚守原则的品格。

在孔子弟子当中，子贡的政治志向是相当高远的，《论语》云：

> 子贡曰："如有博施于民而能济众，何如？可谓仁乎？"
> 子曰："何事于仁，必也圣乎！"⑥

用孔子的话来讲，子贡的追求目标是要达到圣人的境界，这在弟子中亦是十分少见的。尽管如此，根据现存材料，我们对子贡的从政

---

① 《论语·先进》"季子然问"章。
② 《论语·子路》"子贡问曰何如"章。
③ 《史记·仲尼弟子列传》。
④ 《论语·颜渊》"子曰片言可以折狱"章。
⑤ 《左传·哀公十五年》。
⑥ 《论语·雍也》末章。

经历却不甚明了，只是据于《史记·孔子世家》，"故子贡一出，存鲁，乱齐，破吴，强鲁而霸越。子贡一使，使势相破，十年之中，五国各有变。"[1] 其中的诸多细节，司马迁可能行文之间多有夸张，但子贡的政治才能确实主要表现在"使令于君前"的外交领域。子贡又敢于大胆发表议论，比如他说，"纣之不善，不如是之甚也。是以君子恶居下流，天下之恶皆归焉。"[2]《论语》中亦有子夏、曾子、颜回等独立发表的见解，但却无人能比得上子贡的大胆和立论高远。虽然是举例言理，却极少有人敢涉为暴君商纣王辩护之嫌。子贡一生的言行，完全符合他机智、自傲的性格。显然，与冉求相比，子贡的性格不适合于长期从政。孔子去世后，子贡专注于经商，以富豪的身份影响天下政治，可谓找到了一条适合其脾性的道路。

冉求的政治成就及其与孔子政治思想的分歧

在孔门从政弟子当中，冉求的政治天赋要高于其他弟子，实际的政治成就也是弟子中的最高者。与其他弟子相比，冉求的长处是敏锐的政治眼光和现实主义的政治态度。孔子认为，"求也艺"[3]，具有实际工作的多方面的才干；"求也，千室之邑，百乘之家，可使为之宰也"[4]，具有掌握全局的才能；冉求对自己的定位则是，"方六七十，如五六十，求也为之，比及三年，可使足民"[5]，管理经济也不含糊。另外，在鲁哀公十一年（前484年）鲁国在清地与齐国的战斗中，冉求指挥得当，使鲁军大获全胜，又显露出了高超的军事才能。孔子晚年，直到孔子去世之时，冉求一直稳坐季氏家宰的高位，季氏的许多重大决策都有冉求的参与。这样的政治成就，不用说其他

---

① 详见《史记》之《吴太伯世家》、《孔子世家》及《伍子胥列传》等。
② 《论语·子张》"子贡曰纣之不善"章。
③ 《论语·雍也》"季康子问"章。
④ 《论语·公冶长》"孟武伯问"章。
⑤ 《论语·先进》"子路曾皙"章。

弟子，就连孔子本人也是望尘莫及的。

孔子一生追求自己的政治理想，渴望得到一个能够发挥其政治才能的政治高位，但却一直未能切实地如愿。孔子的家乡鲁国，应该是他最热切从政的地方，却始终得不到合理任用，原因就是季氏的反对。然而，季氏却任用了许多孔子弟子，这些弟子中最受季氏看重的是冉求，而冉求亦能全面贯彻季氏的意志。这样一来，我们就不得不思考一个问题，那就是：冉求出自孔门，但与孔子的政治态度和政治结局却有所不同，至少从这一角度来看，是不是冉求的政治主张与孔子的政治思想是有分歧的呢？

【弟子冉求是孔门中最练达的政治家，他与孔子的政治理念大为不同，而这样的不同并不是来自不同的政治体系，而是在修正孔子的政治观念中形成的。】

事实上，冉求的从政与孔子大有关系。根据《史记·孔子世家》记载，鲁哀公三年（前492年），在政治上与孔子对立的季桓子临终之时，嘱咐其继承人季康子一定要把孔子召回鲁国，并加以任用。但是，季康子还是担心不一定能够长久地支持孔子，这才决定任用冉求。此时的冉求三十五岁左右，此前是否有过从政经历，我们不得而知。不过，孔子说的"求也艺"，正是讲给季康子听的。尽管听这话时季康子尚未主政，但孔子对于冉求的称誉，肯定会影响季康子对冉求的选择。

前文曾引用"子适卫，冉有仆"，可见在孔子周游列国期间，冉求是追随在旁的，并从孔子那里学到了不少政治理念和从政经验。不过，也许正是由于目睹了孔子在鲁国的政治经历，参与了孔子从政治高峰到政治流亡的过程，才使冉求下决心对孔子的某些政治主张进行调整。所以，当他从仕于季氏之后，采取的政治策略就不同于当年的孔子了。

　　孔子晚年终于回到鲁国，除了客观形势对季氏形成的压力之外，冉求在鲁国的政治影响也起到了重要作用。当然，冉求力劝季康子召回孔子，一方面是师生情分的表现，另一方面也有为季氏考虑的意味，毕竟孔子是因为与季氏的矛盾才离开鲁国的，而让孔子这样一位年近七十的老臣和文化巨擘一直漂流在外，对鲁国的权臣们来讲也并不是一件多么体面的事情。孔子回到鲁国后，基本上是与冉求生活在一起①，因为孔子的妻儿们已不在世。

【泰山脚下的"孔子登临处"，不知孔子为何登泰山而止于此。】

　　不过，冉求把孔子请回鲁国，并与老师共同生活，并不表示他会全面接受孔子的政治指导。有趣的是，孔子一丝不苟地与冉求的政治行为展开了强硬斗争。对师徒二人在政治思想和政策措施方面的分歧，《论语》等书载之颇多，说明他们的这种争执已经成为当时孔门中

的大事。孔子回国不久，就发生了季氏僭礼旅于泰山之事。孔子问冉求能否劝止，冉求的回答是"不能"②，致使孔子慨叹良多。如果孔子面对这样的事情，肯定是会设法制止的。而一旦不能阻止，孔子很可能会选择愤然辞职。但是，在冉求看来，季氏旅泰山，就算是真的有违"周礼"，也与他的政治去留没有必然联系。如果为此而离职，许多该做的事反倒做不成了。这也许是孔子与冉求师徒二人最大的不同。孔子的政治原则是明确而坚定的，甚至是死板的，但冉求并没有

---

① 《论语·子路》：冉子退朝。子曰："何晏（晚）也？"
② 《论语·八佾》"季氏旅于泰山"章。

那么多书生气，而是更具有政治家的务实头脑，不会因为季氏的僭礼而想到整个天下如何如何，也不认为自己可以肩负起拯救天下的责任。由于这种根本的不同，师生的政治矛盾肯定还会加深。后来，季氏又要征伐鲁国的属国颛臾，孔子认为颛臾虽然在名义上还是个独立的国家，但实际上已经是鲁国的"社稷之臣"，不应该去武力征伐。冉求却竭力为季氏的征伐行为辩护，致使孔子愤然斥责道"焉用彼相"①，批评冉求没有尽到为相的责任。

然而，更严重的事情还在后头。鲁哀公十一年（前484年），季氏要推行新的田赋制度，让冉求去征求孔子的意见。冉求两次请求孔子发表看法，孔子才明确表达了反对意见。孔子认为，季氏改变田赋制度，并不是要富民强国，而是贪欲无厌、聚敛财富的表现②。在经济上，孔子主张"不患寡而患不均"③，认为分配不公是造成社会动荡不安的主要原因。冉求

【冉求不断受到孔子的批评，但他从不会当场在言语中反驳，而是选择了照旧行事的方式，这无疑是成熟政治家的表现。】

徐伎　冉求 字子有鲁人赠

并非不知道孔子的观点，但他宁可与老师的意见相左，也不愿忤逆季氏。结果是，季氏的新田赋在第二年开始推行，使孔子对冉求失望至极。

> 季氏富于周公，而求也为之聚敛而附益之。子曰："非吾徒也。小子鸣鼓而攻之，可也。"④
> 孟子曰："求也为季氏宰，无能改于其德，而赋粟倍他日。孔子曰：'求，非我徒也，小子鸣鼓而攻之，可也。'由此观之，君不行仁政而富之，皆弃于孔子者也。"⑤

---

① 《论语·季氏》"季氏将伐颛臾"章。
② 详见《左传·哀公十一年》。
③ 《论语·季氏》"季氏将伐颛臾"章。
④ 《论语·先进》"季氏富于周公"章。
⑤ 《孟子·离娄上》"孟子曰求也为季氏宰"章。

不费四賦
季孫欲以田賦訪諸
仲尼仲尼不對而私
語冉求曰君子度於
禮施取其厚樂其
中斂從其薄如貪冒
無厭則雖以田賦將
又不足人何訪焉

【孔子"不对田赋",表达了多重意义。对于冉求而言,孔子已经意识到无法改变冉求的政治作为了。】

　　弟子们是否真的对冉求"鸣鼓而攻之",史书无载,也不是问题的重点。大家应该明白,那不过是孔子一时的气话,所谓爱之深而责之切也。不过,我们完全可以说,冉求与孔子在政治上的分歧已经超出了门户之内的争议。冉求不赞成孔子的政治原则,他的政治表现更是形成了对孔子政治思想的怀疑甚至相当程度的否定。在冉求心目中,孔子奉为神圣的"周礼"并非不可侵犯,孔子的理想主义政治观无疑应该落到实地上来。这样一来,即使是日常生活中的小节上,师徒二人也要有一番分辩。《论语》载:

　　　　冉子退朝。子曰,"何晏(晚)也?"对曰:"有政。"子曰:"其事也。如有政,虽不吾以,吾其与闻之。"①

————————————

① 《论语·子路》"冉子退朝"章。

孔子对"政"和"事"有着严格的区分。政，是指国家的大政方针；事，则是日常的行政事务。所谓冉求的日常政务，肯定是季氏家族的内部事务，是不能与鲁国的大政相混淆的。但从这样的记载中我们感觉到的是相互冲突的两种情愫。冉求那里，季氏之事就是鲁国之事。

一方面，晚年的孔子与冉求生活在一起，物质生活有了保障，孔子的教学活动也方便开展，这对孔子来说是必不可少的。另一方面，孔子又难免将冉求所做的一切政治举措都用"周礼"去衡量，衡量的结果肯定会使孔子忧心忡忡，甚至牢骚满腹。对于冉求这样的资深先进弟子，孔子会因其获得崇高的政治地位而自豪，因为冉求的政治成就毕竟是出自孔门的教育成果。但有时孔子也会很苦恼，感觉到显然已无法像从前那样对冉求进行教导和约束。此时此刻，孔子的心中想必已是无限悲凉了。

子贡对于孔子身后声名的维护和播扬

子贡是孔子弟子中非常有特色的一位。他虽然不是孔门中政治成就最高的一位，却另辟蹊径，以成功商人的身份获得了各国诸侯的尊重；他虽然称不上是孔门之中的好学之徒，却老练通达，在同门中享有崇高威望；他虽然偶尔会受到孔子的批评，却眼光敏锐，经常能够与孔子进行非常深入的思想交流。更为引人注目的是，孔子逝世之后，子贡以自己独特的身份和敏捷的反应不遗余力地维护并传播孔子之声名，对于孔子思想的发展和孔门影响力的提高发挥了其他弟子难以与之相匹的作用。

事实上，在孔子所创造的新型教育中，师生之间在某些问题上的思想分歧并不影响他们正常的思想交流，更不会影响到他们之间的私

【孔子墓前的这一截枯木，据传是子贡当年亲手种下的楷树，当然是在怀念孔子的同时，认为孔子是天下之楷模。】

人情谊。具体到子贡，尽管多受孔子批评，但他是"达"①人，通达之人，完全能够理解孔子的批评并无恶意，所以还是以各种方式亲近孔子，力图使自己有所长进。从孔子来讲，原则上并不想改变任何弟子的行为方式，只是想努力引导弟子们性格中的积极方面。对于子贡，孔子确实是近乎不留情面地批评他的巧辞利口，但却欣赏他的反应敏捷、理解力强。比如说，两人在一次讨论《诗》的某一篇章之后，孔子称赞子贡是"告诸往而知来者"②。不用说，对于孔子的欣赏和赞扬，子贡是极其看重的，这主要是因为他无条件地尊崇孔子的学问和人格。

子贡发自内心的叹服是，"夫子之文章，可得而闻也；夫子之言性与天道，不可得而闻也。"③流亡后期，孔子悲叹："予欲无言。"子贡马上恳求："子如不言，则小子何述焉？"④可见其对孔子之学问的景仰之情。但是，与颜回对孔子的崇敬相比，子贡并没有颜回的那种"夫子能，回何不能"的向孔子倾心学习的精神，而是更喜欢把孔子视作偶像，止于一旁的欣赏和赞颂而已。子贡这方面的表现，与我们在下文将要分析的他的"倦于学"的情绪是一致的。

孔子逝世后，弟子们一同为孔子守丧三年，而只有子贡在孔子墓旁服丧六年⑤，足见其对孔子的无限热爱和怀念。另一方面，因为孔子在世时是一位影响力大、争议性更大的名人，所以，在孔子身后，

① 《论语·雍也》"季康子问"章："赐也达。"
② 《论语·学而》"子贡曰贫而无谄"章。
③ 《论语·公冶长》"子贡曰夫子之文章"章。
④ 《论语·阳货》"子曰予欲无言"章。
⑤ 《史记·孔子世家》。

对孔子的种种褒贬和议论也是层出不穷。《论语》多载此种事情，比如"三桓"中的叔孙武叔，曾用种种方式贬低甚至诋毁孔子。尽管叔孙武叔与子贡的关系很好，子贡还是正告他道："无以为也，仲尼不可毁也。"① 司马迁则总结说：

> 子赣既学于仲尼，退而仕于卫，废著鬻财于曹、鲁之间，七十子之徒，赐最为饶益。……子贡结驷连骑，束帛之币以聘享诸侯，所至，国君无不分庭与之抗礼。夫使孔子名布扬于天下者，子贡先后之也。此所谓得势而益彰者乎？②

司马迁之意，是说子贡利用自己的政治才能和经济实力与各国君主分庭抗礼，这便直接和间接地布扬了孔子的名声。也就是说，除了《论语》中记载的子贡与诋毁孔子的权贵们直接交锋之外，子贡还以他的成功经商，以及经商之后获得的巨大成就和影响力，间接地传播了孔子的名声。因为，子贡毕竟是孔子弟子，而且他本人亦以此为荣。

子贡没有学术上的传人，他对于孔子的学问也止于欣赏，并没有传承的决心和能力。世传子贡善货殖，经商有道，孔子亦云："赐不受命，而货殖焉，亿（臆）则屡中。"③ 想见他是既有经商的天赋，也能抓住致富的机遇。子贡的儿子叫端木叔，所承继的只是子贡生前累积的财富。据称，端木叔去世之前，将所有的财富都散给了亲朋④，此种风范，其实也能在子贡的潇洒中看到一二。

三位政事弟子对"学"的轻视

"学"在孔门中的地位自不待言。学，当然有学知识的一面，但

---

① 《论语·子张》"叔孙武孙毁仲尼"章。
② 《史记·货殖列传》。
③ 《论语·先进》"子曰回也其庶乎"章。
④ 详见《列子集释·杨朱篇》。

在孔门中,学的要义是学做人,尽管这与学习知识的活动是有关联的。子贡、冉求和子路这三位弟子,不仅有政事弟子的共同身份,而且对孔门之学都持有程度不同的保留态度。也就是说,他们不仅不是严格意义上的好学之徒,而且对学缺乏诚恳的态度,甚至轻视学的作用,这种情况在孔门之中是不多见的。

相对来讲,三人之中子贡更留意学的问题,他请教过孔子"为仁""君子"和"友"等方面的问题,但其主旨却在于从政和处人两方面,与孔门之学的道德价值还是有一定的距离。其实,即使是子贡所看重的处人,与孔子的学做人也不尽相同,主要关切的是自己在他人心目中的地位。《韩诗外传》卷八记载,子贡曾对孔子说:"弟子事夫子有年矣,才竭而智罢,倦于学问,不能复进,请一休焉。"而冉求的想法则是:"非不说(悦)子之道,力不足也。"①事实上,以他们的才质,不可能是无法跟进孔子的课程,而是不能完全接受孔子之学的某些方面。

对于子贡,孔子对做人的严格要求有时是他难以追随的。对于冉求,孔子缺乏变通的政治之道,则是他难以企及的。所以,他们几乎提出了相同的借口,要求孔子放松对他们的学的要求。孔子不知能否明白他们的理由或"苦衷",但无论如何是不能认可他们的这种借口的。对于子贡,孔子正告他,因为学关乎一生的做人,所以,只能在合棺之时才会有休止。对于冉求,孔子则明白地批评他是画地为牢,故意不求上进。本来,孔门的学问并非完全是知识的灌输,所以,即使是学才颜回,亦有"欲罢"的阶段,但颜回是"欲罢而不能"②,这使孔子相信,只要有做仁人的理想,在学问之道上是不该有倦怠的想法的。子贡、冉求的想法,只能证明他们试图在思想上脱离孔学的严格约束。

---

① 《论语·雍也》"冉求曰"章。
② 《论语·子罕》"颜渊喟然叹曰"章。

　　子路轻视学问的表现与子贡、冉求有所不同。最典型的例子是，子路让子羔做费邑之宰，而孔子则认为子羔在学问上尚欠精熟，费邑又是难治之地，所以批评子路"贼夫人之子"，费邑宰这个职务会害了子羔。子路则争辩道："有民人焉，有社稷焉，何必读书，然后为学？"① 显然，子路的疑问并不是深思熟虑的，他只是泛泛地认为从政者不必有多么高深的学识，殊不知，在孔子的政治思想中，一个缺乏道德修养的从政者，既有害于社会，也有害于自身。所以，子路对学的轻视源之于对学的了解和体会有限，而并不是从根本上对孔子之学有看法，这是在此问题上子路与子贡、冉求的本质区别。

【这是春秋时期的帛书和竹简文字，是学的物质层面的表现。孔子之学是道德学问，学知识可以促进道德学问，但并不是道德学问本身。】

　　针对子路对学的轻视以及形成这种轻视的特殊原因，孔子利用一切机会对子路耳提面命。最著名的一次是，孔子很严肃地对子路说："由！诲女（汝）知之乎？知之为知之，不知为不知，是知也。"② 而最详细的一次，莫过于孔子对"六言六蔽"的阐述：

　　　子曰："由也，女（汝）闻六言六蔽矣乎？"对曰：

---

① 《论语·先进》"子路使子羔为费宰"章。
② 《论语·为政》"子曰由"章。

"未也。""居,吾语女(汝)。好仁不好学,其蔽也愚;
好知(智)不好学,其蔽也荡;好信不好学,其蔽也贼;好
直不好学,其蔽也绞;好勇不好学,其蔽也乱;好刚不好学,
其蔽也狂。"①

如此耐心而又详尽的说明,只能发生在子路身上。这一方面说明
孔子对子路的特殊的情感和爱护,另一方面也说明,在孔子看来,子
路是很想学习的,只是他的基础太差,需要老师对他付出更多的关照
而已。而在子贡和冉求那里,不是认为孔子对他们教导得不够,而是
觉得孔子说得太多了。特别是在政治方面,正所谓失之毫厘而差之千
里,孔子越是要求他们如何去做,他们越是觉得难以接受。

三位政事弟子的缺仁乏礼

这三位弟子由于轻视或缺乏学问之道,所以,他们在孔门之中又
属于孔子心目中的缺仁乏礼之属。我们之所以强调这一点,主要是立

【管仲是中国古代著名的宰相,但他的道德瑕疵一直困扰着正统儒士。"颍上
管鲍祠"把管仲与鲍叔牙一同纪念,则反映了民间对于真挚友情的看重。】

---

① 《论语·阳货》"子曰由也"章。

足于他们的政治思想和政治表现而言的。当然，此处所谓缺仁乏礼，是就孔子的高标准而言的，并不是说他们已经堕落到那些不讲仁德、违背周礼的所谓乱臣贼子的行列中了。

子贡虽多问"仁"于孔子，但由于他倦于学问，又欠缺身体力行，所以，仁到底是什么，他一直缺乏深刻的认知。《论语》载有子贡与孔子讨论齐国名相管仲的一段对话。根据史书记载，管仲起先辅助齐桓公的政治对手公子纠，但齐桓公杀了公子纠之后，管仲不仅没有守节从死，反而又去辅佐齐桓公，所以子贡认为管仲不是仁者。但在孔子看来，如果没有管仲的辅佐，齐桓公的霸业就无法实现，甚至会出现"吾其被发左衽"①的结局，即华夏文明有可能消失，所以，管仲之仁并不是表现在他个人身上，而是体现在天下人身上。从这一角度看，那些道德修养浅薄者的无原则守节反而毫无价值了。显然，子贡的见解未免失之于片面，并未能把握仁的核心。

对于仁的修养和遵循，孔子对于冉求和子路有明确的说法：

孟武伯问："子路仁乎？"子曰："不知也。"又问。子曰："由也，千乘之国，可使治其赋也，不知其仁也。""求也何如？"子曰："求也，千室之邑，百乘之家，可使为之宰也，不知其仁也。""赤也何如？"子曰："赤也，束带立于朝，可使与宾客言也，不知其仁也。"②

季康子问孔子曰："冉求仁乎？"曰："千室之邑，百乘之家，求也可使治其赋，仁则吾不知也。"复问："子路仁乎？"孔子对曰："如求。"③

孔子一再说明的"不知"，是一种委婉说法，其实就是认为冉

① 《论语·宪问》"子贡曰管仲"章。
② 《论语·公冶长》"孟武伯问"章。
③ 《史记·仲尼弟子列传》。

求和子路在仁的修养方面并没有达到孔子的要求。虽然他们的政治才能是无可置疑的，但在通过学而达到对仁德的修养上却是有所欠缺的。

【天下归仁，根据我们前文对"仁"的解释，就是天下归于和谐，这是孔子儒学的终极理想。】

至于此三子对礼的认识和实践，孔子的断语同样是明确的。

子贡欲去告朔之饩（音 xì）羊。子曰："赐也，尔爱其羊，我爱其礼。"①

子华使于齐，冉子为其母请粟。子曰："与之釜。"请益，曰："与之庾。"冉子与之粟五秉。子曰："赤之适齐也，乘肥马，衣轻裘。吾闻之也：君子周急不继富。"②

看起来，此三子的缺仁乏礼，都是源之于他们持有与孔子不同的政治理念。孔子所倡导的仁和礼，是基于"周礼"的政治伦理和礼仪规范。但是，孔子的这些思想，是子贡和冉求所不能接受的。所以，对于"告朔之饩羊"，即各国诸侯每年向周天子请赐历法时使用的祭品，子贡很现实地认为是近乎浪费的多此一举，因为周天子早已失去了颁赐历法的权威，诸侯们也没有请赐历法的举动了。但是，孔子却认为，饩羊的存在或多或少地还能让人们看到"周礼"的影子，对于恢复"周礼"是有积极作用的。至于冉求为子华请粟之事，孔子虽然没有拿出"周礼"的依据，但"君子周急不继富"的原则，与孔子主

---

① 《论语·八佾》"子贡欲去告朔之饩羊"章。
② 《论语·雍也》"子华使于齐"章。

张的"不患寡而患不均"①的社会公平的理念是一致的。不过，有趣的是冉求回答孔子的一段话，"方六七十，如五六十，求也为之，比及三年，可使足民。如其礼乐，以俟君子。"②明确表示自己对于搞经济很有信心，而对兴礼作乐之类不是内行，需要另请高明，这也从一个侧面证明了他在孔门所要求的礼乐修养方面是明显欠缺的。

上文已经两次提到的弟子公西赤，字子华，鲁国人，少孔子四十二岁③，与子贡一样，也是冉求仕鲁后在鲁从政的孔子弟子，并且显然是冉求政治上的同道之人。孔子断言："赤也，束带立于朝，可使与宾客言也，不知其仁也。"④公西华本人的志向则是："宗庙之事，如会同，端章甫，愿为小相焉。"⑤与子贡一样，公西华也有外交家的追求和风范，在政治方面，也是孔子政治思想的异议者。

【严格说来，弟子公西赤只能说是称职的外交人员，子贡才是成功的外交家。】

可以想见，子路对礼乐的认识也是相当肤浅的，《礼记·檀弓》云：

> 子路有姊之丧，可以除之矣，而弗除也。孔子曰："何弗除也？"子路曰："吾寡兄弟而弗忍也。"孔子曰："先王制礼，行道之人皆弗忍也。"子路闻之，遂除之。

如同对学的态度一样，子路的不循礼，其根源不像子贡、冉求那样是认为"周礼"已经不合时宜，而是本来很愿意守礼，但由于自己是勇武之人，平时不太喜欢学，所以，一旦做起来，不是过之，就是不及。再联想到他的"结缨而死"，又不免使我们对他的食礼不化发

---

① 《论语·季氏》"季氏将伐颛臾"章。
② 《论语·先进》"子路曾晳"章。
③ 《史记·仲尼弟子列传》。
④ 《论语·公冶长》"孟武伯"章。
⑤ 《论语·先进》"子路曾晳"章。

出慨叹。

孔子曾给予子贡、冉求和子路等三子以适时适量的批评。孔子对冉求的批评最为严厉，"非吾徒也"的愤慨是其他弟子得不到的。对于子贡，《史记·仲尼弟子列传》有云："子贡喜扬人之美，不能匿人之过。"所以，"子贡利口巧辞，孔子常黜其辩。"有一次，子贡自诩："我不欲人之加诸我也，我亦欲无加诸人。"孔子不客气地回答说："赐也，非尔所及也。"① 当然，在适时批评的同时，关切之情亦溢于言表。

对子路的批评，孔子是严厉之中暗含着关切和怜爱。从总体上看，孔子认为子路"升堂矣，未入于室也。"② 也就是说，从内心来讲，子路是积极上进的，不过是由于客观条件所限而达不到思想认识的高层次而已。从此意义上讲，虽然子路也怀疑孔子的政治思想③，但与冉求等人的出发点却是不同的。所以，将子路与子贡、冉求归为一派，从某种角度来看，是有些偏重表面之嫌。

我们所谓的孔子政事弟子，仅指那些在从政方面有突出成就者。但是，从孔子的从政经历中便可看出，凡是能在政坛上长期站得住脚的弟子，必是与孔子的政治理念相违背者。孔子希望他的政事弟子忠于上司，但更希望他们以仁义为言行准则。政事弟子的成就和地位自然会给孔子和孔门增添光彩，但何尝不又是增添了孔子更为

【"万世师表"是对孔子的最高肯定，尽管有一些门派之嫌，但孔子的思想高度确实是无人能及的。】

---

① 《论语·公冶长》"子贡曰我不欲人之加诸我"章。
② 《论语·先进》"子曰由之瑟"章。
③ 《论语·子路》：子路曰："卫君待子而为政，子将奚先？"子曰："必也正名乎！"子路曰："有是哉，子之迂也！奚其正？"

沉重的忧虑呢！在这种曲折与矛盾中，孔子的政治思想表现出种种的矛盾甚至不足，也就在情理之中了。

◎ 第五节 孔子政治思想的缺憾之处

孔子一生的政治追求与他的政治思想互为表里，二者之间的关系是密不可分的。无论孔子在现实政治中是得意还是失意，他都不曾放弃自己的政治主张。孔子是严格的理想主义者，他认定的主张，首先是要求自己去履践的。然而，正是因为孔子的政治主张在实践中遇到了种种挫折和失败，才使我们不得不去思考他的政治思想中的不足之处。

孔子政治思想的核心

孔子政治思想的核心是德治主义，即我们一再提及的"为政以德"[①]。孔子的这一主张与他对社会现状的认识有着直接的关联。其实，一个人的思想收获，与他对现实的个人看法息息相关。虽说社会现状本身是认识的客观基础，但相同时代的不同之人却会有不同的政治见解，这一事实本身就说明，个人的认识对自身观点和思想的形成更具决定性的影响。而个人思想认识的形成则与他的成长历程，特别是他的思想成型过程中的所见所识有着至关重要的关系。那么，伴随着孔子成长历程的社会现实是什么呢？史籍云：

> 周衰，礼废乐坏，大小相逾，管仲之家，兼备三归。循法守正者见侮于世，奢溢僭差者谓之显荣。……孔子曰："必也正名！"[②]

---

① 《论语·为政》首章。
② 《史记·礼书》。

　　于时周室衰，王道绝，诸侯力政，强劫弱，众暴寡，百姓靡安，莫之纲纪，礼义废坏，人伦不理。于是孔子自东自西，自南自北，匍匐救之。①

【成都武侯祠内的"伊周经济"匾文，是拿诸葛亮的功绩与伊尹、周公的经国济世的成就相提并论。在孔子的内心里，以大道"经济天下"的崇高追求也是显而易见的。】

　　如前所述，孔子在孩童时代的游戏中就喜欢陈俎豆、设礼容，十五岁即有志于学，说明他很小的时候就已经接触到了古来的典章文物，并受其耳濡目染。成人之后，孔子又求教于像郯子那样的深谙"周礼"者，使他对古代文明的认识和尊崇不断提高，进而生发出复兴"三代"文明的使命感。尽管社会现实与他的理想社会存在着巨大差异，但是，经过深思，孔子并不认为是"周礼"所体现的文制出了问题，而是现实中的人，特别是在位者的思想堕落了。诚如后来孟子所言，是他们放掉了本心②。所谓"礼废乐坏"，所谓"礼义废坏"，直接导致了"人伦不理"，而在此过程中起主要作用的，是诸侯推行的强权政治，直到管仲之类的权臣都要逾制而行，守法之人反而屡受侮辱。

　　面对上述严峻形势，孔子认为，在他的时代，最根本的问题是解决人的思想问题，特别是要提高从政者的道德修养。为此，首先要做的是归拢人心，让从政者重新接受"周礼"的约束，这就是孔子所谓的"正名"，用孔子的话来讲，就是：

① 《韩诗外传》卷五。
② 《孟子·告子上》："学问之道无他，求其放心而已矣。"

名不正，则言不顺；言不顺，则事不成；事不成，则礼
乐不兴；礼乐不兴，则刑罚不中；刑罚不中，则民无所错
（措）手足。①

其实，当孔子第一次游仕齐国，在回答齐景公问政时就形成了"正
名"思想的雏形，即打算从事改造人的思想的工作。孔子讲"君君、
臣臣"，并不是说当时缺乏对君主和大臣的定义和要求，而是没有人
按照"周礼"的标准要求去做了。后来，季康子问政之时，孔子明确
指出："政者，正也。子帅以正，孰敢不正？"②孟子也说："君仁
莫不仁，君义莫不义，君正莫不正。一正君而国定矣。"③毫无疑问，
孔子德治主义的中心就是在位者的端正其身，欲从政，先做人。只有
讲求道德的从政者，才能使政治真正地为民众服务。只有从政者都成
为有德之人，才会出现"有道"之政。

总之，在孔子看来，只要人心端正了，政治制度及政治措施层面
的东西都会迎刃而解。确实，如果社会成员都有较高的道德修养，其
他的所有制度性的规定都会是多余的。孔子的这种思路，其实质就是
所谓的政治道德化，让政治运作遵循道德规范的约束。为实现这个理
想，孔子不惜匍匐以救之，哪怕是以自己的一生从南到北、从东到西
地奔波不已。

德治主义视野下的上古圣王

孔子倡导"为政以德"，不仅有理论上的阐述，还十分注重政治
实例的导引作用，即他对上古圣王的推崇。孔子开始传道之时乃一介
布衣，在当时，世袭贵族的势力虽然正在被削弱，但从总体上来讲依

---

① 《论语·子路》"子路曰卫君"章。
② 《论语·颜渊》"子曰政者"章。○《论语·子路》载孔子语："其身正，不令而行；
其身不正，虽令不从。""苟其身正矣，于从政乎何有？不能正其身，如正人何？"
③ 《孟子·离娄上》"孟子曰人不足与适"章。

然占据着统治地位，他们的社会地位依然可以决定某种言论的权威性。孔子深恐人微言轻，不得不用古来圣王之德加强自己的言语和思想的说服力。其实，孔子所推崇的古代圣王，特别是像尧舜禹等上古圣王，即使在孔子时代亦未必有完整清晰的形象。所以，孔子也不过是借用他们的名声和传说中的事迹作为传播德政的手段。因为在其德而不在其人，所以不惜誉之以最崇高的赞辞：

> 大哉，尧之为君也！巍巍乎，唯天为大，唯尧则之。①
>
> 禹，吾无间然矣！菲饮食而致孝乎鬼神，恶衣服而致美乎黻冕，卑宫室而尽力乎沟洫。②
>
> 无为而治者，其舜也与（欤）？夫何为哉，恭己正南面而已矣。③

显然，孔子在德治主义的视野下赞誉尧舜禹等上古圣王，其主旨仍是强调从政者特别是位高权重者在道德修养方面的表率作用。所谓"恭己"，就是对自身的严格要求。只有对自己的严格要求达到了标准，才能"正南面"，稳坐自己的江山。对于政治家而言，修养道德本身不是目的，通过修养道德而达到"无为而治"，使天下安定，才是孔子德治主义的归宿。

当然，孔子如此崇古，也是因为古代文明至少在表面上还是深受当时在位者的共同认可的，而通晓古代文化恐怕亦非寻常之人所能为。事实上，这正是孔子的专长，也是孔子思想具有影响力的一个方面。然而，不幸的是，无论是辉煌的上古治世，还是"郁郁乎文哉"④的周公之制，尽管都是孔子德治主义的重要组成部分，也不能从根本上打动在位者。现实的君主、权臣，更喜欢用上古圣王、"三代"圣贤装点门面，不可能实质性地效而仿之，进而达到孔子所设想的"天下有道"。

---

① 《论语·泰伯》"子曰大哉"章。
② 《论语·泰伯》"子曰禹"章。
③ 《论语·卫灵公》"子曰无为而治"章。
④ 《论语·八佾》"子曰周监于二代"章。

【尧、舜、禹等古史传说时期的圣王们，被古代贤哲寄托了太多的政治和社会理想。】

德治主义的缺憾

自从人类结成社会，并用政治手段维系社会组织的存在以来，还从未出现过孔子所孜孜以求的理想的政治局面。之所以未能出现这种局面，套用孟子的讲话格式，不是人们"不为"，而是"不能"[①]。究其原因，主要之点是道德与政治的距离。至少在孔子所面对的政治专制时代，政治讲的是某一集团、某一家——行至极端便是某一个人——的利益，而道德规范约束所有的人，讲的是天下人的共同利益。然而，历史上还从未出现过天下人利益一致的局面。因此，孔子的理想主义政治思想——德治主义，并不是落后于他所处的时代，而是超越了那个时代，超越了古代专制时代的政治水准。孔子的"正身"要求，总会使每个从政者自惭形秽。所以，我们很难想象历史上曾有过什么儒家文化占统治地位的黄金时代。

具体来讲，孔子政治思想之缺憾有以下几个方面。

首先是德治主义的空想性。由于把政治的提升寄希望于在位者的

---

① 《孟子·梁惠王上》"齐宣王问曰齐桓晋文"章："不为也，非不能也。"

典范作用，便相应地产生了两方面的问题。一方面，在位者能否起到模范作用，并无客观上的保证，或制度上的强力约束，而是完全依靠他们的自觉性，因而，政治的清明便建筑在了一个不坚实的甚至不现实的基础之上。另一方面，由于德治的本质是人治，把君主的作用放在了治国的首位，致使这种人治极容易走向专制，甚至必然走向专制。事实上，历史上所有的专制者或独裁者，都首先把自己打扮成道德至上者，待权力稳固后便露出了本来面目。

其次是德治主义的片面性。德治主义的主要支柱之一是贤人政治，后世的明确发展是清官的观念。清官本身当然无可非议，但是，一来清官的人数在客观上始终很有限，二来并没有什么客观性的、可操作的手段可以保证一个人永远做清官。这样一来，如果把政治的清明寄托在清官身上，最终也等于把高楼大厦建立在沙丘上一样。同样，如果普通人把自己的生活希望寄托在清官的出现上，也不会获得可靠的保证。显然，贤人政治是片面的，并且是法治之政的强大阻碍。

再次是德治主义的软弱性。德治主义的结果是对恶势力缺乏深入

【北宋的"包青天"包拯，是中国古代清廉官员的代表，是古代政治和普通民众的强大慰藉。包拯墓现存于安徽合肥的闹市区，游人不绝，不知道能否给人以更深的思想启迪。】

的思考和有效的对策。孔子讲"性相近，习相远"①，表面上看是注意到了人的习性转变，但是，从孔子政治思想的整体倾向来看，其实是只承认人性向善的转变，而忽视甚至否定了向恶的转化。也就是说，孔子思想更倾向于承认人的道德修养的单向性，认为人的向善修养是只会前进不会倒退的。这种想法既支持了德治主义，又在一定程度上助长了恶势力。尽管这种观念的指导思想是好的，甚至也会在某种情况下得到一定程度的事实印证，但是，历史和现实都证明，"习"不只会把人引向善，也会把人引向恶。如果不能清醒地认识到这一点，对于恶的力量的出现就会缺乏必要的思想准备和可操作的实际对策。可以说，孔子的人性论，既是德治主义的支持者，又是它的破坏者。

◎　第六节　孔门的任侠弟子

乍看之下，孔子的以德服人与豪侠之士以力服人是完全不同的两种精神。孟子甚至说："以力服人者，非心服也，力不赡也；以德服人者，中心悦而诚服也，如七十子之服孔子也。"②把以力服人和以德服人明确地对立起来。然而，到了战国末期，韩非子却独具慧眼，他尖锐地指出："儒以文乱法，侠以武犯禁，而人主兼礼之，此所以

【春平侯剑、韩钟剑、乐灵铍等，都是春秋战国时代的名器，孔子画像中也常佩剑饰。剑代表着勇力，是任侠之士不可或缺的武器。那个时代的侠士复命，亦多有赖于剑刃的力量。】

---

① 《论语·阳货》"子曰性相近"章。
② 《孟子·公孙丑上》"孟子曰以力假仁者霸"章。

乱也。"①意思是说，文儒和武侠虽然外表不同，都是天下动乱的原因。为什么呢？儒家的道德至上，侠士的道义至上，都与韩非子所主张的法治精神格格不入。

春秋战国时代的侠士，也叫任侠之士，是那种不畏艰难，不计个人利害得失，坚持不懈地完成肩负的责任或正义的人。《汉书·季布传》称季布："为任侠有名。"颜师古《注》曰："任谓任使其气力。侠之言挟也，以权力侠辅人也。"所以，在一般的理解中，任侠只是凭借权威、勇力或财力等外在手段扶助弱小、帮助他人的人。但是，如果我们仔细观察和理解孔子时代及其以后时代逐渐形成一种风气的任侠精神，就会意识到孔子的一生何尝不是任侠之士的表现呢！孔子的以铺陈道义为宗旨、以普救天下为目标，一往无前、百折不回的奋斗精神，可以说丝毫不逊色于侠士的豪气。正是在这种精神的鼓舞下，孔子门下也出现了一批任侠弟子，他们的政治表现，是孔门政治追求中放射出的一道异样的光辉，也是全面理解孔子政治追求的一个重要方面。

漆雕开与任侠之儒

韩非子的"八儒"之分中本有"漆雕氏之儒"一派，但是，由于韩非子并没有详述各派的思想特色，所以，具体到这派儒者，也使我们无从了解其思想之来龙去脉。陶潜《圣贤群辅录》云："漆雕氏传《礼》为道，为恭俭庄敬之儒。"语焉不详，又不知有何依据。综合各方面之情形言之，最可靠的方法还是从孔门中的"漆雕氏"弟子来追寻这一派的思想趋向吧。

《史记·仲尼弟子列传》中有漆雕哆（字与敛）和漆雕徒父（字固）二人，司马迁说此二人属于"不见于书传者"，确实在《论语》中也

---

① 《韩非子·五蠹》。

没有这两位。由于此二子无事迹见传，从他们身上是无从寻绎漆雕氏之儒的线索的。

孔门中著名的漆雕氏弟子是漆雕开，字子若，又云名启字子开，鲁国人，少孔子十一岁，是孔门的先进弟子。孔门先进弟子以事功为主，但其中亦不乏对现实政治持批判意见者。前文引《论语》"子使漆雕开仕"，漆雕开的回答是"吾斯之未能信"[①]，这可以理解为对从政缺乏自信，也可以理解为对现实政治缺乏信心，或者二者兼而有之。这样一来，与闵子骞一样，像漆雕开这样的弟子，从根本上讲是不会与现实政权进行合作的。若说到参与政治，与其与当权者合作，还不如以一定的方式与之抗衡。闵子骞采取的是批判与躲避的方法，至于漆雕氏：

【弟子漆雕徒父和漆雕哆，虽无事迹传世，但因为"漆雕"并非常见之姓氏，按理说应该至少是漆雕开的同族之人。】

　　漆雕之议（仪），不色挠，不目逃，行曲则违于臧获，行直则怒于诸侯，世主以为廉而礼之。[②]
　　北宫黝之养勇也，不肤挠，不目逃，思以一豪挫于人，若挞之于市朝。不受于褐宽博，亦不受于万乘之君。视刺万乘之君，若刺褐夫。无严诸侯。恶声至，必反之。[③]

《孟子》又载曾子语云："吾尝闻大勇于夫子矣：自反而不缩，虽褐宽博，吾不惴焉；自反而缩，虽千万人，吾往矣。"[④]这些记载

---

　① 《论语·公冶长》"子使漆雕开仕"章。
　② 《韩非子·显学》。
　③ 《孟子·公孙丑上》"公孙丑问曰夫子加之齐之卿相"章。
　④ 《孟子·公孙丑上》"公孙丑问曰夫子加之齐之卿相"章。

【孟子对"大勇"的肯定，
表现了孟子之学骨子里的
反抗精神，千百年来激励士
人为真理而奔走和献身。】

【墨子稍晚于孔子，他出自儒家圈子，
但他的思想却喜欢与儒学划清界限。
不过，这也为后世了解当时的儒家人
物和思想提供了许多难得的资料。】

都说明，所谓任侠之士是最讲原则、最有个性、最崇尚个人主义的。他们遵循道德原则，而不是某些人的权威或某种外在力量，这与孔子的政治思想是一致的。所谓"行曲"，就是"自反而不缩"，自认为不合道义，理曲而不能行。所谓"行直"，就是"自反而缩"，反躬自问之后，自认为并无不端，于是就直道而行，无所畏惧。不论站在面前的是"褐宽博"的普通人，还是万乘之君，决定任侠之士是否向前的，只有大道或大义。《墨子·非儒》在贬斥儒者的时候说："漆雕刑残，莫大焉。"说明这位漆雕开因为任侠而受到了当权者的摧残。

根据上述记载，郭沫若断言漆雕氏之儒是任侠一派，并推论说："大约这位北宫先生也就是漆雕氏之儒的一人了。《礼记》有《儒行篇》盛称儒者之刚毅特立，或许也就是这一派儒者的典籍吧。"① 假如这种论断能够成立，《吕氏春秋》中的《忠廉》《士节》《高义》等十数篇，则可以说是任侠之士的言行记载或与这一派人士有关的典籍。

这里所谓的派，并不一定是指那种有特定首领的宗派，而是讲在那个时代，有那么一些人，敢于与不合理的政治进行面对面的抗争。他们虽然不是现实政治的直接参与者，但其行为却是现实政治中的一个方面。就先秦儒家而言，孔子死后，有若干弟子也成长为这样的任侠之士，其中的漆雕氏，很可能就是漆雕开，成为这些儒者的带头人，故有"漆雕氏之儒"的说法。与孔子相比，这一派儒者虽然缺乏孔子所特有的政治灵活性，但他们面对现实政治势力的斗争精神，也在一定意义上批判了德行之儒过度的退让精神和政事之儒的近乎随波逐流的趋向，显然称得上是孔门之中的一股新潮流。正是在此意义上，我们认为，孔子门下的任侠弟子与现实政治关系紧密，可以说是孔门之中另类的政事弟子。

《论衡·本性篇》又云：

> 周人世硕，以为人性有善有恶。举人之善性，养而致之则善长；恶性，养而致之则恶长。如此，则情性各有阴阳，善恶在所养焉。故世子作《养书》一篇。宓子贱、漆雕开、公孙尼子之徒，亦论情性，与世子相出入，皆言性有善有恶。

王充此论如属确然，则是作为任侠之士的漆雕开亦有为学的一面。当然，作为孔子弟子，有思想传于后世，亦属正常。还有一种可能是，因为孔子很少论及人性的问题，所以，至少孔子在世时，漆雕开所谓的"论情性"的思想没有机会得以展现。《汉书·艺文志》在儒家著作的分类中记载有："《漆雕子》十三篇。孔子弟子漆雕启后。"具

---

① 郭沫若：《十批判书》，人民出版社，1956，第128–129页。

【在后人的类似廊像中，很难看出作为任侠之士的漆雕开的形象，可见对了这类弟子的认识和研究尚待深入。】

漆雕開字子開魯人贈
滕伯

体内容不详，还说是漆雕开后人的作品。这或者是说，在"漆雕氏之儒"中，有任侠者，亦有为学者。

宓子贱与巫马期的政治作为

上引《论衡》之文中，王充又提到孔子弟子宓子贱。《史记·仲尼弟子列传》云："宓不齐，字子贱。少孔子三十岁，鲁人。"《汉书·艺文志》有《宓子》十六篇，又有《景子》三篇，班固云："说宓子语，似其弟子。"这说明，虽然宓子之学未能延续传于后世，但其学问可能在当时甚有影响，以至亦有传学之弟子。

孔子曾称赞宓子道："君子哉若人！鲁无君子者，斯焉取斯。"[1] 可见宓子在做人上是相当有成就的。孔子在《论语》中称道的所谓君子之人，一般都是从政者，而照现存史料来看，宓子的君子之行也更多地体现在了从政方面。据《史记·仲尼弟子列传》，宓子做过鲁国单父的邑宰。单父这个地方不大，但宓子却拿出了治天下的精神和做法来治理，不仅悯惜民生，而且大举贤才，所以，孔子叹惜道："惜哉，不齐所治者小。所治者大，则庶几矣。"[2] 司马迁则总结道："子产治郑，民不能欺；

【弟子宓子贱式的政治作为，代表了儒家政治思想中对于中下层官员的要求。他们有德有才，以身作则，且有政绩，为后世津津乐道，只是这种人物的出现同样充满了偶然性。】

---

① 《论语·公冶长》"子谓子贱"章。
② 《史记·仲尼弟子列传》。

子贱治单父，民不忍欺；西门豹治邺，民不敢欺。"① 郑国著名政治家子产用智慧治理国家，人们即使想使用欺诈之术也无法得逞。战国时期魏国的西门豹以刚猛的措施治理邺地，人们慑于刑罚之重，没有胆量欺诈当政者。而宓子贱以仁慈的精神管理单父，感动了人们，以至于没有人忍心欺诈。这就说明，宓子贱是孔子德治主义的实行者，为政以德，从内心深处唤起了人们的道德之心。

宓子贱的个人结局很不幸。《韩非子·难言》云："宓子贱、西门豹，不斗而死人手。……皆世之仁贤忠良有道术之士也，不幸而遇悖乱暗惑之主而死。"可见，虽然宓子治理的地方很小，老百姓也非常拥戴，但他还是免不了与其他政治势力的冲突，以至于死在君主之手。这样的结局，亦可说是对孔子政治思想的一种挑战。

孔子弟子又有巫马期者，据说也做过单父之宰。《史记·仲尼弟子列传》作巫马施，字子旗，少孔子三十岁，鲁国人，与宓子贱一样，

【"放鲋知德"之类的故事，在儒家政治传奇中具有典型性，其学理依据就是，一个具有足够道德自觉的人是不需要刑罚来约束的。】

---

① 《史记·滑稽列传》。

都是孔门先进弟子。《论语》只在一件孔子逸事中说，有一位对孔子有成见的官员"揖巫马期而进之"①，让巫马期向孔子转述他的意见，而并没有更进一步的具体记载。这样的记载，只能证明巫马期是追随孔子周游列国的弟子之一。据《吕氏春秋·察贤》云，宓子贱任人，巫马期任力，单父同样得治。由此可见，巫马期乃一悫直之人，勤于事务，事事亲临处理，大抵与子路是政治作风相近的政事弟子。

宓子贱和巫马期是孔子政事弟子中的又一类型。特别是宓子贱，坚持孔子的政治原则，不苟同于政治权势，明显与冉求等人的政治精神和政治作风不同。确切来讲，宓子贱是介乎冉求与漆雕开之间的政事弟子，既从政，又守节，虽未实现其政治抱负，但亦不失为孔门中有特色的弟子。至于巫马期，则是踏踏实实的政治实干家。虽然政绩和名声不及子路、冉求，但也是孔子政事弟子中不可或缺的一个类型。

我们说过，孔子的政事弟子的重要性是不言而喻的。孔子"五十而知天命"，其"天命"的实质就是治天下。

【弟子巫马期与宓子贱相类，构成孔门政事弟子中的实干家。在传统儒家思想看来，他们的作为就是对孔子政治思想现实性的一种证明。】

只是孔子本人仕途甚短，又充满波折，所以，他的弟子们如何理解和实践他的政治思想和政治精神，就显得至关重要了。不了解孔子政事弟子的所思所想、所作所为，就不能全面理解和把握孔子的政治思想；不能全面理解和把握孔子的政治思想，就不能抓住孔子思想的核心，当然也就谈不上了解和分析孔子思想了。为此，我们用较大篇幅探究孔子的政事弟子，有点有面，有个人有派系，希望在"五十而知天命"的背景下，能够实现较为全面地理解孔子和孔门的愿望。

---

① 《论语·述而》"陈司败"章。

第五章

六十而耳顺
——从希望到失望

当孔子的生命历程进入六十岁之后，他的思想又发生了巨大变化。孔子自称六十岁左右时达到了"耳顺"的境界，而对"耳顺"这两个字，从古到今的解释颇多，歧义迭出，甚至到了千奇百怪的地步。这主要是因为"耳顺"之辞在孔子时代并没有人使用过，可以说是孔子的发明。本书无意将事情复杂化，而是就这两个字的字面意义加以理解。所谓"耳顺"，就是说耳朵感觉很顺意，能够听得进、听得惯、受得了各种各样的说法或意见，包括相同的和不同的，相近的和相远的。

步入六十岁的孔子，能够听到许多不同的甚至相反的意见。这并不是说此前的孔子就没有听到过这类意见，而是相对来说，人们的说法大体上还是集中在与孔子的追求相一致的方面。自孔子六十多岁以后，随着他所遭遇到的磨难越来越多、越来越重，随着他的政治前途越来越渺茫，对他的各种不同的看法和意见也纷至沓来，直至让人应接不暇。对此状况，有些人可能会无所适从，或者无法忍耐，但孔子却能够以"耳顺"的态度和状态应对之。

孔子认为"仁者乐山"[1]，仁者如大山般沉稳，无论面对的是风和日丽，还是狂风暴雨，大山始终应接如初。对孔子来说，无论是听到欣赏他的话，鼓励他的话，遵从他的话，还是批评他的

【这也是一种类型的孔子画像，出自古人之手，把孔子想象为具有道家风范，甚至苦行僧模样的得道高人。】

---

[1]《论语·雍也》"子曰知者乐水"章。

话，劝谏他的话，挖苦他的话，都能够平心静气地听下去，这就是孔子六十岁之后达到的境界，也是他的以"耳""顺"听的境界。

◎ 第一节　流亡生涯的后期

自六十多岁以后，孔子的政治流亡生涯进入了后期。如果说前期流亡生活中的种种迹象尚能显示出某种程度的希望仍在的话，后期的情况则逐渐恶化，甚至出现了与孔子的政治追求截然相反的征兆。认真考察和思考孔子周游列国后期的状况，对于我们理解孔子一生的思想变化，无疑是必不可少的。

孔子流亡生涯后期的境遇变化，以及孔子思想的变化，既是客观形势使然，也是孔子思想发展的必然归趋。到春秋末期，发展势头保持良好的国家，都是新兴政治势力占据着政治舞台，对孔子坚持的"周礼"不屑一顾，不可能遵循孔子的政治主张。与此同时，孔子的政治立场却是老而弥坚，完全没有妥协的余地。在这样的时刻，孔子及其思想的伟大之处，并不在于创建，而在于坚持，直至一个伟大人格的完整呈现。

双重打击

周游列国前期，当"在陈绝粮"之时，曾有过弟子们"莫能兴"[①]，连勇武的子路也有些坚持不住的时候，孔子本人却能以其强大的精神力量，信心百倍地做弟子们的带头人。然而，随着时间推移，生活困顿的加剧，以及各国君主的不断冷遇，一天天地无情销蚀着孔子的体力和毅力。终于，孔子病倒了。《论语》记载："子疾病，

---

① 《论语·卫灵公》"在陈绝粮"章。

【这是对于孔子一行人"在陈绝粮"的又一种图解。在相关记载中，他们失去食物来源，确与当时的战事有关。】

子路请祷。"①以及"子疾病，子路使门人为臣。"②我们姑且不论子路的行为正确与否，仅就事实而言，可知流亡途中的孔子曾多次生病，有几次还相当严重，以至于憨直的子路要给老师准备后事了。

但是，在孔子看来，较之于精神上的打击，身体的疾病是微不足道的。《吕氏春秋·遇合》记载："孔子周游海内，再干世主，如齐至卫，所见八十余君。"而《史记·儒林列传》则云："世以混浊莫能用，是以仲尼干七十余君无所遇。"虽然面见君主的具体数目可以商榷，但"无所遇"却是不争的事实。得到一个有实权的职位，以便推行其政治主张，是孔子一生的抱负。因此，对于孔子最沉重的精神打击也莫过于政治上的无望甚至绝望了。

---

① 《论语·述而》"子疾病"章。
② 《论语·子罕》"子疾病"章。

游仕卫国

首先拒绝孔子的是他寄予厚望的卫国。孔子经常出入卫国，除了像蘧伯玉这样的老朋友，难免也要与其他一些士大夫有种种接触，比如《论语》中提到的公子荆和公叔文子等，这使得卫灵公有些担心，甚至还可能怀疑孔子有什么图谋，于是：

> 卫灵公问陈（阵）于孔子。孔子对曰："俎豆之事，则尝闻之矣；军旅之事，未之学也。"明日遂行。①
>
> 他日，灵公问兵陈（阵）。孔子曰："俎豆之事，则尝闻之；军旅之事，未之学也。"明日，与孔子语，见蜚（飞）雁，仰视之，色不在孔子。孔子遂行。②

【在孔子周游列前期，子路一直随行，驾车问路是子路的日常工作。"子路问津"的故事，既是打问现实中的津渡，也是找寻思想中的路途。】

---

① 《论语·卫灵公》首章。
② 《史记·孔子世家》。

【 "灵公问阵" 于孔子，显然是明知故问之举，或者是随心所欲的无心之问，这些都是孔子无法忍受的。】

　　大抵孔子已经看出了卫灵公有故意刁难的用心，所以就索性做出强硬回答。孔子后来称卫灵公是 "无道" 之君，并且说要不是有几位贤大夫辅佐，卫灵公肯定早已失位了①。 显然，孔子对于卫灵公之所作所为是有清醒认识的，所以，孔子是不会事奉这样的国君的。卫灵公死后，孔子与继位的卫出公有过较深的交往，孟子认为孔子与卫出公的关系是 "公养之仕"②，即得到了卫出公足够的资助，而看问题比较简单的子路甚至假设 "卫君待子而为政"③，想象着孔子有可能帮助卫出公治理朝政。但是，孔子本人却清楚地意识到，以卫国当时的形势，以及卫出公的才能，他是得不到治理卫国的机会的。《论语》的记载是：

　　　　冉有曰："夫子为卫君乎？"子贡曰："诺，吾将问之。"入，曰："伯夷、叔齐何人也？"曰："古之贤人也。"曰："怨乎？"曰："求仁而得仁，又何怨？"出，曰："夫子不为也。"④

---

① 《论语·宪问》：子言卫灵公之无道也。康子曰："夫如是，奚而不丧？"孔子曰："仲叔圉（音 yǔ）治宾客，祝鮀治宗庙，王孙贾治军旅。夫如是，奚其丧？"
② 《孟子·万章下》 "万章问曰敢问交际何心" 章。
③ 《论语·子路》 "子路曰卫君" 章。
④ 《论语·述而》 "冉有曰夫子为卫君" 章。

【伯夷和叔齐兄弟二人，是古代的道德模范。他们本是君位继承人，却因为相互礼让君位而一同隐居世外。后又因为劝止周武王以臣代君无果，决定不食周粟，饿死在晋地的首阳山。】

政治眼光敏锐的子贡，以委婉的方式一下子就探清了孔子对卫国形势的准确判断以及孔子对于在卫国从政的前景预测，结论是，孔子不可能在卫国从政。伯夷、叔齐认为"仁"的原则高于一切，身死而不怨。同样，坚持"仁"的孔子，又怎能在不仁的卫国得到理想的从政机会呢？

齐、楚之间

据《史记·孔子世家》的说法，在周游列国后期，离开卫国的孔子曾有过奔赴晋国的举动。但是，当孔子一行人走到黄河岸边时，却听到了晋国当政的赵简子杀死两位大臣的消息。这两位大臣是窦鸣犊和舜华，他们曾是赵简子夺得晋国大权过程中的功臣，但在赵简子的权力稳固之后，却因为不赞成赵简子对待晋国公室的强硬态度而遭到赵简子的杀害。孔子认为这是两位贤臣，甚至与孔子的政治思想方向一致。于是，孔子马上就推断出，他一旦去了晋国，也不会有什么太好的结果，所以"临河而叹"之后离开了黄河南岸，继续在中原各国周游。

【山西太原"窦大夫祠"是历代纪念晋国窦大夫的地方，至今拜祭者不断。】

此次周游列国中的孔子也曾去过齐国，只是昔日曾与孔子有过思想交流，甚至一度还对孔子有过好感的齐景公年事已高，更不敢任用比以前更加坚持原则的孔子了。《论语》载云：

齐景公待孔子，曰："若季氏，则吾不能，以季、孟之间待之。"曰："吾老矣，不能用也。"孔子行。①

齐景公去世时，孔子六十二岁，这时候的孔子正处在进与退的分水岭上。总的来说，孔子还是认为自己的治国之道足可以平治天下，而齐景公却把它与鲁国的"三桓"做比较，这不能不使孔子大失所望，

【孔子的"西河返驾"是他一生的憾事，也是晋地的憾事。孔子一向关注晋国发生的事情，但仅一河之隔却始终未能踏足晋地。这大概就是历史。】

---

① 《论语·微子》"齐景公待孔子"章。

只能以"吾老矣"做体面的退场。

《史记·孔子世家》又说孔子在陈国待过三年，而《论语》确有"子在陈"①和"在陈绝粮"②的记载。孟子认为，孔子"主司城贞子，为陈侯周臣"③，曾在陈国做过陈怀公的儿子陈侯周的家臣。但此时晋、楚争霸，夹在中间的陈国尚且自顾不暇，想来亦未必有"为东周"④的余地，这也从客观上拒绝了孔子的思想。另外，孔子虽然不是陈国的正式官员，但根据《论语》的记载，陈司败⑤即陈国的一位高官还曾故意为难孔子，说明孔子在陈国的短暂而非正式的从仕也并不顺利。

在宋国，因为有司马桓魋的反对⑥，孔子也未能有所作为。至于蔡国，处在吴、楚之间，亡国之日迫在眉睫，肯定不是孔子合适的从政之地。

曾给过孔子一线希望的也许是楚国。楚国是当时的强国之一，因

【孔子遭遇到的"宋人伐木"，是说宋国的那位反对孔子思想的司马，虽未敢从肉体上消灭孔子，却以伐倒那株孔子曾在树荫下讲学的树木来发泄其愤怒。】

① 《论语·公冶长》"子在陈"章。
② 《论语·卫灵公》"在陈绝粮"章。
③ 《孟子·万章上》"万章问曰或谓孔子"章。
④ 《论语·阳货》"公山弗扰以费畔"章。
⑤ 《论语·述而》"陈司败问"章。
⑥ 《论语·述而》：子曰："天生德于予，桓魋其如予何？"

而，这里亮起的希望之光尤使孔子兴奋不已。据《左传·哀公六年》记载，楚昭王有病，卜人占卜的结果是："河为祟。"认为是河神在作怪。但楚昭王却并没有去祭祀河神。大臣们请求用郊祭来替代，楚昭王也不接受，并说："不谷虽不德，河非所获罪也。"孔子因此而对楚王大加赞赏："楚昭王知大道矣。其不失国也，宜矣！"显然，孔子对昭王之政是抱有好感的。而当楚昭王闻知孔子在陈、蔡之间时，特地派出使者，聘请孔子访问楚国。可是，楚国的令尹子西却以现实政治家的姿态力劝楚昭王，备陈任用孔子的危害①。结果，犹豫不定的楚昭王在未见到孔子前就去世了，致使孔子失去了最后一次令他神往的从政机会。

【"子西沮封"阻止孔子仕楚，尽管可信度并不是很高，却同样是现实政治家难以容忍孔子思想的一种表现。】

孔子的治世之道并不是要解决迫在眉睫的具体的社会问题，而是需要在一个相对安定的社会中，并需要相对较长的时间，对社会进行

① 《史记·孔子世家》。

根本性的道德培育，最终使社会走上良性循环的发展轨道。但是，在孔子时代，天下大乱日胜一日，到孔子六十多岁时，更是无一邦国能够得以安生。从地域上讲，孔子之道又容易在较小的国度得以实行，但当时的中原诸小国自存尚且不暇，又焉能谋划根本之治。所以，种种制约的结果，不能不使孔子重新思索其政治思想的现实性。

◎ 第二节 天命观念的消极转变

孔子由于五十多岁时曾有过短暂的从政辉煌，所以，他在那时更倾向于天命所昭示的积极的方面。但不幸的是，从长期流亡中的遭遇来看，似乎天命的运作方向悄然发生着改变，当然是向着大势已去的方向。无论孔子多么不希望如此，但事实毕竟是事实。假如天命真还有一丝"将降大任"的意味的话，为什么君主们都不愿意委孔子以大任，反而将重要职位都给了他的弟子呢？而孔子的从政弟子如冉求等人，又为什么不能贯彻孔子的政治理想呢？这无疑是说，孔子的政治追求，不仅无法由他本人实现，而且也不会有人继承下去。所有这一切，都不能不使孔子对天命的认识有所改变。

消极思想的发生

孔子一生的思想发展，与他的遭遇相伴随，是有一个过程的，并且这个过程是有起伏的。如上所述，孔子六十多岁时的思想变化，在总的趋向上明显不同于以前，这就是与天命的消极转向相关联的消极思想的发生。忽视孔子思想的这一倾向将无法理解他晚年的言行，也无法把握他的整个思想。

这种消极思想的发生，虽然与他的年老体衰有关，但最主要的原因当是他政治追求中一连串的挫折和失败。孔子的志向是从政，用他所定义的礼法来整治天下之乱。孔子最想做的是政治家，而不是教育家或学者。当孔子意识到自己一生汲汲追求的目标离他越来越远，并且发展到近乎完全消失的时候，他的心情会是何等的沮丧。孔子曾对颜回说："用之则行，舍之则藏，唯我与尔有是夫！"[1]这样的言语，已经证明他是在寻求自我安慰、自我引退之路了。

在流亡途中，有一次，孔子让弟子们谈谈，如有君主知用他们时，他们会有何作为。子路抢先回答，说要增强国家军力，冉求要发展经济，公西华则只希望做个完成宗庙之事的小相。对于这些回答，孔子或表示反对，或不置可否。最后，曾点的想法是："莫（暮）春者，春服既成，冠者五六人，童子六七人，浴乎沂，风乎舞雩，咏而归。"孔子听罢，叹息道："吾与点也！"[2]曾点的回答看上去虽有些答非所问，但很可能是他已经看出了孔子的心思，于是就干脆否定了孔子的从仕追求，从旁劝说孔子早日放弃整治天下这一不现实的想法。而孔子的赞成态度，无疑是意味深长的。

【孔子一行人周游列国的现代群塑，虽不乏夸张和失实之处，但也表现了一种强烈的奋发精神。】

① 《论语·述而》"子谓颜渊"章。
② 《论语·先进》末章。

四子侍坐
子路曾皙冉有公西
华侍太子四束杂言
周志三子以宽狂循
相封犹有春风沂
水之趣夫子惟然唤
四吾与点也

【曾点在「四子侍坐」时表达出的飘逸
风度，为历代失意之士所推崇，可惜
这幅图画的表达力却显得太呆板了。】

隐居之士的劝说

在孔子政治思想步入彷徨的阶段，周游列国沿途遇到的隐士也给
了孔子极大的思想触动。楚国狂士接舆从孔子身旁经过时吟唱道："凤
兮，凤兮，何德之衰？往者不可谏，来者犹可追。已而，已而，今之
从政者殆而！"[1]一方面提醒孔子当前的从政者已经无可救药，同时
告诫孔子不要再做无谓抗争。又有隐士长沮、桀溺教训子路说，与其
追随孔子"避人"，不如跟他们一起"避世"[2]。换句话说，这个世
道已经出了不可逆转的根本问题，所有的当权者都不可能遵循孔子的
主张。在卫国，又有不知名者劝告孔子道："莫己知也，斯已而已矣。
深则厉，浅则揭。"[3]劝说孔子直面现实，随时而变。

上述隐士们劝告性的批评都是一针见血的。它们既指出了孔子政
治思想的不切实际，也毫不客气地告诉孔子，这样做下去的最终结果
肯定是一无所获。这样的劝说和批评，虽然孔子表示不能接受，但却
不可能不对孔子的内心产生相当大的触动，也不可能不使他做出一定

---

① 《论语·微子》"楚狂接舆"章。
② 《论语·微子》"长沮桀溺"章。
③ 《论语·宪问》"子击磬"章。

【《圣迹图》「适卫击磬」和「楚狂接舆」等所描摹的场面虽然不够生动真实，但也能够反映出后人对于孔子这段经历的肯定，也提醒我们宜对此进行更深入的分析和理解。】

的反应。孔子不时地自我安慰，并告诉弟子们，他之所以继续坚持，并不是他很固执，而是天下的无道确实需要有人去担负起加以改变的责任。但是，无情的现实并不能有效地证明孔子观念的正确性。正如一些有识之隐士指出的，孔子是"知其不可而为之"①，"无乃为佞乎"②。这样的结论既道出了孔子一生政治奋斗的悲剧色彩，也在实际上形成了对孔子政治思想的不断冲击。

---

① 《论语·宪问》"子路宿于石门"章。
② 《论语·宪问》"微生亩谓孔子"章。

避世思想的表述

由于与现实政治不可调和的矛盾，以及外界人士和弟子们的劝说，孔子思想在其周游列国的后期终于出现了新的倾向。孔子说："饭疏食，饮水，曲肱而枕之，乐亦在其中矣。不义而富且贵，于我如浮云。"① 这种境界，在他前半生的奋斗中是难以想象的。曲肱而枕，完全是一幅隐士的画像。孔子甚至无可奈何地表示："道不行，乘桴浮于海。"② 还打算到夷蛮之地去居住③。 他又盛赞伯夷、叔齐等"逸民"是"不降其志，不辱其身"④，这是典型的中国政治隐士的操守。《论语》载云：

叶公问孔子于子路，子路不对。子曰："女奚不曰，其为人也，发愤忘食，乐以忘忧，不知老之将至云尔。"⑤

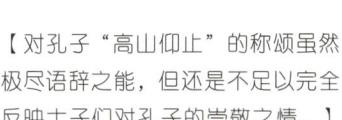

【对孔子"高山仰止"的称颂虽然极尽语辞之能，但还是不足以完全反映士子们对孔子的崇敬之情。】

【春秋楚国青铜器"虎纹鼓座"生动反映了楚国的尚武精神和进取意识。】

与楚国大臣叶公的对话，发生在孔子与楚昭王失之交臂之后。在孔子与叶公的这番对话中，我们明显看到，孔子晚年的表现之一，就是用隐士的快乐忘却不仕的烦忧，将无限的失望遗弃在时间的长河之

---

① 《论语·述而》"子曰饭疏食"章。
② 《论语·公冶长》"子曰道不行"章。
③ 《论语·子罕》："子欲居九夷。"
④ 《论语·微子》"逸民"章。
⑤ 《论语·述而》"叶公问孔子于子路"章

中。《论语·阳货》记载：

> 子曰："予欲无言。"子贡曰："子如不言，则小子何述
> 焉？"子曰："天何言哉？四时行焉，百物生焉，天何言哉？"

这显然与他一向坚持的"述"[1]的精神格格不入，与他此前时期
四处奔走、劝君说臣的行动也很不一致。这时候的天命是什么呢？天
已经给人安排好了一切，人之遭遇，如同四季与万物一样，自有其规
律，人要想生存，只能适应而不能违背。

在另外一个场合，还是子贡：

> 子曰："莫我知也夫。"子贡曰："何为其莫知子
> 也？"子曰："不怨天，不尤人。下学而上达，知我者其
> 天乎！"[2]

此时此刻，孔子只希望上天能够明白他的心思、知晓他的行为就
可以了。至于说他还能做些什么，似乎并不是他所关心的。显然，天
在这里的积极意义并无多少。说到命，西汉大儒董仲舒的一段总结颇
可说明孔子此时的境况：

> 颜渊死，子曰："天丧予。"子路死，子曰："天祝
> 予。"西狩获麟，曰："吾道穷，吾道穷。"三年，身随
> 而卒。阶此而观，天命成败，圣人知之，有所不能救，命
> 矣夫。[3]

如果天命的真义是"有所不能救"，这可不是孔子五十多岁在鲁

---

① 《论语·述而》："述而不作。"
② 《论语·宪问》"子曰莫我知也"章。
③ 《春秋繁露·随本消息》。

国从政时的心境和追求。那时的孔子倾向于认为自此而后天下之事"无所不能救",很难想象会有"天丧予"和"天祝予"之类的呼喊。

总而言之,"天命"这个充满神秘主义色彩的观念,在很大意义上是指示孔子政治思想和政治前途之盛衰进退的征兆仪。如果说天命曾经给过孔子积极向上的促进,而如今,天命已经成为他消极退让的借口和庇护了。在回归鲁国的途中,当孔子一行人经过一条河流时,孔子说道:"逝者如斯夫,不舍昼夜。"① 此前孔子的一切理想和追求,特别是政治上的坚持,如同湍流不息的河水,日夜不停,一去不复返,无法用人力挽回了。这可能并非追悔之词,但却无疑是伤感之叹。一位自东自西、自南自北匍匐以救世的老人,留给自己的恐怕只是无可奈何了吧。回到鲁国后,孔子甚至如此了结他一生的政治追求,"凤鸟不至,河不出图,吾已矣夫!"② 由于他的政治追求没有任何出现转机的迹象,所以,孔子认为他的政治追求已经到了山穷水尽的地步了。孔子最后对自己的安慰是:"贤者辟(避)世,其次辟(避)地,其次辟(避)色,其次辟(避)言。"③ 很明显地把避世放在了首位,

【孔子『在川观水』后的概叹,很多人理解为劝人珍惜时光,但这样的理解未免太过肤浅。逝去的一切如流水,不可更改,不可挽回,故尔只能面对。】

---

① 《论语·子罕》"子在川上"章。
② 《论语·子罕》"子曰凤鸟不至"章。
③ 《论语·宪问》"子曰贤者辟世"章。

正表示孔子已经决定完全不去追求现实政治中的成就了。

"六十而耳顺"的实质

通过以上分析可知，孔子所谓的"耳顺"，正是他对六十岁之后所见所闻的一种内在反应。在这十几年的流亡生活中，耳闻目睹不能使孔子"顺心""顺耳"。但是，这种不"顺"，只是六十岁之前的孔子的反应。在他六十岁之后，内心深处已知希望渺茫。这样一来，什么样的言语他能听不进去？什么样的事情他又能看不下去呢？当权者的委婉拒绝，反对者的指责，隐士的劝告，同情者的怜悯，甚至弟子们的艾怨，孔子都能理解。所以，孔子认为他此时已经"耳顺"了。

不过，孔子的"耳顺"境界毕竟不同于后来道家的作为，虽然乍看上去二者很相似。特别是以庄子为代表的道家思想，从根本上就对政治现实采取批判和不合作的态度，而孔子儒学则只批判所谓的"无道"之世。孔子虽然无望于现实政治，但他并不认为政治从根本上是不可接近和不必参与的。因此，他在表述消极思想的同时，还不时地表态："苟有用我者，期月而已可也，三年有成。"① 对现实政治还是有一份恋恋不舍之情。这是中国古代知识分子在专制政治压制之下

【"仰之弥高"是弟子颜回对孔子的景仰之辞，此图所示是武夷山中的一处摩崖石刻。】

---

① 《论语·子路》"子曰苟有用我者"章。

悲凉生活的写照。要坚持自己的政治原则，到头来只能是引身而退，在退的同时，又随时做着进取的准备，尽管他们明知这种进取的机会是渺茫而不可企及的。

◎ 第三节 曾子、有子的思想贡献

进入"耳顺"之年的孔子，由于政治前途日渐暗淡，很自然地就把更多精力放在收徒授学之上，这就为后进弟子大量进入孔门提供了机会。这一时期的弟子，与孔子的追求相一致，也更多地在道德学问和修身做人上面下功夫，最终出现了像曾子和有子这样的颇有思想建树的弟子，特别是曾子，更是形成了特色鲜明的思想学派。

孔子的后进弟子曾子和有子，都是孔门中的后起之秀，并且此二子有许多共同之点。在孔子所述"孔门四杰"中，都没有此二子的名字。他们在《论语》中的言论都不乏高明之处，但孔子与他们面对面的交流却并不多，特别是孔子与有子，索性就没有正面交流的记载。他们二人都没有过从政经历，但在《论语》中都被以"子"相称，说明他们都以学术和思想追求为使命，并且他们的后学都参加过《论语》的整理和补充工作。虽然他们的思想取向并不一致，但他们的思想贡献却是有目共睹的。

曾子在孔门的地位

孔子弟子中有曾氏父子二人，即父亲曾晳和儿子曾参。曾晳名点，《论语》中仅有一见，也有人因此而怀疑他的弟子身份。他在《论语》中的一段言语有豪放不羁之嫌，就有人认为他是道家虚托的人物或当

【曾点和曾参父子二人，与颜路和颜回一样，父子同学于孔子，形成孔门之中的另一道风景。】

时避世狂士，如长沮、桀溺之属。这些疑问虽然有一定道理，但结合孔子和孔子弟子当时的实情，以及其他典籍的记载来看，曾皙恐怕还应该是孔门中人。

曾参字子舆，少孔子四十六岁，鲁国南武城人，后世尊称为曾子。《阙里志》认为曾子是夏朝封于鄅地的少康子曲烈的后代，这个家族春秋时被莒国灭亡，流亡至鲁国，沦为贫民。《阙里志》又称"曾子弊衣以耕"，可见其出身与孔子大有相似之处，故能倾心于文化教育事业。曾子是孔门的后进弟子，从年龄上看，应该是孔子六十岁以后招收的年轻弟子。《史记·仲尼弟子列传》云："孔子以为能通孝道，故授之业，作《孝经》。死于鲁。"孔子晚年评价弟子时有四科之分，其中并无曾子，可见曾子到而立之年时仍无太大的成就。孔子曰："参也鲁。"① 这是说曾子资质鲁钝，天资较差。但是，因为他能下苦功，加之寿数较长，所以在孔子去世后亦逐渐成名于天下。《论语》云：

　　子曰："参乎，吾道一以贯之。"曾子曰："唯。"
　子出，门人问曰："何谓也？"曾子曰："夫子之道，忠恕而已矣。"②

---

① 《论语·先进》"柴也愚"章。
② 《论语·里仁》"子曰参乎"章。

后世儒生，特别是宋儒，即以此次对话为根据，认定曾子可做孔学之传人。其实，孔子之所以强调"一以贯之"，可能是因为天资鲁钝的曾子之为学过于支离破碎，所以才要求他必须确立一个思想的主干。正因为孔子批评得当，曾子也才以"唯"来应。所以，孔子"一以贯之"的要求，与曾子能不能够做孔子学说的传人，是不同的概念。《论语》又称曾参为"子"，因此人们认为曾子及其门人肯定参与了《论语》的编纂。不过，从曾子在《论语》中的表现来看，曾子在孔子去世后确实有以传

【这个"忠"字，据说是大儒朱熹所书。忠恕之道，讲求待人待己，忠道更是其灵魂。】

人自居的举动。比如，曾子自称"士不可以不弘毅，任重而道远"，[1]承传夫子之学显然是这种弘毅精神的一个方面。另外，孟子认为曾子之学传与孔子之孙孔伋，即子思，然后被孟子所接续。从现存的有关曾子、子思和孟子的著作来看，这条发展线索基本上是能够成立的。

子思其人其事

唐宋以来，儒家学者们逐渐形成一种共识，即认为先秦儒学最终形成了从孔子到曾子、子思和孟子的所谓一脉相承的"道统"，然后经过了汉代儒生，如董仲舒、扬雄等人努力，到唐朝被王通、韩愈等儒家思想家所继承，直到宋明理学和清代实学，儒家思想形成一个完备的发展体系。当然，儒家的这种"道统"意识，从唐朝学者韩愈公开主张之始，就有学术以外的目的，主要是为了与佛教和道教思想争夺意识形态的主导地位而提出和强调的。先秦儒学的发展固有其线索，

---

[1] 《论语·泰伯》"曾子曰士不可以不弘毅"章。

但这种线索是学术的而不是政治的，是集体的而不是个人的，是自然的而不是安排的。

《孟子》主张曾子传承孔子之学，子思学于曾子，孟子尊崇曾子和子思，这明显是想在孔子和孟子之间建立起思想联系。到唐宋以后，儒家学者们还是提出了"曾思之学"和"思孟之学"的说法，这无疑为我们研究孔子弟子提出了一个重要课题。但是，在战国时期，至少儒家之外的人士还是认为曾子、子思和孟子分别形成三个不同的儒家思想的派别。如前所述，战国末期的韩非子就认定儒家有子思、孟氏和乐正氏之儒，而乐正氏正是曾子之学的传人乐正子春。

《史记·孔子世家》云："伯鱼生伋，字子思，年六十二。"伯鱼是孔子之子，子思是伯鱼之子。关于子思的记载最早见于《孟子》。孟子说："昔者鲁缪（穆）公无人乎子思之侧，则不能安子思。"① 鲁穆公于公元前 407 年至前 376 年在位，此距孔子辞世已有六十余年。孔子二十岁娶妻，次年生伯鱼。《史记·孔子世家》又云伯鱼五十岁而卒，则伯鱼最晚卒在前 481 年。子思即使生在伯鱼之卒年，亦难以与鲁穆公谋面，更谈不上什么任用了，可见《孟子》的说法是不足全

【位于山东邹城的孟庙，虽无法与曲阜孔庙相提并论，却也是儒家文化的重要圣地。】

① 《孟子·公孙丑下》"孟子去齐宿于昼"章。

信的。谈到子思与鲁穆公见面的尚有《礼记·檀弓》，但《檀弓》又载柳若谓子思云："子，圣人之后也，四方于子乎观礼。"这种比较夸张的说法也不太符合春秋战国之际的情形，所以，《檀弓》关于子思的其他记载亦受到怀疑。

【关于孔子之孙孔伋（子思）的生平研究和思想定位，尚有太多的工作需要去做。】

那么，孟子为什么要抬高子思呢？这是因为孟子有着强烈的道统意识，希望在当时的百家争鸣中提高儒家的地位。《孟子》言"曾子、子思同道"①，言语之间又有孟子颇为亲近、景仰子思之意，这样便有意无意地建立起了孔子—曾子—子思—孟子的线索，后经唐宋儒者的利用，竟至产生了曾思、思孟学派。其实，同道与师承是不一样的。所以，倘若子思果真是有道之人，则其思想更可能是直接得之于孔子。然而，在比较可靠的孔子言论中，又从未提及子思其人，这就使得子思的情形更加复杂了。

另外，《礼记·檀弓》又云：

> 曾子谓子思曰："伋，吾执亲之丧也，水浆不入于口者七日。"子思曰："先王之制礼也，过之者俯而就之，不至焉者跂而及之。故君子之执亲之丧也，水浆不入于口者三日，杖而后能起。"

显然，从子思的口吻中可以看出，子思不仅不把曾子做师长看待，亦没有同道的意味，那么，此二子何能形成一派呢？

---

① 《孟子·离娄下》。

说到子思的思想学说，历来的争论之点在于子思和《礼记·中庸》的关系。《史记·孔子世家》云："子思作《中庸》。"但未有进一步的说明，这就引起了后人不断的争论。现存《礼记》中有《中庸》一篇，宋儒朱熹等坚持认为就是司马迁所说的子思所作《中庸》，并传至孟子。但是，清代学者崔述却认为，从语言风格和思想内容上看，《礼记·中庸》应该在《孟子》之后。崔述的理由之一是，《孟子》中引用孔子的言语时，总是说"孔子曰"。但是，《孟子》之中与《中庸》同文的地方，却从来没有"子思曰"的字样。如果《中庸》在《孟子》之前，孟子本人又是那么推崇子思，孟子是不会不强调"子思曰"的。

另外，《中庸》之中也有"今天下车同轨，书同文，行同伦"之类的文字，这是秦国统一天下以后的说法，不太可能是出现在孔子之后不久的观点。因此，近代以来颇有学者又持两可之论，认为《中庸》之中有子思的原作部分，也有后人增补的部分。20世纪末，在湖北省发掘出土的"郭店竹简"中，有一些儒家思想倾向的文献，这些文本在文字上颇与一些汉代文献有相同之处，其中就包括有《礼记》的内容，甚至还有子思与鲁穆公的对话。尽管置存"郭店竹简"

【江西庐山白鹿洞书院中的朱熹塑像，展现的是一位学者的形象。朱子也曾经一生求仕，但对古代中国的影响却集中表现在对思想文化的重新整合上。】

的墓葬年代稍晚于孟子时代，上述竹简文献中也没有与《中庸》相同的文字，但还是有学者因此而进一步肯定了子思与《中庸》的密切关系。

子思的生平，除了《孟子》和《礼记·檀弓》所述之外，西汉刘向所编《说苑·立节》云，子思"居于卫，缊袍无里，二旬九食"，显然也曾经历过相当困顿的生活。《吕氏春秋·审应》记载：

> 孔思请行，鲁君曰："天下主亦犹寡人也，将焉之？"
> 孔思对曰："盖闻君子犹鸟也，骇则举。"鲁君曰："主不肖而皆以然也。逆不肖，过不肖，而自以为能论天下之主乎？"

此处的鲁君（未明言"鲁穆公"）对子思的反诘之语虽然正中孔子政治思想的要害，但似乎也并未因此而能够说服子思改变立场。很显然，子思的政治主张和操守与其先人孔子是一致的。他们的政治理想不会因为当世君主的态度而改变，在原则问题上甚至不能做出些微的调整。所以，当我们研究和了解子思之时，与其在他与《中庸》的关系上纠结不清，还不如直接面对他的政治表现；与其一定要把他放在"道统"之中，还不如更全面深入地思考他充满理想主义情素的政治思想。

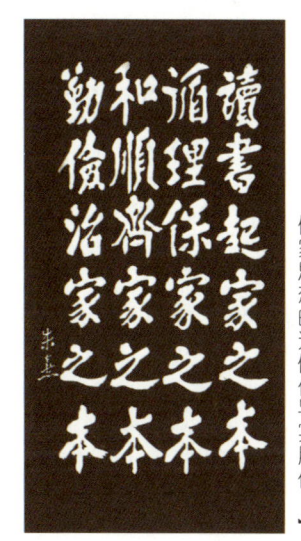

【朱熹撰书的治家格言，是传统儒家思想的通俗化与实用化。】

曾子的君子之行

在现存孔子弟子史料中，曾子及曾子一派所占比重较大，这无疑与孟子对他们的推崇有关。曾子生性鲁钝，入孔门又晚，成才也较晚，他的思想发展以稳健著称。这种特征虽然利弊皆含，但从对孔学的推进来看，曾子不能不说是一位有创建性的弟子。

　　曾子既不是颜回那样的学才，又不是子贡那样的辩才，更不是冉求那样的干才，他的稳健主要表现在"行"的方面。特别是在日常行为方面，他的君子之行在孔门之中是颇具特色的。曾子对自己的要求是："吾日三省吾身：为人谋而不忠乎？与朋友交而不信乎？传不习乎？"① 这种"能近取譬"② 的修身功夫，显然是孔学的内容。但是，在孔子那里，君子之行的最高境界是落实道德之"仁"的要求，而曾子心目中的君子却是"以文会友，以友辅仁"③，将"仁"的高标准落实到了人的日常交往之中。事实上，曾子君子之行的特点也就在于他将孔子抽象的教条变得很具体，虽然并未越出孔子的指示方向，但规模却明显要小一些，也更注重于实际运用。比如，孔子讲"不在其位，不谋其政"④，曾子就讲"君子思不出其位"⑤，由"谋"降低到了"思"。孔子又说："君子坦荡荡"⑥ "君子不忧不惧"⑦，曾子却在病重之时召门弟子说："启予足，启予手！《诗》云：'战战兢兢，如临深渊，如履薄冰。'而今而后，吾知免夫！"⑧ 这与孔子相比，在气魄上要逊色不少。

　　正因为曾子对自己的一言一行有着近乎苛刻的要求，以至于他的后学几乎有走向道家者流极端重视自身的倾向。《大戴礼记·曾子之事》云："君子见利思辱，见恶思诟，嗜欲思耻，忿怒思患。君子终身守此战战也。"显然与孔子豪迈的气势不可同日而语。所以，我们不得不说，无论在任何情势的社会中，严格要求自身固然重要，但由此发展到极端看重自我生存的地步，就会生出种种弊端。一方面是可能束缚个人应有的创造性，再一方面也可能使人丧失其应有的社会责任。

　　根据《论语》所云，曾子未有过从政经历。显然，从他的思想和

① 《论语·学而》"曾子曰吾日三省吾身"章。
② 《论语·雍也》末章。
③ 《论语·颜渊》末章。
④ 《论语·泰伯》"子曰不在其位"章。
⑤ 《论语·宪问》"曾子曰"章。
⑥ 《论语·述而》"子曰君子坦荡荡"章。
⑦ 《论语·颜渊》"司马牛问君子"章。
⑧ 《论语·泰伯》"曾子有疾"章。

为人来看，很难想象他能够生存在政坛上。但是，缺乏实际的从政经历却并不妨碍曾子对于现实政治的批判性认识，《论语》云：

> 孟氏使阳肤为士师，问于曾子。曾子曰："上失其道，民散久矣。如得其情，则哀矜而勿喜。"①

这是说，曾子弟子阳肤被任用为鲁国的法官，曾子对他的上任叮咛是，作为法官，即使是抓获了真正的罪犯，也要以"哀矜而勿喜"的态度对待之。因为在上者不行正道，人民的行为也就失去了应有的约束。所谓"哀矜而勿喜"，是说虽然罪犯应该受到惩罚，但却不要

【"廉"、"节"二字，据说也是朱子所书，是对从政者的要求。】

认为抓获的犯人越多越好，定罪的犯人越多越有政绩，因为有太多的罪犯是"失道"的社会所逼。曾子的这种深沉的社会批判精神，是典型的孔子儒学的政治风骨，也是其君子之行的政治表现。

曾子的孝行和孝论

曾子的另一思想成就是对孔子"孝"论的继承和发扬。孔门弟子以孝闻名的很多，闵子骞便是其中的一位。② 不过，曾子之孝与其他弟子有所不同，他不仅有极端的孝行，而且还有独到的孝的理论，并使之成为其后学的主要特点。

《新语·慎微》云："曾子孝于父母，昏定晨省，调寒温，适轻

---

① 《论语·子张》"孟氏使阳肤为士师"章。
② 《论语·先进》"子曰孝哉"章。

重，勉之于糜粥之间，行之于衽席之上。"《论衡·感虚篇》又云："曾子之孝，与母同气。"对父母的体贴，已经到了具有一定的神秘性的所谓心灵感应的地步。这些说法虽有一些汉代学者固有的夸张笔调，但曾子之孝的影响，却无疑是巨大的。

以上种种，不仅说明曾子等人有着过人的孝行，也说明孝的教育在孔门中占据着很重要的地位。孔子的另一位弟子有若称："孝弟（悌）也者，其为仁之本。"①认为孝是仁道的基础。孔子本人亦多强调孝的意义，但是，对于孝的确切含义，孔子如同对待其他概念一样，并未有过全面的论述，只是针对具体情况进行解说。

在孝的问题上，由于痛感当时社会中以下凌上的风气日盛，孔子不免多强调一些下对上的敬重和义务，但孔子并不认为上对下就可以为所欲为，比如说，孔子就认为"臣事君以忠"的前提是"君使臣以礼"②。然而，鲁钝的曾子似乎并未完全领会孔子的深意，或者说，他为孔子所强调的孝行的现实表现所困惑，倾向于片面强调父子关系中子对父的义务。《论语》载曾子语云：

> 吾闻诸夫子：人未有自致者也，必也亲丧乎！
> 吾闻诸夫子：孟庄子之孝也，其他可能也，其不改父之臣，与父之政，是难能也。③

【朱子所书"孝"字及其变体。儒家思想对社会生活的影响，集中体现在孝道及孝行之中。】

---

① 《论语·学而》"有子曰其为人"章。
② 《论语·八佾》"定公问"章。
③ 《论语·子张》"吾闻诸夫子"章。

　　当然，孝的本义，就是子对父应尽的责任和义务。但是，在曾子思想中，所谓"父之臣"和"父之政"明显是不能置疑的，所以，亲人离世之后，孝子的"自致"，也就是不惜以死尽哀的表现也就在情理之中了。《吕氏春秋·孝行》又载曾子语云："身者，父母之遗体也。行父母之遗体，敢不敬乎？"这样一来，子的一切行为都与父母的利益联系了起来，以至于"一举足不敢忘父母，一出言不敢忘父母"[1]。显然，做人如此，已经完全消除了个体存在的意义。

　　原初儒家孝道的重要意义之一是将孝与忠相联系。有若就说："其为人也，孝弟而好犯上者，鲜矣；不好犯上，而好作乱者，未之有也。"[2]认为孝子虽然不一定就是忠臣，至少亦绝不会是叛逆之臣。到了曾子那里，则是明确提出了"事君不忠，非孝也"[3]等主张，把事君看成了孝道的归宿，明确地把修身与社会和政治责任连成一线。显然，曾子一派的这种思想，与中国古代专制社会利用封建伦常关系维持社会安定的理念是大有关系的。

【"本"的本义是树根，是来源的意思。人的个体来源是父母和祖宗，儒家的"报本"就是要报答父母的生育和养育之恩，这是一切道德的基础和来源。】

　　总之，曾子之学的流弊是很明显的。曾子对君子的严格定义，固然有助于个人道德情操的增进，特别是知识分子不屈服于政治压力之精神的培养，但是，这种精神中所缺乏的社会批判意识，显然有着对

---

① 《大戴礼记·曾子大孝》。
② 《论语·学而》"有子曰其为人也"章。
③ 《大戴礼记·曾子大孝》。

社会事务不负责任的弊端，特别是在乱世，表现得尤为引人注目。曾子对孝道的系统阐述和认真强调，虽然有利于社会稳定、家庭和睦，但它对于中国古代专制政治的非良性的助长也是不容忽视的。并且，以上两方面的共同缺点，更是对个人创造性的限制。这些思想，虽然有着孔学的渊源，但又明显不等同于孔学，值得后人深思。

有若其人及其政治观

在表现孔子儒学的政治风骨方面，孔子弟子有若也有与曾子相同性质的表现，《论语》云：

> 哀公问于有若曰："年饥，用不足，如之何？"有若对曰："盍彻乎？"曰："二，吾犹不足，如之何其彻也？"对曰："百姓足，君孰与不足？百姓不足，君孰与足？"①

【有若是孔门中有质量的弟子，言语不多，并没有其他表现机会，但其思想却处在早期儒学的关键点上。】

有若在此表述的思想，乍看上去是谈经济问题，实质上却是政治问题。在鲁哀公看来，要想保证自己日用充足，就得加重老百姓的税赋。而有若却看得更深更远。在有若看来，只有百姓日用充足，才会有君主的充足。也就是说，如果百姓都生活不下去了，君主又从哪里去获得满足呢？所以说，像有若这样的对君主的不苟同态度，以及对百姓足用的关切，均表现了他们这类弟子的政治意识。与孔子一样，他们都有明确的政治原则，并且下决心坚持之。

---

① 《论语·颜渊》"哀公问于有若"章。

又因为他们的内心很充实，所以亦能站稳立场，不忧不惧。可以说，他们是那个时代真正有良知的知识分子的代表。

有若字子有，是孔子的后进弟子，也参与过《论语》的编纂工作。从现存《论语》来看，有若是位思想比较成熟的弟子。在《论语》中，有若的言论数量不多，但均有独到之处。《论语》记载有若言论有：

> 礼之用，和为贵，先王之道斯为美。小大由之，有所不行。知和而和，不以礼节之，亦不可行也。①
>
> 信近于义，言可复也。恭近于礼，远耻辱也。因不失其亲，亦可宗也。②

对"和"与"信"的这般理解，具有深刻的辩证思维的特点。虽然"和为贵"，但"和"必须以礼加以节制，否则就容易失去原则，一事无成。而只有符合道义的"信"才应该被履践。这些都是非常深邃的思想，深得孔子思想之精髓。

有若一生的大事之一，是《孟子·滕文公上》上的一段记载。孟子说："昔者孔子没……子夏、子张、子游以有若似圣人，欲以所事孔子事之。强曾子，曾子曰：'不可。'"孟子的说法很模糊，他讲有若"似"孔子，但并未言明"似"在哪里。司马迁以为有若貌似孔子，并有一段精彩的演绎③，但后人大多以为不可信。平心而论，首先，以孔子弟子的修养，必不会有以弟子代替师长地位的作为，倘若仅凭状貌相似就做此决定，则更属荒诞不经。其次，如果一定要说"有若似圣人"，也更可能是在思想高度方面。

---

① 《论语·学而》"有子曰礼之用"章。
② 《论语·学而》"有子曰信近于义"章。
③ 详见《史记·孔子世家》。

曾子后学

《大戴礼记》记载了许多曾子的言行，《礼记·檀弓》也有许多曾子与其弟子交谈的记载。这样的记载虽由曾子一人主讲，但其内容恐怕大多是曾子后学的思想。因韩非子之"八儒"中有乐正氏之儒一派，所以，很可能这一派就是以乐正子春为首的传承曾子之学者。《韩非子·说林下》中的一个故事说，齐国索要鲁国的谗鼎，鲁国送去一个仿造品。齐国不信，指名要乐正子春出来证明其真实性。此可证明，如同当年的子路一样，乐正子春是当时有名的守信之人，这与曾子的君子之行是一致的。有人以为《吕氏春秋·孝行》一篇正是乐正子春之遗教，其中言"凡为天下，治国家，必务本而后末……务本莫贵于孝"，显然亦是秉承曾子之教的。可以说，儒家孝道的流行，与曾子、乐正子一派的努力是分不开的。

《汉书·艺文志》记有"《曾子》十八篇"，今不得见原书。《史记·仲尼弟子列传》讲到曾子时说："孔子以为能通孝道，故授之业，作《孝经》。"而《汉书·艺文志》则说："《孝经》者，孔子为曾子陈孝道也。"不知《孝经》到底是曾子述孔子之意，还是曾子后学表述曾子之说。其实，孔子晚年既不十分看重曾子，则不可能对他有特殊安排。《孝经》成书于战国以后，乃是曾子后学所作，也有可能是他人因曾子一派在孝论上持论颇坚，故托而作之。不过，应该指出的是，《孝经》中的孝道对中国传统伦理观念产生过重大影响，即使是《孝经》托曾子之名而作，也从一个侧面说明了曾子的孝行和孝道对传统文化的重要影响。

孝经传曰 仲尼居曾子侍子 先王有至德要道以 顺天下民用和睦上 下无怨汝知之乎 曾子避席曰参不敏 何足以知之子曰夫 孝德之本也教之所 由生也复坐吾语汝 身体发肤受之父母 不敢毁伤孝之始也 立身行道扬名于后 世以显父母孝之终 也夫孝始于事亲中 于事君终于立身大 雅云无念尔祖聿修 厥德

【在后儒的理想中，孔子生前曾把他的思想分门别类地安排了传承人。其实，与其这样理解，还不如说是传学弟子们各有特色，分别发扬了孔子思想的某些方面而已。『《孝经》传曾』就是『曾（子）传孝道』。】

◎ 第四节　孔门中的激进思想

　　如同所有学术和政治思想流派一样，孔子门下也有种种激进思想倾向的出现，而孔子在政治上的失意和六十岁之后消极悲观思想的表露是孔门之中激进思想出现的主要原因之一。无论孔子的人格形象如何高大，他的修身之道又是如何有说服力，但由于政治思想无法在现实中兑现，不能不使弟子中思想活跃者去思索种种新的思想出路。冉求等人是用行动冲击了孔子的政治思想，而子张和宰予则更多的是从思想上对孔子的政治理念发出疑问甚至挑战。

子张、宰予的学问之道

　　宰予是孔门的先进弟子，而子张则是后进弟子，从现存资料中虽未看到二人的直面交流，但这并不妨碍他们二人在思想上的相似性。在孔子心目中，宰予在言语方面颇有特长，故与子贡同列言语之科；对于子张，则因学问和做人上的好高骛远而未被列入"四科"之中。

颛孙师字子张陈人赠
陈伯

【子张的进取精神，有力促进了孔门晚期"四杰"（子张、子游、子夏、曾子）的思想交流和共同提高。】

《史记·仲尼弟子列传》云："颛孙师，陈人，字子张，少孔子四十八岁。"子张的前辈是陈国贵族，后流亡至鲁，沦为贫民。宰予字子我，鲁国人，生平不详。此二子一生没有过从仕的经历，但对政治却有着急切的关注，子张甚至还有"学干禄"①的举动，向孔子请教如何才能得到从政的机会。针对子张的个性，孔子告诫他要多见多闻，谨慎言行，并且还要有耐性。可见，子张的性子较急，容易冲动。不用说，孔子认为这种性格的人不宜从政，因为子张的冲动与子路不同。子路性情耿直，且乐于见善而从，子张则是心高气傲，目中无人。关于天下政治，子张曾问孔子："十世可知也？"②请教未来十世天下政治的发展方向，于是孔子阐述了自己的"损益"历史观，认为历史的发展是有规律可循的。但是，当宰予请问"五帝之德"时，孔子断然回答："予非其人也。"③干脆打消了宰予的从政念头。这是因为，宰予的言语之能仅仅停留在口头上，与子贡相比，既没有扎实的才能，又缺乏成熟的思考。当然，这也再次证明了孔子对从政所持的谨慎而又理智的态度。

在学问之道上，宰予和子张二人也有共同特点。二人都喜欢博学，但是，在与孔子谈论有关学问之道时，子张的特点是偏于大，宰予则偏于刁，并且都有自以为是的倾向。所以，这两位弟子时常受到孔子的批评。比如说，子张向孔子问行、问善人之道、问明等④，对做人的外在表现方面注重尤多，且都是其他弟子没有问过的问题。《论语》云：

① 《论语·为政》："子张学干禄"章。
② 《论语·为政》"子张问十世可知"章。
③ 《大戴礼记·五帝德》。
④ 《论语·卫灵公》"子张问行"章、《先进》"子张问善人之道"章、《颜渊》"子张问明"章。

　　子张问，"士何如斯可谓之达矣？"子曰："何哉，尔所谓达者？"子张对曰："在邦必闻，在家必闻。"子曰："是闻也，非达也。夫达也者，质直而好义，察言而观色，虑以下人。在邦必达，在家必达。夫闻也者，色取仁而行违，居之不疑，在邦必闻，在家必闻。"①

　　从此次对话中，我们很明显看到了孔子对子张学问之道的委婉批评。闻、达不能区分，暴露出子张之学内在的不足。当弟子们请教问题时，孔子很少反问，但是，孔子早知子张之学的空疏之病，所以才会反问子张，结果一下子就问出了疏漏。孔子讲"虑以下人"，是告诫子张不要自高自傲；孔子又讲"色取仁而行违"，显然是批评子张之学的内外不一。朱子《四书集注·论语集注》中引尹氏之言曰："子张之学，病在乎不务实，故孔子告之皆笃实之事，充乎内而发乎外者。"当是确实之论。

　　宰予的自以为是，与子张在表现上有所不同。《论语》云：

　　哀公问社于宰我。宰我对曰："夏后氏以松，殷人以柏，周人以栗，曰使民战栗。"子闻之，曰："成事不说，遂事不谏，既往不咎。"②

　　宰予的回答显然是极度的简单化，望文生义自不必说，其结论也不符合孔子的教诲。所以，宰予自恃口才的毛病于此可见一斑。孔子对他的批评，表面上看虽然比较温和，只是要求他以后多加注意，但实际上却是流露出了相当的无奈，说明像这样的错误在宰予那里已经习以为常了。仅从《论语》的记载中我们就可以看到，宰予往往自恃口才地做出一些不合乎事理的提问和判断。《论语》云：

---

① 《论语·颜渊》"子张问士何如"章。
② 《论语·八佾》"哀公问社于宰我"章。

宰我问曰:"仁者,虽告之曰:'井有仁(人)焉。'其从之也?"子曰:"何为其然也?君子可逝也,不可陷也;可欺也,不可罔也。"①

宰予的问题是,一位仁者,如果别人告诉他,有人掉到井里了,仁者会跟着跳到井里去救人吗?孔子弟子问仁者众矣,但还没有人设计出如此极端乖僻的例子,似乎还有些为难孔子的意思。可能是孔子也明了宰予之意,知道他不过是想借着问仁显示自己的言语之才,所以也只是正面予以解释罢了。

子张、宰予的激进主张

像子张这样的弟子,虽然出身与孔子相似,但却缺乏孔子那样深刻而广泛的社会实践和阅历,更缺乏对传统文化全面而理性的认识,因而也就没有多少来自传统的压力,以及对于复兴传统文明的使命感。对于宰予,虽然我们对其出身知之甚少,但从他在孔门中的表现来看,也没有表现出对传统文明如孔子般的认同感。所以,对于孔子强调的"周礼",此二子在某些情形下表现出一定程度的不满自在情理之中。从子张、宰予的性格来看,二人均有争强好胜的冲动,当然也不会错过通过对孔子思想表示异议来显示自己的机会。

孔子思想中的欠妥之处当然很多,但其中最明显且又与传统礼仪相联系的是孔子关于"三年之丧"的主张。孔子说:"父在,观其志;父没,观其行。三年无改于父之道,可谓孝矣。"② 所谓"三年无改",后来还发展到停止一切社会活动为父亲守丧三年的要求和做法。试想,三年之内近乎无所事事,无论是思想上还是行为上的,像宰予和子张

---

① 《论语·雍也》"宰我问曰"章。
② 《论语·学而》"子曰父在"章。

这样思想激进的弟子自然是不能认同的。于是，宰予便公开表示反对：
"三年之丧，期已久矣。君子三年不为礼，礼必坏；三年不为乐，乐
必崩。"宰予的结论是，守丧一年也就算可以的了。这种讲求实用的
观点使孔子很恼火，他批评道："予之不仁也！子生三年，然后免于
父母之怀。夫三年之丧，天下之通丧也。予也有三年之爱于其父母乎？"①

理性地来看，与宰予的看法
相比，孔子的观点似乎难以立足。
首先，天下通丧的说法本来就不
确切，即使在孔子时代之前，真
正能做到的人也为数不多。其次，
子女爱戴和怀念父母可以有种种
方式，不一定非要采取守丧三年
的形式。事实上，这样的要求也
会引发适得其反的现象，使不孝

【殷高宗武丁是商朝后期的复兴之主，记载中他有『三年不言』，其实是在静观臣下的表现。只是由于当时借用了守丧三年的形式，便为后儒所津津乐道。】

之子在父母生时不孝，死后去做做样子。再次，如同宰予所担心的，
如果三年守丧期间完全脱离社会，所谓离群索居，势必会影响到一个
人的前途。不过，孔子的着眼点并不在于上述方面，而是更多地看重
了孝道对社会道德建设的重要意义。这样一来，由于角度和关注重心
的不同，孔子偏向于保守的思想就与宰予的激进主张产生了严重对立。

由于是孔门的年轻之辈，子张的怀疑不敢像宰予那样直截了当。
《尚书》有"高宗谅阴，三年不言"之语，指的就是孔子主张的"三
年无改"的观点。子张问孔子，《尚书》里的这句话究竟是什么意思，
言语之间显然有怀疑此事的意思。孔子焉能不明白子张的意思，所以
马上肯定道："何必高宗，古之人皆然。君薨，百官总己以听于冢宰

---

① 《论语·阳货》"宰我问三年之丧"章。

三年。"① 孔门弟子中独有此二人对三年之丧的古礼提出过疑问和反对意见，说明宰予和子张的激进思想倾向确实有着明显的一致之处。

在另外一个场合：

> 师冕见，及阶，子曰："阶也。"及席，子曰："席也。"皆坐，子告之曰："某在斯，某在斯。"师冕出，子张问曰："与师言之道与（欤）？"子曰："然。固相师之道也。"②

鲁国的大乐师来拜见孔子，孔子率弟子接待。乐师是盲人，虽然有陪同之人，孔子还是尽地主之谊，帮助乐师顺利地与主人完成会见。在孔子看来，这是很正常的，而子张则认为有些琐碎甚至多余，于是就向孔子发出疑问，想知道是不是与乐师相见就应该如此招待。不同的是，同样是有疑而问，中规中矩的弟子肯定不会像子张这样发问，不会把自己的疑问提升到"道"的高度。孔子认为子张是"过"③，是"辟"④，就是说他过于激进，过于偏执。当然，孔子说的偏执之意，是说子张总有另立主张的意图。事实上，子张的这种作风或者学风，也受到孔子后进弟子中的杰出人物子夏、曾子和子游等不同程度的反对⑤，可见，子张确实力图形成一套独立的主张，所以也才能在孔子去世后自立一派。

至于宰予之学，不仅未能得到传学的机会，而且他对于学问本身也没有表现出足够的重视。《论语》称"宰予昼寝"⑥，大白天寝卧而眠，不珍视大好的学习时光。对此，孔子先是批评道："朽木不可雕也，粪土之墙不可圬也，于予与何诛？"继而自省道："始吾于人也，听

---

① 《论语·宪问》"子张曰书云"章。
② 《论语·卫灵公》"师冕见"章。
③ 《论语·先进》"子贡问"章："师也过。"
④ 《论语·先进》："柴也愚，参也鲁，师也辟，由也喭。"
⑤ 《论语·子张》"子游曰吾友张也"章、"曾子曰堂堂乎张"章、"子游曰子夏之门人小子"章。
⑥ 《论语·公冶长》"宰予昼寝"章。

其言而信其行；今吾于人也，听其言而观其行。于予与改是。"可见，宰予的言语之能确实是徒具其表的。

子张之学的延续

子张的学问虽不及孔门其他弟子那样扎实，但却因其独特的高度而传于后世。《论语·子张》记载了大量子张的观点，以及子张与同门弟子之间的思想交锋，既表现了孔子去世后孔门后期弟子之间的思想分歧，也彰显了各位弟子不凡的思想成就。具体到子张：

> 子张曰："士见危致命，见得思义；祭思敬，丧思哀。其可已矣。"
> 子张曰："执德不弘，信道不笃，焉能为有？焉能为亡（无）？"
> 子夏之门人问交于子张。子张曰："子夏云何？"对曰："子夏曰：'可者与之，其不可者拒之。'"子张曰："异乎吾所闻。君子尊贤而容众，嘉善而矜不能。我之大贤与（欤），于人何所不容？我之不贤与（欤），人将拒我，如之何其拒人也？"[1]

由此引述，我们可以大略看到子张思想的立意之高远。所谓"见危致命，见得思义"，说起来很容易，但真要做得到，却需要具备宏大的气魄。所谓"执德"和"信道"，也有同样的特性。至于与人交往中的"尊贤而容众，嘉善而矜不能"，那是柔软之中表现刚强的主张。面对子张的如此气势，不仅是明显偏于保守的子夏难以认同，就是灵活性强于子夏的曾子和子游也难以接受。所以，《论语》接着记载说：

---

① 以上见《论语·子张》"子张曰士见危致命"章、"子张曰执德不弘"章、"子夏之门人问交于子张"章。

> 子游曰："吾友张也，为难能也，然而未仁。"
>
> 曾子曰："堂堂乎张也，难与并为仁矣。"①

他们一致认为的子张思想中缺乏的"仁"，就是那种追求心身和谐的宽容与大度。

不过，韩非子"八儒"之分中首列"子张之儒"，可见，到了韩非子时代，尚有子张之儒的思想活动和思想影响，这从一个侧面证明了子张之学特有的韧性。《礼记·檀弓》记载："子张之丧，公明仪为志焉。"又载："子张病，召申详而语之。"《孟子》则说："泄柳、申详，无人乎缪（穆）公之侧，则不能安其身。"②这是在说，子张弟子公明仪和他的儿子申详均是子张之学的传人。

值得强调的是，由于缺乏对"仁"的追求，造成了子张之学的内在不足，并朝着两个极端发展。《大戴礼记·卫将军文子》称子张之行是"业功不伐，贵位不善，不侮可侮，不佚可佚，不敖无告"，这显然是说，子张之儒具有不苟同于现实政权势力，并把仁爱和同情扩展到普通民众之中去的主张。这种精神既表现了子张之儒的激进倾向，也凸显了子张之学的独到之处。然而，在另一方面，到了战国后期，荀子抨击子张之"贱儒"道："弟佗其冠，冲淡其辞，禹行而舜趋。"③说明子张后学终于沦落为只求外表行为的"放浪形骸"之徒，从某种意义上讲，这也是子张之学的必然归趋。

无论如何，宰予和子张的激进思想，不仅在当时对孔学提出了有力的挑战，而且也丰富了先秦儒学的思想。特别是子张之学，尽管有种种不足之处，但它的创新和进取精神，确实不失为孔门中一股生机勃勃的新潮流。

---

① 以上见《论语·子张》"子游曰吾友张也"章、"曾子曰堂堂乎张"章。
② 《孟子·公孙丑下》"孟子去齐宿于昼"章。
③ 《荀子·非十二子》。

第六章

七十而从心所欲不逾矩
——失败与荣耀

在各方面力量共同作用下，孔子六十九时，季氏家族首领季康子终于把周游列国的孔子请回了鲁国。回到鲁国的孔子，作为资深政治家和文化名人受到鲁国上下的礼遇和尊崇。执掌鲁国权柄的季康子视孔子为最有影响力的政治顾问，担任季氏家宰的孔子弟子冉求视孔子为可以不断请教的政治老师，基本成为傀儡的鲁哀公则视孔子为可以倾诉不满情绪的谛听者。这样一来，步入人生第七十个年头的孔子，已经理性地认识到鲁国政治舞台上不会再有他的实际位置了。

在如此形势下，孔子做出了全新选择。一方面，孔子潜心整理古籍，并全力指导那些对于传统文化感兴趣的弟子。另一方面，孔子也利用一些机会，以自己的政治影响力为基础，不遗余力地批评现实政治。这两方面的努力，构成孔子七十岁之后"从心所欲"的主要内容。表面上看去，孔子如此从心所欲的表现，显然是其他人难以企及的，因为他们做不到孔子那样的"不逾矩"。事事随心表达，事事中规中矩，让任何人都奈何他不得。实际上，这并不是说孔子不懂规矩，更不是不守规矩，而是孔子的修养和智慧已经达到了炉火纯青的境界，他的一言一语、一举一动本身就是规矩。

【唐代大画家吴道子所绘孔子像，几乎成为此后历朝历代孔子的标准像，其「先师孔子」的称谓是对孔子的最好定位。】

◎ 第一节　回到鲁国，从心所欲

孔子从周游列国的困苦中终于回到鲁国，是他一生中的重大事件。结束周游列国，回到鲁国安度晚年生活，是孔子政治生涯的正式结束，也是孔子文化教育活动的最后一个高潮的开始。尽管孔子看上去轻描淡写地把他七十多岁之后的生活说成是"从心所欲不逾矩"，但是，其中的辛酸苦辣，其间的内心纠结，又有多少人能够真正理解？当然，不管怎么说，孔子终于回来了。面对孔子的归鲁，也许是有人欢喜有人愁，这就不能不让我们从孔子回归鲁国的诸种原因说起。

归鲁的诸种原因

在十四五年流亡生活的最后几年中，孔子的身体和精神状态已大不如从前，而随从的弟子们，子路、子羔在卫国从政，冉求被召回鲁国做季康子的家宰，余下的弟子大抵也没有几人赞同孔子再游历下去了。《论语》载云：

> 子在陈，曰："归与（欤），归与（欤）！吾党之小子狂简，斐然成章，不知所以裁之。"①

孔子在此所说的"吾党之小子"，就是指他的弟子们。这时候，孔子弟子在地域上至少有两大部分，一部分跟随孔子在外流亡，另一部分则在鲁国国内，当然还有个别弟子在他国从仕。孔子说"吾党之小子狂简"，这些狂放简行的弟子，应该包括追随孔子在外的和留在鲁国的。孔子身边的弟子，比如宰予、子贡和子张等，看到夫子身体

---

① 《论语·公冶长》"子在陈"章。

很差，又常常流露出厌世之情，再加上各国任用他的可能性实在是微乎其微，所以，他们也表现出了不安的情绪，使孔子不得不认真考虑回国的决定。而留在鲁国或回到鲁国的弟子们，既有像冉求这样的距离孔子的政治思想越来越远的，也有像公西华这样时常陷入迷惘的。孔子对他们的牵挂，也是孔子越来越想回家的动力之一。

　　另一方面，根据《史记·孔子世家》，孔子六十岁时，季桓子去世。季桓子在弥留之际曾嘱咐其继承人季康子召请孔子回国，以谢自己不用孔子之过。不过，从季桓子去世到孔子归鲁有八九年的时间，如果季康子能够接受他父亲的追悔之意，应该是有足够的时间召请孔子的。但是，季康子首先召请的是孔子弟子冉求，而不是孔子本人。或许会有人认为，季康子召请冉求归鲁，是召请孔子的前奏，然而，季氏召用冉求并非完全因为他是孔子弟子，而是他具有理财、治家之能。从这个角度来看，恐怕在季康子当政初期，鲁国的当权者们仍然无法接纳孔子。

【司马迁像和司马迁墓，历史的气息是如此之重，使后人无法绕开《史记》对孔子一生的亦虚亦实的描述。】

但不管怎么说，冉求是回国了，做了季氏的家宰。在鲁国，冉求的权力仅次于他的主人。有心人会看到其中的玄机。那就是，在任用冉求的问题上，季氏做出了让步，因为他是出自孔氏之门；孔子也做出了让步，因为他允许弟子为季氏做事。恰在此时，在鲁哀公十一年（前484年）的齐鲁之战中，冉求立了大功[①]。此次战斗中立功的还有孔子的另一位弟子樊迟，他的果敢精神也是鲁国取得这场胜利所不可缺少的力量。这两位弟子在鲁国影响力的提升对孔子的归鲁无疑起了积极的推动作用。

【弟子樊须也是军人出身，其行事和思想与子路颇为接近。但由于其后进弟子的身份，樊须与孔子的距离更为明显。】

此时的孔子正在卫国逗留，并与卫国权臣孔文子过往甚密。孔子称孔文子是"敏而好学，不耻下问"[②]，可能此人曾虚心请教过孔子。就在上述齐鲁之战的同一年，孔文子与卫国大叔疾的私人矛盾激化。孔文子准备以武力攻击大叔疾，并为此征询孔子的意见。孔子已有六十八岁的高龄，明知已无法从政，但还是坚持一贯的主张。他对孔文子说："胡簋之事，则尝学之矣，甲兵之事，未之闻也。"明确反对以武力解决家族矛盾，并决定离开这样的是非之地。当弟子们表示不解时，孔子的解释是："鸟则择木，木岂能择鸟？"只能是鸟雀选择栖息在什么样的树木上，不可能是树木决定让什么样的鸟雀来栖息。这也就是说，人的行为是根据自己的行为准则决定的。尽管后来孔文子自觉过分，竭力挽留孔子，孔子也有所犹豫，毕竟在这时候能够真心对待孔子的当权者仅此一人了。但凑巧的是，就在这个时候，"鲁

---

① 详见《左传·哀公十一年》。
② 《论语·公冶长》"子贡问曰"章。

【 "作歌丘陵"，不知是对孔子回归故乡的
迎迓，还是对孔子十四年流亡的叹息。】

人以币召之，乃归"①。鲁国人带着必备的礼物，态度诚恳地召请孔子回国。孔子以其垂暮之年，面对卫国的复杂形势，权衡之下，终于踏上了回归故乡之路。

季康子最终决定召请孔子，恐怕并不仅仅是照顾冉求和樊迟等弟子们的师生之谊。孔子在外政治流亡十几年，虽不见用于他国，但他的学识、行教及节操等肯定是影响日盛。如果眼看着孔子一直客居他乡而无所动作，恐怕鲁国的执政者也会面上无光。召请孔子回国，不仅可以挽回一些颜面，或许亦可利用孔子来安抚国内的旧臣，因为孔子毕竟是鲁国老臣，其政治影响力非同一般。

孔子当年离开鲁国，开始周游列国的时候是所谓的"迟迟吾行也"②，对故土有着无限眷恋之情，此时的回归鲁国，会不会是"速速吾行也"呢？孔子并不是不明白季氏的用意，只是他大抵也有一些

---

① 以上见《左传·哀公十一年》。
② 《孟子·万章下》首章。

落叶归根之念吧。借着鲁人"以币召之"，体面地回来，算是不失双方表面上的和气。

然而，此时的孔子，内心深处的感受应该是相当复杂的。认为他有危险时就逼他出走，认为他无害时又迎接他回来，这使孔子在沮丧之余不免又有一些愤怒。所以，回国后的孔子，无论对季氏还是对冉求的态度，均无退让的表现，对于不合道义之事仍然予以无情抨击，甚至做出相当强硬的反应。

从心所欲不逾矩

回到鲁国之后，年迈的孔子虽然无法再次得到任用，但因为是前两朝之老臣，知书识礼，又有掌握大权的弟子，所以颇受国人的敬重。凭着这份敬重，以及本人的胆识和见识，这时候的孔子获得了最大的思想和行动自由的空间。在孔子最看重的政治领域，他尽管至多只能以"顾问"的身份出现，但也不愿失去任何一个表达政见的机会。无论是那些有幸听到孔子政治见解的人，或者不幸要面对孔子批评的人，普遍认为孔子不过是一位无害的老学人，所

【"大哉孔子"四字，记载于《论语》之中，是时人对孔子的赞扬，也颇有人认为是讥讽孔子一事无成。就这样，孔子成了一个矛盾体。】

以，听听这样的政见或批评亦是无妨。

《左传·哀公十二年》载，鲁昭公夫人孟子死后，鲁国上下举丧。可是，当孔子在此期间拜访季氏时，发现季氏并不行丧礼。孔子当然不能要求季氏做什么，只能是履行了来访者的丧礼，以此来讥讽季氏。对于孔子的这番举动，季氏着实无可奈何。也许季氏觉得孔子很可笑，但孔子却是认认真真的。

同年年末，鲁国发生了蝗虫灾害，季康子去请教孔子，想知道这是什么原因。孔子认为，这是司历之过，未能及时预报和解释此种灾害。孔子对司历的批评，明显是在讥讽季氏的用人之道。

鲁哀公十四年（前481年），鲁国权臣叔孙氏在西部狩猎，获得了一种民间称之为麟的动物。根据通常看法，叔孙氏以为这是不祥之物。但孔子却不以为然，并取了过来。这明显与叔孙氏的做法相左，并且也在暗示叔孙氏的无知。

【类似"西狩获麟"之类的故事，肯定传说的分量大于实情。
不过，像孔子这样的伟人，确实又是由点滴的伟大积聚而成。】

孔子与鲁国当政者最著名的一次交锋也发生在鲁哀公十四年，是时，孔子年七十一岁。

> 陈成子弑简公。孔子沐浴而朝，告于哀公曰："陈恒弑其君，请讨之。"公曰："告夫三子。"孔子曰："以吾从大夫之后，不敢不告也。君曰'告夫三子'者。"之三子告，不可。孔子曰："以吾从大夫之后，不敢不告也。"①

这是发生在齐国的篡弑之事。在孔子时代，如果邻国想去干涉这样的事情是合理合法的，因为在传统上各国均为周天子之臣，都有维护"周礼"的义务。但是，对于鲁国来说，这时候设法躲避齐国的欺凌尚且力不从心，遑论干涉齐国内部事务。所以，尽管鲁哀公和"三桓"都认为齐国可讨，但要采取实际的讨伐行动，却是明显不现实的事情。不过，从这件事我们可以看出，一方面孔子还在坚持他的"正名"原则，弑君者当讨。另一方面，从孔子的"不敢不告"来看，虽然明知"三桓"肯定不会听从自己的意见，但他并不惧怕触怒"三桓"，

【孔子的『沐浴请讨』，从某种角度来看，也是一种无奈之举。孔子如此庄重地对待，可到了权臣那里，一语就可以拒绝，这样的反差所透露出的悲凉气氛是很让人心痛的。】

---

① 《论语·宪问》"陈成子弑简公"章。《左传·哀公十四年》亦载此事，文有小异。

而是明确提出了自己的看法。另外，我们在前文探讨孔子与冉求的政治歧见时，也看到了孔子与季氏的几次重大冲突，如季氏的旅泰山、伐颛臾及用新赋等。在这些事件的发生和发展过程中，孔子坚定履行了他一贯坚持的政治原则，即："君子之于天下也，无适也，无莫也，义之与比。"①

除了上述具体事件，这时期孔子的主要政治活动之一是接受鲁哀公及"三桓"的问政。《论语》云：

> 哀公问曰："何为则民服？"孔子对曰："举直错（措）诸枉，则民服；举枉错（措）诸直，则民不服。"②

此时的孔子虽无缘从政，但他的政治观却依然如故，认为从政者的典范作用是政治的中心课题。这是他的可贵之处，又是他的可悲之处。同样，对于"三桓"，《论语》记载了有名的"康子三对"：

【孔子晚年得以『侍席鲁君』，与鲁哀公倾心父谈，是令孔子很欣慰的事情。从维护『周礼』的意义上讲，侍奉鲁国合法君主，才是士人的正当诉求。】

侍席意象
意为鲁哀公招孔子
升子宴席问公命
从内屏间政其子
封日政之集其且
大夫使之集海
寿此有力段海
封地有力段海
赋欲则民富豪
礼教远靡庆则
民寿

---

① 《论语·里仁》"子曰君子之于天下"章。
② 《论语·为政》"哀公问"章。

季康子问政于孔子。孔子对曰："政者，正也。子帅以正，孰敢不正。"

季康子患盗，问于孔子。孔子对曰："苟子之不欲，虽赏之不窃。"

季康子问政于孔子曰："如杀无道以就有道，何如？"孔子对曰："子为政，焉用杀？子欲善，而民善矣。"①

对于以季氏为代表的鲁国当权者，孔子仍然坚持"政者正也"的德治主义原则，要求他们在政治上发挥表率作用。因为他们是权臣，握有国柄，所以，要求民众做到的，他们应该率先做到。孔子表露在这其间的语气是相当强硬的，直指季康子的"欲""杀"等不善之举。对于"三桓"集团中的其他政治人物，比如孟武伯不关心亲人疾病的不良表现，孔子直接告诉他："父母唯其疾之忧。"② 同样没有丝毫的客气。

孔子的"从心所欲"，是他生命的最后境界和最高境界。从孔子晚年归鲁后的种种表现来看，他确实达到了"从心所欲"的境地。究其原因，从主观意愿上讲，首先是因为孔子已经断绝了从政的念头，所以，对于鲁哀公也罢，"三桓"也罢，孔子根本用不着小心翼翼地逢迎或避讳什么，一切均可按照自己的意愿去言去行。其次，从客观形势上讲，孔子在外流亡期间，即使是在最艰苦的时候亦绝口不向鲁国君臣主动提出回国要求，这无疑是坚持了当初出走的合理性，也无疑是要求"三桓"向他认错。无论如何，孔子的这一要求实现了。他回到鲁国，以老臣的身份"从大夫之后"③，加上自己的学识、人格及弟子们的影响，料想"三桓"对他也无可奈何。当然，在"三桓"看来，孔子也不过是位无害的老"教书匠"，让他随心所欲地去说教，

---

① 《论语·颜渊》"季康子"三章。
② 《论语·为政》"孟武伯问孝"章。
③ 《论语·先进》"颜渊死"章。

【曾经百日树立在国家博物馆西侧的当代孔子塑像，尽管身形巨大，但其造形之夸张，眉目之含蓄，并不能够表现孔子的真精神。故其树也忽，其去也倏，亦在情理之中。】

不去惹他，姑妄听之，反而对他们自己的名声有益。

孔子的"不逾矩"，如上所言，并不是孔子不懂规矩、不守规矩，而是因为他的言行本身就是规矩。孔子放弃从政，专心于行教和学问，思想更加练达，见识更加高远，已经达到了炉火纯青的境界，又怎么可能"逾矩"呢！

然而，假如我们细心体会孔子"从心所欲不逾矩"断言，其中透露出无可奈何的悲凉情调，依然能使我们想象到这位哲人心灵深处的遗憾。他的一生，受天命的鼓舞又受天命的摆布。当他讲到正名时，曾坚持"君子名之必可言也，言之必可行也"① 的准则，而他本人虽然达到了"从心所欲"的境界，但却并没有实践他的政治理想。他一心想做个政治家，但命运，或者说天命，却慢慢地把他推进了教育家和学者的行列之中。

◎ 第二节　文化教育事业开新篇

孔子主张"毋意，毋必，毋固，毋我"②，反对绝对主义，反对走极端，而孔子的言行正是对这一思想的最佳实践。纵观孔子一生，他的任何追求，都是顺应时势的。当有条件完成治世济民的"天命"时，孔子全力以赴；当"天命"的要求发生变化时，孔子"耳顺"以待；当他的政治前途彻底无望时，孔子则选择了继续完成他的文化使命和教育事业。

---

① 《论语·子路》"子路曰卫君待子而为政"章。
② 《论语·子罕》"子绝四"章。

杏坛礼乐

孔子师无焦鲁终不
用孔子亦不录仕日
坐杏坛鼓琴与其徒
叙书修礼删诗正乐
譬焉是杏坛是为万
世立教之首地也

【后人屡称『杏坛礼乐』，赞扬孔子的教育成就，但在不同的时期，孔子的教育事业有着不同的取向和收获。】

事实上，世上本无绝对好或绝对不好的事情，孔子晚年的际遇和作为亦复如是。政治追求固然是孔子思想和行为的核心所在，但同样也使孔子无法把思想和精力集中在教育弟子和钻研学问上。只是在结束周游列国回到鲁国之后，孔子思想实现了重大转变，物质生活也有了保障，孔子才把主要精力放在了整理古籍、反思文化以及教导后进弟子上面。不论孔子晚年在文化和教育上的努力是主动选择还是被动适应，他在这五六年间的作为，对于孔子思想的系统化和完整性的提升，对于孔子后期弟子思想认识和学术水平的提高，对于孔门和早期儒家思想的形成和发展，都发挥了至关重要的促进和完成作用。

教育家和学者

正如孔子所言，一个人参与政治的方式有多种多样。孔子四十多岁时，因为鲁国政局动荡，没有从政的机会，孔子便把更多的精力投

【这幅"杏坛设教图",大有仙风道骨的气氛。可见,对于孔子的教育活动,人们是从多种角度加以认识和理解的。】

入到收授弟子的教育事业中。当时就有人对孔子的行为表示疑惑,询问孔子为什么不去积极从政。孔子的回答是,以文化追求影响一国政治,何尝不是一种从政的方式呢?[1] 到了晚年,虽然发出如此疑惑的人很少了,甚至不见了,但也并不影响孔子仍然把他所从事的文化和教育事业视作一种从政方式。事实上,孔子并没有放弃对现实政治的关切,只是关心的方式改变了,不是参政,而是论政、议政。

孔子晚年的论政和议政表现在两个方面,一个方面是毫无忌讳地抨击时弊,指点现实政治中的臧否得失,另一个方面则是传达或传递古来辉煌的典章制度、礼乐文物。这两个方面是相辅相成的。研究传统文化可以使孔子更深刻地批判现实,而批判现实又可以增进他对传统文化的理解。当然,孔子传递传统文化的直接对象是后期的一些弟子,包括后人总结的孔门"四杰",即子夏、曾子、子张和子游等。总之,晚年的孔子终于成为职业教育家和学者。随后的千百年,中国古代失意的政治家大多走上了这条路。

孔子对待古代文化总的态度是"述而不作,信而好古"[2],而历代把孔子与某些经典的产生或再生联系起的那些人,往往对孔子的这一自述注意不足、漠视有余,或有意无意地做其他解释。其实,在孔子看来,在他生活的那个时代,要想在实际政治中达到古来圣王的水准,尚在流存的典籍文物、礼乐制度已经足够从政者学习和效法了。

---

[1] 《论语·为政》:或谓孔子曰:"子奚不为政?"子曰:"《书》云:'孝乎惟孝,友于兄弟,施于有政。'是亦为政,奚其为为政?"

[2] 《论语·述而》首章。

而新的政治权贵们所制定的种种新的制度，特别是新的刑罚，必定是不合理的。很显然，在此种混乱情势下，假如孔子自己非要去"作"，尽管可以不同于权贵们的所作所为，尽管可以达到阐发圣贤之微义的程度，但又怎能臻至滴水不漏或不至于让人产生误解呢？

孔子认为，"辞，达而已矣"。[1]这难道是说古典之中有不"达"之处吗？不是的。所以，孔子只"述"而不"作"，以保证古典原旨的确实性。孔子拒绝利用经典为自己的思想增添说服力，更拒绝制造新的经典以增加已有经典的说服力。这也许才是孔子真正的过人之处。

【山西万荣李家大院壁书家训：祖宗虽远，祭祀不可或疏；子孙虽愚，经书不可不读。】

孔子与"五经"

无论是作为学者的孔子，还是作为儒家思想创始人的孔子，他与儒家传世经典的关系是密不可分。特别是孔子与儒家"五经"（《诗经》《尚书》《礼》《易经》《春秋》）的关系，更是千古聚讼之大事。孔子与某部儒家经典的具体而确实的内在关系，《论语》及《左传》等较为可靠的典籍并未直接言及，而率先确指这种关系的是力图确立儒家道统的孟子，然后是以儒者自居的司马迁。不过，从学术史

---

① 《论语·卫灵公》"子曰辞"章。

或思想史发展之实际来看，这种形式的确指并未起到有些人所认定的那种积极作用。

孟子断言，"孔子成《春秋》而乱臣贼子惧"①。古代儒生们认为这是孔子创作《春秋》的证据。其实，且不说《春秋》问世后乱臣贼子的出现势头并未见衰，就孔子创作《春秋》而言，亦缺乏有力的证据。果真如孟子所言，孔子一生如此之大事，孔子弟子竟无一人提及，良可怪也。根据当时的情形看，《春秋》作为鲁国的史书，不过是孔子与弟子们探讨历史上政治得失的"教科书"中的一种而已。尽管书中有所谓"《春秋》笔法"之实，但这并不能证明只有孔子一人才能掌握这种手法并揭示出"微言大义"。

《史记·孔子世家》又言，孔子晚年喜欢读《易》，以至于"韦编三绝"，串连竹简的绳子时有磨损断绝。孔子倒是说过："加我数年，五十以学《易》，可以无大过矣。"②但这只是在说孔子自认为五十岁以后有过政治上的过失，以及晚年的孔子确实在读《易》上有过不凡的收获。然而，如果因此就说孔子"序《彖》《系》《象》《说

【"韦编三绝"所表现的是孔子读书精神的可贵，但读书精神和著书热情并不能等同。】

韦编三绝
孔子自卫返鲁而喜易焉不能用晚而喜易序彖系象说卦文言读易韦编至于三绝曰假我数年以学易可以无大过矣

---

① 《孟子·滕文公下》"公都子"章。
② 《论语·述而》"子曰加我数年"章。

卦》《文言》"①，则是司马迁明显的推测或演绎，既不合于孔子对待古代典籍的一贯态度，也不合于上述《彖》《系》《象》《说卦》《文言》等所谓《易传》"十翼"的实际。孔子晚年喜《易》，想必这时期的弟子也会从中受益，若其中果有以《易》为终身钻研者，亦在情理之中。不过，确定无疑的是，孔子既不会是《易经》的作者，也不会是《易传》的作者或创作参与者。

从现有记载来看，"五经"之中与孔子关系最密切的应该是《诗经》。在《论语》中，孔子曾多次言及《诗》，并与许多弟子进行过深入讨论。有些弟子，如子贡、曾子、子夏，亦曾以《诗》言理。孔子对《诗》的重视有多方面原因，其中最重要的原因显然与那时政界对它的注重有关。政治人物每每在对话中引用《诗》来阐明自己的看法，通晓《诗》，既是从政之必备，又是政界的时尚。《国语·鲁语下》记载孔子的一位先人正考父曾经校理过《诗经》中的《商颂》部分。有了这样的悠远传统，孔子对《诗》早有兴趣，并且日渐精通。

《诗》在当时是能吟唱的，《论语》载有孔子耐心向人学歌的故事②，想必应该包括孔子向民间人士收集《诗》之佚文佚曲的事情。至于对《诗》的看法，《论语》载孔子语云："《关雎》，乐而不淫，哀而不伤。"③以及："师挚之始，《关雎》之乱，洋洋乎盈耳哉！"④早在他三十几岁时，孔子就对"三桓"僭用《诗》中的《雍》曲而提出了严厉批评⑤。到了晚年，孔子说："吾自卫返鲁，然后乐正，《雅》《颂》各得其所。"⑥显然，如正考父一样，孔子对《诗》进行了整理，只不过是更加全面而已，甚至包括了《诗》乐部。这样一来，孔子无疑就成了《诗》的权威。

---

① 《史记·孔子世家》。
② 《论语·述而》：子与人歌而善，必使反（返）之，而后和之。
③ 《论语·八佾》"子曰关雎"章。
④ 《论语·泰伯》"师挚之始"章。
⑤ 《论语·八佾》"三家以《雍》彻（彻－撤）"章。
⑥ 《论语·子罕》"子曰吾自卫反鲁"章。

因为孔子全面整理过《诗》，司马迁就演绎出孔子删选《诗》的结论。事实上，孔子在世之时说过"《诗》三百"①的话，但全部的诗篇，理当不会仅限于三百之数。这三百篇，仅是以前更多篇数的残留。在那个礼崩乐坏的时代，一篇佚《诗》都很难得，又怎能想象热爱传统文化的孔子还要去做大量的删除工作呢？《诗》之所以成为现在的样子，有残有全，有断有续，完全是在与孔子不相干的历史流传中形成的。假如孔子真有将"三千"删为"三百"的功绩，弟子们是不会一言不发的。三百《诗》中，孔子可能更喜欢其中的一些，但这明显与保留或删节无关。

至于《礼》书，现存的《周礼》《仪礼》《礼记》很可能完成于汉人之手，创作之中或有上古文献作参考，也可能就是一些散失的从战国到秦汉间的文献的集辑。孔子屡称周公之典，显见那时周公之典尚在。要让孔子撇开所崇尚的周公之典而自行制作"礼"书，的确不符合孔子的行为准则。孔子自幼习礼知礼，但那都是已有之礼。他并不想做个僭臣，因为制礼并非他的责任，他也没有这种权力。至少他自己是这样认为的。

【周公旦对传统"周礼"的形成发挥了最重要的作用，孔子不会去做周公做过的事情。】

还有《尚书》，本是古代文献的汇集。在《论语》中，子张就当面和孔子谈论过《书》的内容，②孔子也引用过现存《尚书》中的文句，③可见孔子在世时已有成书，非孔子所作。后来虽有《尚书》的今文和古文之争，但也很难与孔子建立起联系。

总而言之，"五经"都与孔子和孔门

---

① 《论语·为政》"子曰《诗》三百"章、《子路》"子曰诵《诗》三百"章。
② 《论语·宪问》：子张曰："《书》云：'高宗谅阴，三年不言。'"
③ 《论语·为政》：子曰："《书》云：'孝乎惟孝，友于兄弟，施于有政。'"

【孔子"跪受赤虹"之类的传说，显然是术士们的想象。经典的权威性，不可能通过神授而得到确认，而是终究要依靠其内容的合理性。】

有关，但肯定不是孔子的作品。如果说因为孔子的重视、倡导和研究，以及孔子弟子的研习和传递而使某些经典更有名气、更易于流传于后世的话，那只能是说"五经"本身的内容和历史上的一些偶然因素使它们占据了儒学史和经学史的显要位置，而并不能说，是因为孔子创作了它们，才使它们成为儒家经典。

◎ 第三节 孔门的文学弟子

孔子晚年从事文化和教育活动的最大成果是对"文学"弟子的培养。前文也曾提及，孔子把弟子们分为"四科"，除了德行、政事和言语之外，就是文学，其代表人物则是子游和子夏。[①]孔子在此所说的"文学"二字，不同于现代用法，其具体含义是指典章文物，即夏

---

① 《论语·先进》"德行"章。

商周"三代"以来政治社会制度、道德伦理和文化思想方面的传承。很显然，孔子所说的"文学"，与他的政治追求是一脉相承的。再加上子游和子夏都有过从政经历，更说明孔子晚年对弟子们的"四科"之分，是他的政治追求的继续和延伸。在此意义上，我们完全可以说，如果一定要说孔子的文化和教育事业与他的政治追求有所不同的话，那也只能是他的政治事业的副产品。

子游的生平和思想

《史记·仲尼弟子列传》云："言偃，吴人，字子游，少孔子四十五岁。"也有人认为子游是鲁国人，很可能祖籍在吴国，上几世迁至鲁国，故有多种说法。子游是孔子的后进弟子，孔子把他与子夏一道称为"文学"弟子。《论语》云：

> 子之武城，闻弦歌之声。夫子莞尔而笑，曰："割鸡焉用牛刀？"子游对曰："昔者偃也闻诸夫子曰：'君子学道则爱人，小人学道则易使也。'"子曰："二三子，偃之言是也。前言戏之耳。"①

武城是鲁国的下邑，是一个小地方，子游担任这里的邑宰，却用孔子心目中治理理想社会的方式来治理，以至于突然之间连孔子都未能适应，故以所谓"杀鸡用牛刀"的玩笑评价之。但是，从这件事来看，孔子虽是玩笑之语，却也道出了子游之"文学"的特点。子游擅长礼乐制度，于是，他就先架构一个宏大的模式，然后再点滴履践于现实，亦即"先成其虑，及事而用之"②。子游的这种思维方式虽不及子张

---

① 《论语·阳货》"子之武城"章。
② 《大戴礼记·卫将军文子》。

的独创和激进，但也不是曾子和子夏般的稳健和保守。总之，子游是一位庄严而又不乏进取的弟子。他不仅重视礼，更看重礼之"道"，所以他主张"丧，致乎哀而止"[1]，认为丧礼能够表示哀悼之意就可以了，不必做出许多不实际的样子来表达哀悼之外的意义，这显然是抓住了丧"礼"的实质，至少与所谓"泣血三年"相比，要有更多的理智和节制。为此，子游也受到同门的批评。《论语》记载：

> 子游曰："子夏之门人小子，当洒扫、应对、进退，则可矣。抑末也，本之则无。如之何？"子夏闻之，曰："噫，言游过矣！君子之道，孰先传焉？孰后倦焉？譬诸草木，区以别矣。君子之道，焉可诬也？有始有卒者，其惟圣人乎！"[2]

在这两位"文学"的弟子的思想交锋中，子夏之学的由小到大，与子游之学的由大到小形成了鲜明的不同。但是，在道德和学问的入手问题上，此二子的争论并未能给出一个公认的答案。在他们之后，这个问题在儒学内部一直存在着。所以说，子游和子夏在学问终始问题上的不同意见，开启了儒学思想的一个重要方面。

子游的思想对孟子有很大影响。《礼记·礼运》一篇，以子游与孔子的对话方式，最早表达了儒家关于"大同"社会的论述，这一思想深刻影响了孟子政治乌托邦的构想。

【弟子子游是孔门中稳健的激进派，其思想实质更为契合孔子精神，并且对孟子思想的影响也很可观，可惜孔子在这方面的评价不够充分。】

---

[1] 《论语·子张》"子游曰丧"章。
[2] 《论语·子张》"子游曰子夏之门人小子"章。

子夏的生平和思想

【弟子子夏的思想影响是全面而深远的，特别是他把儒家思想定义为国家意识形态，并在此基础上发展自己的思想，在儒学史上意义尤其深远。】

子夏姓卜名商，字子夏，魏国人，少孔子四十四岁。子夏与子张、子游、曾子一起，是孔子后进弟子中的杰出者。子夏出身贫贱，《荀子·大略》说："子夏家贫，衣若县（悬）鹑。"而他为何东学于鲁，却无可考稽。《论语》记载，子夏做过鲁国的莒父之宰①，这表明他对政治尚有一定兴趣，只是在进入孔门之后，由于此时的孔子专以文化教育活动为主，以至于后期弟子大多选择了学术之路。当然，也可能是子夏后来不喜欢从仕，主动选择了文化教育之路。

孔子去世时，子夏年仅二十九岁。孔子生前，对子夏以"文学"称之，《论语》中又多载子夏之思想宏论，可见其在孔门时亦颇好学，并逐渐形成自己的思想风格。可是，孔子的去世使这位外乡弟子失却了在鲁国的梁柱，加之与其他弟子的思想分歧日渐明显，所以《史记·仲尼弟子列传》云："孔子既殁，子夏居西河教授，为魏文侯师。其子死，哭之失明。"其他典籍也记载了子夏在战国初期魏国的活动和成就。总体上说，子夏身居魏国，受到魏国早期贤君魏文侯的崇高礼遇，在教授魏文侯的同时，也收授了其他一些弟子，其中不乏当时魏国政坛的重要人物。不过，子夏并没有亲身在魏国从政，而是坚持在意识形态领域指导魏国政治。魏国是战国早期的天下强国，这与子夏之学的思想指导作用是分不开的。从思想影响方面来看，子夏思想

---

① 《论语·子路》："子夏为莒父宰，问政。"

不仅开创了三晋儒学，而且也是三晋法家思想重要的思想来源之一。

在孔子门下，子夏的学问是弟子中的最平和者。孔子先进弟子的学问立足于"行"的功夫，这与后进弟子纯学问的倾向是大有区别

【坐落在河南温县子夏故里的子夏祠堂和子夏墓地，在四十年代的照片中尚存，向世人孤寂地发出一代儒学宗师的历史回声。】

的。不过，在后进弟子中，子张立意高远，曾子偏重于内省式的反思，子游醉心于现实政治。唯有子夏，循规蹈矩地力图在全面把握孔子思想的基础上继承孔子的学问，这样一来，子夏之学就不免流露出一些保守倾向。

子夏说："博学而笃志，切问而近思，仁在其中矣。"① 把"学"和"问"突出了出来。具体来讲，子夏之学有两方面的特色。一是日常实践之学，一是经籍之学。关于第一方面，子夏强调说；"日知其所亡（无），月无忘其所能，可谓好学也已矣。"② 又说："贤贤易色，事父母能竭其力，事君能致其身，与朋友交言而有信。虽曰未学，吾必谓之学矣。"③ 子夏对于学的这种灵活定义，颇受后人之非议，朱熹在《四书集注》中甚至认为，子夏的辞气之间，抑扬太过，有废学之倾向。其实，孔子也说过："君子食无求饱，居无求安，敏于事而慎于言，就有道而正焉，可谓好学也已。"④ 孔子之所以强调学的实践性，主要是针对某些弟子偏于内参式的形而上学的学问之道而发的。孔学虽然不主张实用主义，但却坚持其思想应以实践为归趋。子夏深明于此，所以主张学问应该向实际生活靠拢，反对死读书和玄思式的

---

① 《论语·子张》"子夏曰博学而笃志"章。
② 《论语·子张》"子夏曰日知其所亡"章。
③ 《论语·学而》"子夏曰贤贤易色"章。
④ 《论语·学而》"子曰君子食无求饱"章。

【武夷山区的朱熹塑像，朱子曾在武夷山
讲学，在这一带颇有影响。在孔子弟子中，
朱子更为欣赏颜回和曾子式的学问之道。】

学问。从此原则出发，子夏进一步指出："百工居肆以成其事，君子学以致其道。"[1] 这就说明，在子夏看来，学固然要有向内的一面，但最根本的还是向外的一面，"致其道"才是学的目的。子夏又提出"仕而优则学，学而优则仕"[2]，所阐述的也是"学以致道"之意。子夏虽然在主张学对仕的制约同时也强调了仕对学的依赖，但是，学的最终目的，还是要从仕，还是要体现其致用的目的。

子夏与儒家经籍

子夏与儒家经典著作的关系亦是儒学史和经学史上的一个重要问题。司马迁首先触及孔子弟子传经的问题，并在讲到孔子弟子商瞿时，断言他是传《易》之人[3]。不过，按照汉儒的说法，早期儒家大多数典籍的流传，都与子夏有关。汉儒的说法虽不可全信，但类似说法的出现也并非空穴来风。在孔子弟子中，子夏以"文学"著称，在《论语》中亦有子夏与孔子探讨《诗》的记载[4]。如果说

【弟子商瞿是早期儒家经典
的主要传承者，可惜在先秦
典籍的记载中，有关这方面
的内容甚少，致使汉儒广为
附会，反倒使真相难明。】

---

① 《论语·子张》"子夏曰百工居肆"章。
② 《论语·子张》"子夏曰仕而优"章。
③ 《史记·仲尼弟子列传》。
④ 《论语·八佾》"子夏曰巧笑倩兮"章。

孔子弟子中子夏对儒家早期经典最有研究，并成为孔子时代儒家典籍的主要传承者，也并不是缺乏根据的。比如《诗经》《尚书》《春秋》和"三《礼》"等，在后世流传中都得从子夏说起，并且得到荀子之儒的继承。特别是《诗经》和《春秋》，更有明确的传承线索，证明了荀子之学对子夏之学的继承和发展。

【山西安泽曾经每两年举行一次荀子祭祀活动。荀子出生在安泽一带，五十岁之后游学天下。在此之前，荀子思想深受子夏儒学影响，其学问宗从儒术，但亦有明显的法家思想元素。】

因为子夏与儒家早期经典的关系密切，后世就不乏相关记载，比如《吕氏春秋·察传》云：

> 子夏之晋，过卫，有读史记者曰："晋师三豕涉河。"子夏曰："非也，是己亥也。夫'己'与'三'相近，'豕'与'亥'相似。"至于晋而问之，则曰"晋师己亥涉河"也。

这就说明，子夏对于传世经典的掌握是多方面的。从阅读的广泛性到字句的考证，子夏的努力方向都是其他孔子弟子所不具备的。《史记·孔子世家》讲到孔子作《春秋》时曰："笔则笔，削则削，子夏之徒不能赞一辞。"此亦可见，在汉儒看来，只有子夏及其门人才有资格议论儒家经籍。总之，子夏对经典的重视，在研究经典方面的成就，不仅丰富了"学"的意义，而且为儒家经典的传世做出了举足轻重的贡献。

子夏与同门的思想分歧

孔子去世后，弟子们的思想分歧逐渐公开化。特别是在后进弟子之间，在所谓"为学"的问题上，更是展开了一场规模空前的论争。这是有记载的儒学史上首次学术争鸣和学术高潮，它的产生是必然的，其意义也是非常重要的。争论各方的主要言论记载于《论语》中：

> 子夏之门人问交于子张。子张曰："子夏云何？"对曰："子夏曰：'可者与之，其不可者拒之。'"子张曰："异乎吾所闻。君子尊贤而容众，嘉善而矜不能。我之大贤与（欤），于人何所不容？我之不贤与（欤），人将拒我，如之何其拒人也？"①
>
> 子游曰："子夏之门人小子，当洒扫、应对、进退，则可矣。抑末也，本之则无。如之何？"子夏闻之曰："噫，言游过矣！君子之道，孰先传焉？孰后倦焉？譬诸草木，区以别矣。君子之道，焉可诬也？有始有卒者，其惟圣人乎？"②
>
> 子游曰："吾友张也，为难能也。然而未仁。"③
>
> 曾子曰："堂堂乎张也，难与并为仁矣。"④

子夏与子张的不同是明显的。在做学问方面，子张的宏大气势与子夏的稳扎稳打基本是两种路数。表现在交友问题上，子张只讲大贤

---

① 《论语·子张》"子夏之门人问交于子张"章。
② 《论语·子张》"子游曰子夏之门人小子"章。
③ 《论语·子张》"子游曰吾友张也"章。
④ 《论语·子张》"曾子曰堂堂乎张也"章。

与不贤两类人，而子夏还注意到中游。事实上，孔子也主张"勿友不如己者"①，这是重在强调环境对人的影响，或者说是一种交友的指导思想，但在具体交友过程中，问题远不是"不如己"或"如己"那么简单。

从上述弟子的思想交锋中也可以看出，子夏谨守孔子之教，但在具体论述中却缺乏孔子那样的练达。孔子批评子夏"商也不及"②，又告诫他"无为小人儒"③，针对的就是子夏那种看问题的片面性和保守性。至于子游，虽与子夏同以"文学"而名，但他的重点是礼乐制度，比起子夏的文物典章来，自然更灵活、更接近于生活实际。所以，同是谈论"为学"之道，子游却认为有本末之分。子夏认为："虽小道，必有可观者焉。致远恐泥，是以君子不为也。"④ 显然，子游所说的"洒扫应对"确实是子夏之学的基本功课，只是子游并不注重此类功课，而是更强调抓住要点、直奔主题。

孔门这四位杰出的后世弟子思想上的不同，可以形象地描述为一条线上四个无法重合的点。子张和子夏分居两端，子游和曾子居中，曾子接近子夏。所以，总的来看，子游与曾子亦不能赞同子张，都认为子张的激进倾向偏离了孔子定义的仁之道。

【曾子和子游是正统儒学的传学中坚，并且共同影响了孟子思想。】

值得强调的是，子张等三人对子夏的批评亦不全因于门户之见，子夏之学确

---

① 《论语·学而》"子曰君子不重则不威"章。
② 《论语·先进》"子贡问师与商"章。
③ 《论语·雍也》"子谓子夏"章。
④ 《论语·子张》"子夏曰虽小道"章。

有其内在不足。《史记·儒林列传》云："如田子方、段干木、吴起、禽滑厘之属，皆受业于子夏之伦，为王者师。"这些著名人物虽然受教子夏，但成就的却不是儒家的事业。田、段二人后来归于道家，吴起成为著名的法家人物，禽滑厘则成了墨家巨子。子夏弟子的此种发展，明显证明了子夏之学的不足之处。子夏之学过分注重日常功夫，结果容易造成难于向高层次的提升，使求学者容易失去原初方向。至于荀子抨击的子夏之贱儒，"正其衣冠，齐其颜色，嗛然而终日不言"①，则更将子夏之学的流弊揭露无遗。

◎ **第四节 孔子弟子的思想分歧与"中庸"原则**

世称孔子是儒学的创始人，这当然是后人的看法，并不是孔子本人的意见。不过，我们在此强调这样的事实，至少有两重含义。一是，孔子在世时，弟子们的思想已经出现了种种分歧。尽管这在孔子看来是正常的，但也可能促使孔子并不太看重所谓某家某派的观念。二是，任何思想派别的内部也不可能完全一致，而正是这种不一致，才是思想派别巩固和发展的内在动力。孔子弟子的思想分化完全印证了这一点。

孔子弟子的思想分歧虽然有明确记载，但人们对此往往重视不足。特别是在一些保守的儒生看来，圣人门

【孔子的这幅彩绘像，应该更接近于本书对孔子身份的定义。一位伟大的平民，一位自信的导师。】

---

① 《荀子·非十二子》。

下即使有不同的观点，那也是微不足道的。但事实上孔子弟子的思想分歧非常明显，也非常重要。这既是个自然发生的过程，也是孔子思想得以传

【青海丹葛尔古城文庙，使人们相信孔子思想的影响是"普天之下"的。】

承、儒家思想得以产生的重要条件。我们之所以分派叙述孔子弟子的思想成就，其基础就在于弟子们的思想有不同、有分歧。

虽然弟子们的思想分歧是正常的，是有价值的，但是，在孔子看来，如果这种有益的分歧出现了不可约束的质变，也足以对孔子思想产生不良的冲击。所以，晚年的孔子非常重视用一种方法统领其思想，也希望弟子们以这种方法"一以贯之"[1]，不要过度偏离孔门的中心思想。孔子晚年倡导和推崇的思想方法，就是著名的"中庸之道"。

孔门弟子思想分化的原因

孔门出现的思想分歧或取向分化，其原因是极其复杂的。

第一，不同的社会环境和生活经历对各人的不同作用，是出现不同思想取向的最根本原因。虽然弟子们同在孔子门下，同受孔子指点，但由于各人自身条件、经历和生活环境的不同，因而收到的效果亦不同，这一点是任何人都无法控制和改变的。

第二，孔子思想的发展过程对弟子的思想分化也产生了巨大影响。

---

[1] 《论语·里仁》"子曰参乎"章、《卫灵公》"子曰赐也"章。

孔子思想由不成熟走向成熟，由积极入世变为消极厌世，由从仕转向学术，这些巨大变化不可能不使某些弟子深感迷惑，也会使某些弟子的思想取向有所侧重。比如孔门中先进、后进的不同追求，与孔子思想的转变就有极大的关系。

第三，孔子之为人，总是在简易之中体现深沉，在平凡之中透出伟大，弟子谓之"温良恭俭让"[1]。这样的表现，在孔子那里是自然而然的，但却有可能使一些弟子摸不着头脑。即使是好学如颜回，也有"瞻之在前，忽焉在后"[2]的慨叹，而樊迟的"稼、圃"[3]之问，显然也是不能深明孔子思想之表现。

第四，孔子启发式和因材施教的教学方法也对弟子思想之分化产生了重要影响。《论衡·问孔篇》云：

> 孟懿子问孝。子曰："毋违。"樊迟御，子告之曰："孟孙问孝于我，我对曰毋违。"樊迟曰："何谓也？"子告之曰："生，事之以礼；死，葬之以礼。"（亦见《论语·为政》）问曰：孔子之言毋违，毋违者，礼也。孝子亦当先意承志，不当违亲之欲。孔子言毋违，不言违礼。懿子听孔子之言，独不为嫌于无违志乎？樊迟问何谓，孔子乃言……使樊迟不问，毋违之说遂不可知也。

孟懿子事父不以礼，孔子采取了启发式的回答方法，孟懿子能否明白，我们不得而知，但樊迟却是理解不了的。假如孟懿子自以为是，觉得无违于志（欲）也是孝行的话，孔子的教学方法就算是失败了，并很可能使弟子们在有关孝的看法上造成思想分歧。事实上，曾子之孝论就缺乏一些"礼"的折中。同样是孝的问题，较典型的还有子游、

---

① 《论语·学而》"子禽问于子贡"章。
② 《论语·子罕》"子贡喟然叹曰"章。
③ 《论语·子路》：樊迟请学稼。子曰："吾不如老农。"请学为圃。曰："吾不如老圃。"

【山西太原文庙大成殿，代表了古代各地文庙的基本样式。各地文庙既是纪念孔子的地方，也是一个地方的文化中心，至少县以上地方都离不开文庙的文化引领作用。】

子夏等人的发问，而孔子的回答亦都有所侧重，依各人不同的情形予以不同的阐释。但这样做的不足之处，很可能会使弟子们各执一端，产生认识分歧。再比如对"仁"等重要概念，孔子亦从未下过全面的定义。当然，对孔子来说，这是在运用因材施教的方法，但在客观上却并不能保证受教者完全领会。

第五，孔学中的一些难点和不足之处也是弟子分化的原因之一。比如在政治上，并不是所有弟子都能接受孔子的政治观，所以，有些弟子情愿终身不仕，而从政弟子中又有冉求与冉雍、宓子贱等人相互之间的不同。在学问上，又有子张、子夏、子游、曾子等人在"为学"问题上产生的分歧。当然，孔子充满矛盾的"天命"观，亦可能是弟子间出现思想分歧的原因。事实上，子贡就说过："夫子之文章，可得而闻也。夫子之言性与天道，不可得而闻也。"①

————————————————

① 《论语·公冶长》"子贡曰：'夫子之文章'"章。

作为方法论的"中庸"原则

正如所有伟大的思想学说一样，孔子学说中引人注目的难点之一，是对某些概念的把握。《论语》云：

> 子曰："吾未见刚者。"或对曰："申枨。"子曰："枨也欲，焉得刚。"①

古来的解释是，胜物而无私谓之刚，有私则为欲；无所求谓之刚，有所求则欲矣。类似"刚"和"欲"这样的概念，既是孔学的重点，也是其难点。显而易见，要区分和掌握这样的概念是相当难的，所以，孔子时常对弟子们讲起。他说："君子和而不同，小人同而不和。"②"君子矜而不争，群而不党。"③有时还会举出具体例证加以说明，

【以编钟这样的大型乐器为代表的音乐演奏，充分表现了孔子所看重的"和（龢）"的思想。音乐的和谐，贯彻的就是中庸的原则。】

---

① 《论语·公冶长》"子曰吾未见刚者"章。
② 《论语·子路》"子曰君子和而不同"章。
③ 《论语·卫灵公》"子曰君子矜而不争"章。

比如孔子认为"晋文公谲而不正，齐桓公正而不谲"①。这些相互联系紧密但又互为对立的概念，可以说是差之毫厘，谬以千里，孔子将此类两两相对的概念列出，就是力图使弟子们予以适中的把握。这样一来，如何准确把握这些概念，进而全面理解和把握孔子思想，便是"中庸"之道所昭示的原则。

【春秋时代鲁国贤大夫柳下惠倡导和合思想，被认为影响了孔子对"和"的认识和重视。】

为后儒大加推崇的"中庸"之道是孔子晚年大力倡导的思想，但从本质上说，它讲的是一种方法或规范。在学问之道上，它是为学之方；在日常生活中，它是行为规范；在政治追求上，它是指导原则。举例来讲，比较有说服力的是孔子对子张之"过"和子夏之"不足"的批评。孔子认为这两种不足是同样性质的错误，"过犹不及"②，都不符合"中庸"的原则。

看起来，所谓"中庸"之道，既不是简单的居中而判，也不是无原则的调和。在阐述自己的学问之道时，孔子说："吾有知乎哉？无知也。有鄙夫问于我，空空如也，我叩其两端而竭焉。"③此所谓"叩其两端"，是"中庸"之道的另一种表述方式。孔子自言无知，不可能掌握所有的具体知识，也不可能回答所有的涉及具体知识领域的问题。但是，孔子显然已经认识到，如果掌握了一般性的方法，就可以为所有的具体问题提供思考的方式和解决的方向。孔子的"叩其两端"，就是去掉激进的思考和极端的选择，在不断去掉极端的过程中，一步步地接近最恰当、最适中的答案。对于这样一个不断去掉极端的过程，孔子形象地表述为"中庸"或"中道"。可见，所谓"中"，并不是

---

① 《论语·宪问》"子曰晋文公"章。
② 《论语·先进》"子贡问师与商"章。
③ 《论语·子罕》"子曰吾有知"章。

物理学角度的中间，而是适中的意思。显然，就因为孔子有了"中庸"之道，一切的难题，包括鄙夫之问，没有受到教育的人的问题，孔子都可以解决，可见孔子对"中庸"之道是怎样的看重。

孔子认为，"中庸"的原则可以调节个人生活和社会生活中的偏颇之处。对于人的行为，他说："不得中行而与之，必也狂狷乎！狂者进取，狷者有所不为也。"[1] 所谓"狂"和"狷"，与"过"和"不及"是本质相同的错误。"中庸"扩展到治国之道上，孔子根据子产之政而提出的"宽猛相济"的方法，正是他在赞美尧帝时所说的"允执其中"[2] 的最好体现。在孔子看来，片面强调宽或猛都会导致社会动荡，只有相补相济的"中庸"式选择才能臻至治国的最佳境地。

【这幅孔子画像，眉宇之间缺乏灵气，虽然突出了孔子的平民身份，但却没有表现出他的思想家的气质。】

孔子的"中庸"之道在哲学上的重要性是显而易见的。中庸讲的不是平分或中分，比如宽和猛，并不是讲二者一定要等时使用，而是"相济"。民众有怠慢之心则用猛，有残贼之心则用宽，即要适中、适当，这是现实与策略之间相互适应、有机调节的一种方法。

那么，孔子为什么会提出"中庸"之道呢？原因至少有下面一些。

第一，最切近的原因是，孔子晚年所收弟子，即所谓后进弟子，多数人年龄偏小，社会经验不足，孔子意识到无法在解决具体问题的过程中带领他们走得足够远，所以才宁肯在方法上多加指点，这样一来，

① 《论语·子路》"子曰不得中行"章。
② 《论语·尧曰》首章。

在他们以后的事业上，即使没有孔子的引领和折中，他们也不太容易失去孔门之大方向。

第二，如上所述，孔子思想中确实有一些难以把握、容易引发争议的概念和理念，并且孔子在世时已经注意到了弟子们在某些重大问题的思想分歧，所以，孔子必须预防为主，要求他们更多地在思想方法上守护孔学的根本。

第三，就个人关切而言，晚年孔子已从对现实事物点滴关心的立场上走了出来，更关注一般意义上的方法论。也许他意识到了就事论事的短处，决心留给弟子们及后人一种行之有效的方法而不是僵死的教条。

第四，晚年孔子当然不得不理智地面对"老之将至"①的自然结局，他的政治事业是否能够复兴，他的学问是否能够流传，也应该是他时常思考的问题。在他的历史观念中，孔子已经表述过历史进程中变与不变的关系，所以，他自然会认识到，越是具有普遍性的思想，才越能经得住历史的考验。

总之，至少在上述四方面因素的促动下，特别是当孔子看到弟子间日渐明朗的思想分化时，晚年的孔子对"中庸"之道的阐述和传布更是倾其全力。

孔门弟子思想分化的意义

无论如何，孔子弟子的思想分化还是不以任何人的意志为转移地发生了。对于这种思想分化的具体描述可以说是形形色色，但有一点是被许多人所忽视了的，即孔子弟子思想分化的意义及弟子们的各有特色的思想对儒学发展所做的贡献。班固认为："昔仲尼没而微言绝，

---

① 《论语·述而》"叶公问孔子于子路"章。

七十子丧而大义乖。"① 这显然只看到了孔子弟子思想分化在孔子去世后产生的消极一面。而当孟子说"观于海者难为水，游于圣人之门者难为言"② 时，指出的是孔子弟子继承和发展孔学的重重困难。然而，孔子弟子的不同思想取向，不仅丰富了孔子儒学的内涵，而且对于早期儒家思想的最终成型，以及早期儒学对当时及后来的影响，都做出了不可或缺的重要贡献。当然，孔门的思想分歧也在一定程度上暴露出了孔学的诸多不足之处，从而为后学提出了新的问题。

公正地来说，没有七十子的学术努力和思想成就，很难想象儒家学说会有几千年的浩荡发展。所以，首承其惠的孟子和荀子不时在他们的言论中突出孔子弟子的

子夏创建三晋儒学，并深刻影响了法家思想的产生。上图和中图为重修子夏墓碑记及民国时期子夏墓大门，下图为现存子夏墓全景，旧时的显达与现时的寂寥形成巨大反差。

---

① 《汉书·艺文志》。
② 《孟子·尽心上》"孟子曰孔子登东山"章。

贡献，尽管各有侧重。因为在那时，书籍不易流传，人的主动性及其直接的思想传递作用便显得更为可贵。

孔子弟子也是中国思想史上第一批有组织的、形成重大影响的专业知识分子集群。从此以后，中国古代思想再也不是个人单独发挥作用的局面了，各种思想的影响力也非昔日可比。这种局面的形成，对中国思想史的发展具有无法估量的价值。

另外一个引人深思之处是，孔子弟子不同的政治思想、政治立场和政治表现，使他们成为后来几千年中国专制政治中出现的种种政治角色原型。冉求之流可以说是代表了官僚化的知识分子，虽然接受过孔子理想政治的教育，所作所为却是政治家的实用主义。颜回、闵子骞、原宪等代表的是看破政治迷雾的隐士，采取的是与现实政治不合作的立场。冉雍、宓子贱则代表了只能做低级官僚的儒生，怀抱孔子理想主义政治观，无疑是难做高官的。所幸的是，由于孔子的防微杜渐，孔门之中并未出现后世所谓的奸佞之臣。

正如许多人指出的那样，在孔学的传递上，后期弟子的贡献尤大。特别是子张、子夏、子游和曾子这样的青年才俊，他们不遗余力的奋斗是令人感动的，其思想成就也是惊人的。没有他们的努力，孔学只能有两种前途。一是湮没无闻，二是作为春秋战国诸子百家中的普通一家存在于思想史上。自然，我们这样讲，并没有轻视或否认孔学内在合理性的意味。

◎ 第五节　生前的失败与身后的荣耀

如何认识和评价孔子的一生，无疑是任何一本孔子传记所面临的最大挑战。迄今为止，尽管还没有公认的恰当论说，但这并不表示

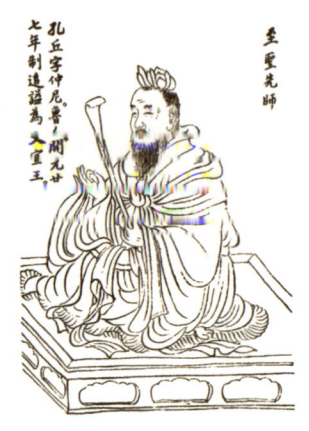

至圣先师

孔丘字仲尼鲁人开元廿
七年制追諡為文宣王

【也有人视孔子为「至圣先师」，
但事实上，孔子在世时竭力否认
自己是圣人，因为在孔子的定义
中，「圣人要「博施于民而能济众」，
而这显然是帝王级的事业。】

有谁能够绕过这个困难。孔子说过："君子疾没世而名不称焉。"[1] 由于"称"有平声和去声两个读音，就有"相称"和"称颂"两种解释。但不管是哪种读音或解释，都说明孔子对于身后的名声是相当看重的。事实上，他既希望自己一生的奋斗能为后人所称赞，也希望自己的所作所为与其名声相一致。

成功与失败

在对孔子的传统评价中，绝大多数人会认为孔子在其有生之年是位成功者。特别是当人们着眼于他的教育事业，他的教育理念，他的那么多有成就的弟子，以及他对古代学术、思想和古典的研习与传承时，成功者的桂冠更容易被戴在孔子头上。当然，如果虑及汉武以来历代帝王和主流社会对孔子的尊崇，以及官方意识形态对孔子思想的推崇，孔子的成功就更是无人可比了。

不过，作为思想家的孔子，其成功之路和成功之处远不如作为教育家和学问家的孔子更容易让人得出比较一致的评价。思想家往往与当时的主导思想格格不入，会受到各方面的压力，以至于有时连基本的生存都要受到威胁，困顿的生活、窘迫的情势更是他们的热心伴侣。在这些方面，孔子也不例外。当然，也许正是这种随其一生的磨难，

---

[1] 《论语·卫灵公》"子曰君子疾没世而名不称"章。

才能使孔子从一个崭新的角度认识时势，从而大有建树。不过，如何评价孔子的思想成就，从他去世之日起，就出现了绝大的争议。《论语·子张》中记载的子贡与卫国公孙朝、鲁国叔孙武叔的论辩，以及《墨子》对孔子的诋毁、《庄子》对孔子的讥讽，是这方面的最早例证。两汉以降，玄学、佛学、道家思想对孔子的批评，直到近代以来对孔子的数次批判风潮，更使人们对孔子思想的理解争议不断。

相对于作为思想家的孔子所得到的众说纷纭的评价，作为政治家的孔子所得到的评价就更是难以取得一致了。一方面，在现实和功利的层面上，孔子一生的政治追求无疑是以失败而告终的。他的政治理想没有一项在现实中兑现，他本人也没有获得真正的机会去彻底推行他的政治主张。但另一方面，中国的政治发展，自古及今，无时无处都不可避免地打上了孔子政治的烙印。这样的影响所在，是历史上任何成功的政治家都达不到的高度。在这个意义上，我们能说孔子是个政治失败者吗？

就让我们世俗一些，认为孔子确实是个现实政治中的失败者吧。那么，作为一位在现实政治中完败的政治老人，孔子晚年的生活是如何度过的呢？在政治层面，孔子一方面明知自己的政治追求已成泡影，因此不得不过着一种实质上的隐居生活，但另一方面，他又有一种不甘心完全失败的意念，还要关心政事，发表政见，注意政治动向，幻想着有朝一日召之即出。而在日常生活的层面，同样是简单之中还有一些复杂的内容。

【现代人眼中的墨子，代表社会下层特别是手工业者的利益，故其思想与孔子学说分道扬镳自在情理之中。】

晚年生活

依据现存史料，孔子晚年回到鲁国后，一直与身为季氏家宰的弟子冉求生活在一起，似乎并无至亲之人在身旁照料他的日常生活，而孔子的家庭情况对后人来讲基本也是个未知数。

确切来讲，对于孔子的夫人，我们几乎一无所知。《孔子家语》称其为宋国人，其他方面，譬如她的为人处世、知识修养、与孔子的关系如何，我们都无法知晓。甚至何时去世，都没有确实的根据①。从孔子的言行来推测，他的家庭生活大抵不甚美满。首先，孔子从来不提及自己的家庭，也很少泛论一般意义上的家庭生活。其次，假使孔子按照习俗，二十岁左右成婚，那么，他婚后差不多有一半的时间都是在两度周游列国中度过的，家中之人，特别是他的夫人，如何生活，确实令人担忧。一个看重事业的人，固然不应以家室为累，但孔子也是个有感情、重责任的士人，似乎也不太可能无缘无故地置妻室于不顾。假如从后儒所谓的修身、齐家、治国、平天下的进程来看，孔子似乎也缺乏一个必要的环节。所以我们只可以推测，或者孔子之妻早逝，或者孔子的家庭之中缺乏必要的温暖。因此，孔子一旦出门，即是无所牵挂。孔子认为："唯女子与小人为难养也，近之则不孙（逊），远之则怨。"② 如此评价女性，又不知是否与他的家庭生活经历有关。

孔子育有一子一女。独子孔鲤（伯鱼）死在孔子之前③，多半是在孔子周游列国的日子里。《论语》中虽然有孔子与伯鱼的对话④，但分析其含义，可以看出伯鱼也不是好学之人。孔子的女儿嫁给了孔

---

① 《礼记·檀弓》："伯鱼之母死，期而犹哭。"此可证明孔子之妻早逝，因为伯鱼亦故去在孔子周游列国期间。且一年之后犹哭，或可说明此时伯鱼尚在年少。
② 《论语·阳货》"子曰唯女子"章。
③ 《论语·先进》：子曰："鲤也死，有棺而无椁。"
④ 《论语·季氏》"陈亢问于伯鱼"章、《阳货》"子谓伯鱼"章。

【晚年丧子，在传统观念中是对一个人的沉重打击，孔子的独子孔鲤（后世追谥为泗水侯）虽不是杰出弟子，但先孔子而去，应该也会影响到晚年孔子的思想表现。】

子弟子公冶长①，但也并没有相关的进一步记载。这样，暮年的孔子只能在弟子们的陪伴下度日，就情感方面言之，孔子是比较凄苦的。

对于一位七旬老者来说，亲人的陪伴固然重要，不过，在孔子这里，有丝毫不逊色于亲人的弟子们的陪伴和呵护，同样能使孔子深深地体会到人间的无限温暖。在孔子的晚年生活中，弟子们对于孔子的安慰和照顾，从精神到物质，从家庭到社会，其广度和深度，在人类历史上确实是不多见的，更是让人不得不为之动容的。《论语》记载：

> 樊迟从游于舞雩之下，曰："敢问崇德、修慝（音 tè）、辨惑？"子曰："善哉问！先事后得，非崇德与（欤）？攻其恶，无攻人之恶，非修慝与（欤）？一朝之忿，忘其身，以及其亲，非惑与（欤）？"②
>
> 子之武城，闻弦歌之声，夫子莞尔而笑。曰："割鸡焉用牛刀？"子游对曰："昔者偃也闻诸夫子曰：'君子学道则

---

① 《论语·公冶长》"子谓公冶长"章。
② 《论语·颜渊》"樊迟从游"章。

爱人，小人学道则易使也。'"子曰："二三子，偃之言是也。前言戏之耳。"①

【弟子樊迟的「舞雩从游」，表现了孔子晚年生活闲适的一面。】

上述两件发生在鲁国的事情，对说明孔子晚年生活状况都具有代表性。因为樊迟和子游都是孔门的后进弟子，小孔子四十多岁，他们此刻与孔子进行思想交流也好，出任地方官员也好，显然都是在孔子七十岁前后。"樊迟从游"的"舞雩"，是鲁国都城曲阜郊外的一处胜境，至于孔子所去的武城，则是在曲阜之外的地方。尽管这样的游览考察对孔子而言并不轻松，因为他还得面对弟子们的请教，还得对弟子的从政得失加以指导，但对孔子而言，这样的不轻松，才是真正的轻松。我们完全可以设想一下，在众多弟子们的簇拥下，一位银发老者，一边欣赏美景，欣赏后学的政治成就，一边与他们很放松地侃侃而谈，那该是一幅多么惬意的晚年生活画卷啊！

① 《论语·阳货》"子之武城"章。

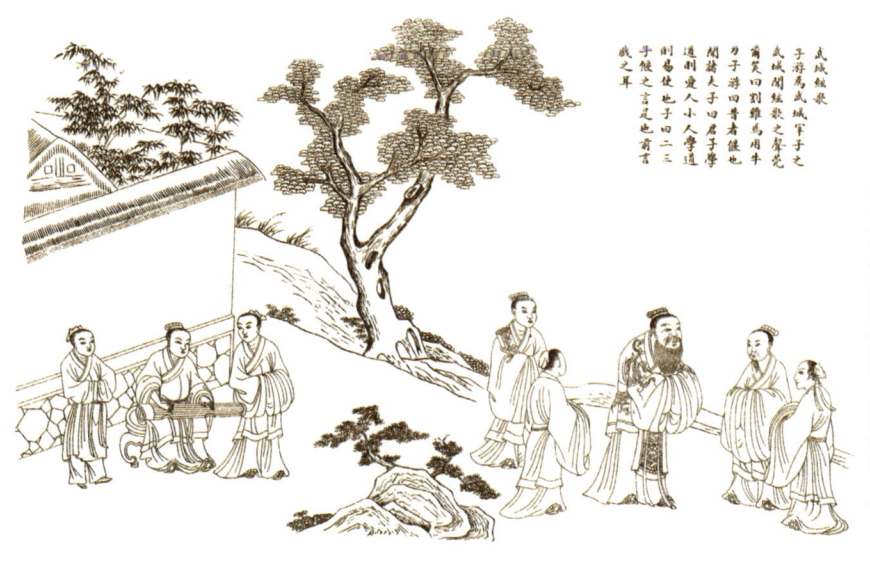

武城弦歌

子游为武城宰，子之
武城闻弦歌之声。夫
子莞尔而笑曰：割鸡
焉用牛刀？子游对曰：昔者
偃也闻诸夫子曰：君子学
道则爱人，小人学道
则易使也。子曰：二三
子，偃之言是也。前言
戏之耳。

【弟子子游的「武城弦歌」，表现的是孔子思想后继有人的一面。】

离开人世

伯鱼去世后不久，孔子最得意的弟子颜回也去世了。孔子长叹"天丧予"①，像失去了儿子一样悲痛。但不幸之事接踵而来，孔子另一位心爱的弟子子路也死在了卫国，孔子又叹"天祝予"②。颜回和子路一文一武，可谓孔子一生成就的重要象征，因此，他们的亡故，不仅使孔子在精神上备受打击，而且使他觉得自己经营一生的事业仿佛也就此完结了。虽然身旁尚有一批朝气蓬勃的后起之秀，但与颜回和子路相比毕竟在情感上要差得多。尤其是他们缺乏与孔子共患难的经历，根本无法与孔子做平等交流，也无法全面理解孔子的内心世界。

面对种种打击，就在子路去世后的第二年春天，孔子一病不起，大概也无法与弟子们论学了。在世的弟子中无论从年岁还是从资历上讲，子贡算是第一位的人物。此时的子贡可能从政于鲁，也可能经商于外。这一天，子贡来探望孔子：

---

① 《论语·先进》"颜渊死"章。
② 《春秋繁露·随本消息》《论衡·偶会》。

　　孔子方负杖消遥于门，曰："赐，汝来何其晚也？"孔
子因叹，歌曰，"太山坏乎！梁柱摧乎！哲人萎乎！"①

　　唱到这里，孔子不由得老泪纵横。孔子并不是贪图生命，而是感
伤自己的命运，感伤从此以后的天下会更加混乱不已。因此，孔子又
对子贡说："天下无道久矣，莫能宗予。"当然，此刻的孔子可能会
想到很多。如果说孔子更多地是想到自己的治国安邦的政治之道未被
天下所遵从的不幸结局的话，可能也并不过分。孔子虽然自叹一生的
悲剧结局，但他毕竟是达观之哲人，完全能够冷静而又幽默地迎接死
亡的到来。于是，孔子话锋一转，又开始安慰子贡这位一直忠心追随
自己的弟子，"夏人殡于东阶，周人于西阶，殷人两柱间。昨暮予梦
坐奠两柱之间，予始殷人也。"② 这是孔子临终遗言的一部分，尽管
表达的方式很委婉，但还是能够让我们感受到孔子面对死亡时的坦然。
孔子确实是殷人之后，他以做梦的方式向子贡讲述了对死亡的预感，

【孔子的"梦奠两楹"，是为灵魂找到了归处。所
谓"奠于两楹"，据说是殷人丧葬之礼的一部分。】

---

① 《史记·孔子世家》。
② 《史记·孔子世家》。

同时也表达了对先人的宗从和回归。

根据《史记·孔子世家》所言，在与子贡会面后的七日，孔子便溘然离开了人世。这一年是公元前479年，距孔子的出生之年的公元前551年，仅有73年。明代学者吴应箕在《读书止观录》中引用《列子》之语云："宣尼临没，手不释卷。"孔子追求政治的一生，还是以书生的方式做了了结。《左传·哀公十六年》记载：

> 夏四月己丑，孔子卒。公诔之曰："旻天下吊，不憖遗一老，俾屏余一人以在位，茕茕余在疚。呜呼哀哉尼父，无自律。"

此时的鲁哀公大抵在二十余岁，不用说，也是在"三桓"的威迫下度日。孔子归鲁后，自然同情鲁哀公的处境，想方设法给予他一些支持。所以，孔子去世后，鲁哀公便亲自来吊唁，其哀伤之情，更是溢于言表。主持孔子丧礼的应该是孔门实质上的主持人子贡。子贡于伤痛之余，回想孔子在世一直不为鲁君所用，幽幽终其一生，不禁对

鲁哀公立庙鲁哀公十六年孔子卒哀公立庙旦辛庙人一百户

〔"哀公立庙"之举，也是对传统周文化在鲁国生存状况的告别。在那个时代，鲁国是传统周文化的表征，孔子则是周文化的最后一位守护者。〕

鲁哀公大发牢骚。子贡说：

> 君其不没于鲁乎！夫子之言曰："礼失则昏，名失则愆。"失志为昏，失所为愆。生不能用，死而诔之，非礼也；称一人，非名也。君两失之。[1]

子贡批评鲁哀公对孔子"生不能用，死而诔之"，当然是非常严厉的。然而，在当时，用与不用孔子，主要还在于"三桓"，子贡板起面孔的一顿明显带有指责之意的表述，只能使人更加哀惜孔子的逝世罢了。

孔子的墓地在鲁国都城曲阜北面的泗水之滨，《孟子》云："昔者孔子没，三年之外，门人治任将归，入揖于子贡，相向而哭，皆失声，然后归。子贡反，筑室于场，独居三年，然后归。"[2] 子贡虽然于孔子在世之时多受批评，但是，以子贡的智慧，他也应该明白，孔子的批评终究是他得以进步的条件。所谓爱之深而责之切，子贡依然以孔子弟子为荣，并在孔子去世后不遗余力地维护孔子的声名。在其

【"三垅植楷"是子贡对孔子的纪念。子贡对孔子的态度让人想到，如同家庭中一样，受批评最多的孩子往往是最孝顺的孩子。】

【"子贡庐墓处"是当年子贡为孔子守丧六年的地方，当然不可能是那时的房子。】

① 《左传·哀公十六年》。
② 《孟子·滕文公上》"有为神农之言者"章。

他弟子守丧三年之后，子贡继续为孔子守丧到六年，其表率作用亦颇令人叹服。

在孔子弟子共同为孔子守丧的这些年里，虽然他们都停下自己的工作，哪怕是那些在政坛上叱咤风云的弟子们也不例外，但是，他们并不是无所作为。他们聚在一起，回忆老师的音容笑貌，回忆老师的逸闻趣事，回忆老师对他们的谆谆教诲，回忆老师的德高望重、危言危行，并把这些回忆认真地记录了下来。这样的记录所形成的文本，就是《论语》的雏形。所以说，《论语》是关于孔子一生言行的最早和最可信的记录。

身后荣耀的实质

晚年的孔子，或弥留之际的孔子有没有想过，在他死后，他的声名和学说是否能够光耀于后世呢？以情理论之，孔子晚年虽然对当政者失去信心，对从政前途不抱任何希望，但他还是坚持自己学说的正确性，这从他与鲁哀公及"三桓"的对答中便可看出，而对于正确的东西，

【"治任别归"是说弟子们在守丧三年之后，向孔子作最后诀别，返回各自的工作岗位。那样的悲伤场景，是任何图画都难以描摹的。】

孔子是应该相信终究会被人们所遵从的，只是遵从的方式可能是他无从预知的。综观孔子身后的历史，他的如此想法看上去是兑现了，但这种兑现的实质又是什么呢？先看《史记·孔子世家》的描述：

【汉高祖刘邦赴曲阜祭祀孔子，开古代帝王祭孔之先河。】

弟子及鲁人往从冢而家者百有余室，因命曰孔里。鲁世世相传以岁时奉祠孔子冢，而诸儒亦讲礼乡饮大射于孔子冢。孔子冢大一顷。故所居堂、弟子内，后世因庙，藏孔子衣冠琴车书，至于汉二百余年不绝。高皇帝过鲁，以太牢祠焉。诸侯卿相至，常先谒然后从政。

司马公在此所描述的，当然是西汉前期的情形。事实上，对孔子的崇拜，起初是孔子弟子们的一种自发行动，并未受到官方重视。孔子死后的几百年间，天下并无宁日，无法想象有任何君主会以实际行动推崇孔子的主张，这是史实。只是汉代以来，天下逐渐安定，刘氏王朝要约束民心，才不得不在政治制度上求之于知礼的儒生，在意识形态上求助于强调政治安宁的儒家学说。虽然这种认识有一个过程，但到了董仲舒提出"罢黜百家，独尊儒术"时，这一过程总算有了明确结果。然而，遗憾的是，

【大儒董仲舒和汉武帝共推"独尊儒术"，开古代朝廷利用孔子思想之先河。】

孔子讲安定，并不是专制压迫下的表面上的安定，而是在他的"为政以德"的前提下的安定。显然，秦皇汉武式的专制权威，董仲舒的"天人合一"，并不是孔子心目中的安定。这样一来，司马迁的乐观便是表面化的和肤浅的。在《史记·孔子世家》中，司马迁又说：

> 《诗》有之："高山仰止，景行行止。"虽不能至，然心向往之。余读孔氏书，想见其为人。适鲁，观仲尼庙堂车服礼器，诸生以时习礼其家，余只回留之不能去云。天下君王至于贤人众矣，当时则荣，没则已焉。孔子布衣，传十余世，学者宗之。自天子王侯，中国言《六艺》者折中于夫子，可谓至圣矣！

司马迁本人胸怀大志，却终身抑郁，所以颇有感于孔子的一生，故而鄙视"当时则荣，没则已焉"的帝王将相，而推崇布衣孔子的师表地位。其实，无论历代君王如何倡导儒学，加封孔子，大肆渲染"衍圣公"，都不过是为他们的统治装点门面，所标榜之"至圣先师"也

不过是学术政治化的产物。有人也许要为董仲舒之属辩解，认为政治的一统与思想的一统理应相伴而行。但发人深省的是，在这种伴随之中，孔学却失去了真面目。那些所谓的儒学大师，时而儒佛掺杂，时而儒道并举，时而舞弄八股，时而倾心考据，还发明了道学、理学、心学、实学等名目，其实是愈演愈繁，愈走距孔子之学愈远。

如上所述，晚年孔子应该是预料到了这种倾向，特别是从弟子们的思想分歧中看出了他的学说可能遇到的困境和受到的歪曲，所以，孔子竭力避免有意去建造什么体系，而是更强调抓住中心，一以贯之。孔子要为弟子、为后人提供一种做人乃至治国的方法论，一些基本必需的原则和规律，而并不要求他们模仿他的具体的言语举止。

孔子希望自己的学说能有益于后世，他不想成为神，而更喜欢人世的生活。且不说孔子儒学的黄金时代在孔子身后从未出现过，即使为某些人有意制造出来了，也不是孔子所期望的荣耀。子贡认为，孔子之死告诉给后人的是"其生也荣，其死也哀"[①]，看起来，这样的"哀"真是意味深长的啊！

【俗众追求身体长寿，并以各种方面寄托之。孔子主张"仁者寿"，精神不死、思想永存才是长寿的本质。】

---

① 《论语·子张》"陈子禽谓子贡"章。

◎ 第六节　世界的孔子

在人类历史长河中，孔子及其思想的影响并没有囿于中国古代，也没有囿于中国本土，而是随着中国社会和中国文化与世界的交流，既近传东方世界，也远播西方世界。简略了解一下孔子对世界的影响，严格地说这应该是孔子一生成就的一个重要方面，更是孔子对于全人类的重大贡献。

孔子与西方世界

孔子及其思想与西方世界乍看上去难以建立起密切的关联，但却已经成了一个恒久的话题。特别是近现代以来，西方世界因工业革命而获得了大发展，而东方中国却奉行"闭关锁国"路线，被动回应西风东渐，经历了百年浩劫。中国在二十世纪中叶以前所经历的百年浩劫和屈辱，有种种复杂的原因，也有种种不同的分析和理解的视角，其中的一个视角，就是把当时中国的落后挨打与孔子思想对中国社会的影响相联系，甚至认为中国社会的落后与儒学的特性和作用有关。

很显然，分析孔子思想或儒家学说与中国百年浩劫的关系并不是本书的内容，更不用说要把这种关系讲清楚有多的困难。不过，明清以来的中国社会确实在走下坡路，在西方列强的逼压之下，当时的中国社会确实难以招架，而孔子思想也确实对于当时的中国社会影响至深。以这样的事实为背景，探讨孔子与西方世界的关系似乎很容易得出结论，即孔子思想完全无法应对西方世界和西方文化的冲击。但是，我们在此所探讨的孔子与西方世界的关系，却是力图阐明孔子及其思想对于西方世界的正面影响。这种影响有可能发生吗？真的发生过吗？我们的回答是肯定的。

由于本书的主旨和篇幅所限，在眼前的话题之下，我们主要想转述一位西方学者就这个问题的专门研究。这位学者就是美国的著名汉学家 H.G.Greel，中文名字是顾立雅。顾立雅写过许多重要的关于中国古代历史文化的著作，其中最重要的一本是《孔子与中国之道》①。在这本书中，顾立雅专门写一章"儒学与西方民主"，探讨孔子思想和儒家学说对于近代西方民主思想发展的影响，总体上讲是很有说服力的。

顾立雅探讨"儒学与西方民主"发生和发展的关系，是从儒学对于美国革命和法国大革命的影响说起的。特别是对于法国大革命，顾氏着墨颇多，结论就是，孔子思想是推动法国大革命得以发生的诸多重要的思想因素之一，并对西方民主体制的形成发挥了重要作用。

顾氏认为，近代西方社会的启蒙运动及其哲学对于法国大革命的发生有着直接的重大贡献，而启蒙哲学与儒学有着非常突出的相关性和相似性。启蒙哲学发生在十七世纪和十八世纪期间，而这期间正是儒学逐渐在欧洲获得知名度的时期。在那时，启蒙运动与儒学的关系众所周知。德国哲学家莱布尼兹（Leibniz）这样写中国人："即使我们在制造技术上和他们并驾齐驱，或者我们在理论科学方面超过了他们，但是，他们无疑（我几乎羞于承认）在实践哲学方面超过了我们。我的意思是说，依靠这种哲学所建立起来的道德和政治的准则规定了人的行为并且有利于人们的生活。"法国哲学家伏尔泰（Voltaire）认为："老实说，他们的帝国体制是世界上最好的。……它的独特

① 详见顾立雅著《孔子与中国之道》，高专诚译，大象出版社，2000。

之处是，如果一个省的总督擅离职守并且不被人民拥护时，他就要受到惩处。……四千年前，当我们还不知道如何阅读时，他们就知道了我们今天引以为荣的所有基本需要的东西了。"当法国思想家弗朗西斯·魁奈（Francois Quesnay）建立起他的非常有影响的重农主义学说的政治原理时，他根据自己的理解，对中国政治进行了详细说明。在他书中"导论"的后面部分里，魁奈谈到了"与一个已经建成的良好政府相一致的自然原理"，并且认为这样的自然原理只能是"对中国学说的系统说明，而这样的学说值得为所有国家奉为楷模"。

在那个时代，对中国社会抱有如此认识的欧洲著名人士数不胜数，而他们对中国社会的了解主要来自到中国传教的耶稣会传教士们。他们在 1600 年以前进入中国，并利用他们的学识，在中国的文人圈子中甚至在朝廷之中得到了社会地位。他们作为

【莱布尼兹】 　【伏尔泰】

【莱布尼兹和伏尔泰是以理性态度看待中国文化的代表人物。】

天文学家、御医、外交人员甚至是大炮铸造者而服务于皇帝，一些人还逐渐成为皇帝亲近的朋友。他们不仅会讲汉语，而且还能用汉语书写，也逐渐对中国社会有了更为直接的和本质的认识。他们与本会成员以及当时欧洲最著名的人物之间保持着频繁的书信联系，这样的一些信件在欧洲以书籍的形式出版，而另一些则成为有关著述的资料。

但是，耶稣会士们在他们的信中以极大的热情向欧洲报告的儒学并不是十七世纪和十八世纪在中国普遍流行的儒家正统思想。这种正

统思想是一种混成的学说。虽然它也体现了许多孔子思想，但孔子的这些思想却被编织进一个精致的形而上学的哲学体系中，而这个哲学体系则吸收了许多佛教和道教的因素。这个被称作"新儒学"或"宋明理学"的哲学体系对耶稣会传教士们并没有吸引力，因为他们都是些目光敏锐和具有批评精神的人。

耶稣会士们的文化活动成为不同文明之间相互影响的中介。耶稣会士送回了详细的并且经常是热情洋溢的对于中国、中国思想特别是孔子思想的说明。当然，他们谈论最多的是他们最感兴趣的。尽管他们也报告了那时中国的宗教和一些迷信活动，但他们仍然一如既往地讲述那些激起他们热情的事情，特别是出现在诸如《论语》和《孟子》这样的著作中的早期儒学。

可是，某些耶稣会士和其他热情高涨的人们无疑是做事有些过火，那就是夸大了当时的中国人和中国政府受到"纯粹"儒学指导的程度。因为种种原因，欧洲的一些人士从一开始对此就持有怀疑的态度，而当中国文化被用来攻击传统的欧洲政治体制时，反攻击也就在所难免了。

要想找到负面的证据并不困难。耶稣会士的敌人，以及那些在中国的经历中不太幸运的商人和不太满意的旅行者，都情愿提供反对耶稣会士的见证。如果传教士们关于中国情况的说明是不可靠的，人们为什么还要相信他们关于孔子思想的阐述呢？因为欧洲收到越来越多的关于中国的部分民众甚至是学者们信仰占卜和魔法的信息，所以，有人就开始怀疑孔子崇高的哲学不是别的，而只是"狡猾的耶稣会士"的发明。后世儒学中的所有附加物和堕落，现在都被归之于孔子本人了。

可是，伏尔泰仍在写着有利于中国的作品，中国也仍旧是时尚。

对中国的声望产生决定性打击的是人们丧失了对中国政治休制的信任。对于中国的政治体制，它的坚定支持者无疑是对它褒奖过度了。耶稣会士自然而然地对于非常欢迎他们的政府持有乐观的观点。与当时的欧洲各国政府相比之下，他们实际上把中国的政治体制描绘成了"完善的和严密的"组织形式，这无疑是相当公正的。但是，十七和十八世纪中国的两个朝代并不是体现其美德的最好的朝代。它们开始于明朝后期的腐败和高压经济，继之以满族人的征服，并且让人看到是满族人使用特别苛刻的压制政策建立起了他们的统治。

与此同时，耶稣会士教团也完全失去了各方面的信任，以至于到了 1773 年，它被从一个国家驱逐到另一个国家之后，最终被教皇给取缔了。幻想完结了，"中国之梦"结束了。既然中国被认定为是个专制国家，而孔子又与中国相伴随，那么，人们就会想当然地认为，孔子的思想很难对民主的成长做出贡献。

这个奇妙的各种事件的连锁反应使得许多追寻法国和美国革命背景的人完全不理会这一事实：中国思想的确对于民主哲学的发生和发展做出过贡献。当然，正如顾立雅所强调的，从如此的视角看待孔子与西方世界的关联，并不是要下结论说，中国的新知识是法国大革命的原因。导致法国大革命发生的原因很多，有政治的、经济的、社会的和文化的。而顾氏所关切的不是上述这些方面的革命，而是精神领域的革命。在十七世纪和十八世纪，这种精神革命使得整个西方世界的思想逐渐地再次朝向了东方，走向了民主。不用说，儒学的新知识只是这场精神革命所依靠的许多因素中的一项。

在顾氏看来，大多数美国人很可能难以觉察到十八世纪欧洲的启蒙哲学（特别是法国哲学）对于美国民主思想和机制发展的影响。然而，法国启蒙思想在美国革命的酝酿阶段却发挥过明显作用，并对于革命之后的美国民主思想的发展发挥了更大作用。《独立宣言》的起草者扎马斯·杰斐逊（Thomas Jefferson）被称作是"美国启蒙运动的象征"。孔子哲学对美国民主思想发展的影响主要地并且只可能是通过对法国的影响而表现出来的。

【孔子像　美国祭孔】

杰斐逊也对重农主义学者的思想极感兴趣，并且受到了他们的明显影响，尽管他并不接受仁慈专制的观念。但是，无论是杰斐逊还是富兰克林，都未曾受到触动，也没有对中国哲学做过任何值得注意的探究。

杰斐逊认为，应该把国家里有才能的年轻人挑选出来进行教育，以使他们担负起治国的重任，这才是当务之急。所以，他在 1779 年向弗吉尼亚众议院提交了一项旨在将此一目的化为具体措施的议案，力图建立一套具有三个层次的教育体系。在地方学校里，所有的孩子将接受三年免费教育。通过定期的最认真和公正的考试和考查之后，把他们送往二十所初中之一，接受公费教育。在那里，学生们要接受经常不断的考试，以便只留下最好的。最后，他们中的一小部分人进入最高级的学院，继续学习三年他们选定的学科。

杰斐逊的上述计划有三项原则与中国的科举制度是相通的：第一，把教育看作是国家的首要关切。第二，才能非凡的学生，将通过竞争性的考试，在三个层次上进行挑选，在最低层次上，学生将在一个小地区内挑选，而最高层次的挑选将是全国性的（与中国的县、省和全国会考即乡试、省试和会试相一致）。第三，主要目的是有益于国家挑选公务员，也就是说，国家机构中的官员都应该是其公民中的最有才能者，而无关乎他们是富是穷以及门第如何。

当然，这些相似性还不能证明杰斐逊的治国思想受到了中国科举制度的影响。可是，却有一种受到这种影响的明显的可能性，杰斐逊在 1779 年提出这个议案之前就知道中国科举制的存在。不晚于 1776 年，杰斐逊就读过（并且还做了大量的笔记）伏尔泰的一本书，该书宣称，一个人的心灵不能再想象出一个比十七世纪初的中国政府更好的政府，在那里，所有权力最终掌握在只有通过几次严格的考试之后才得到任命的那些士大夫手中。中国的科举制度在大批早期的欧洲书籍中有过详尽描述，其中至少有一本是在杰斐逊的图书馆中。

尽管杰斐逊所倡导的教育体制未被采纳，但是，它的原理——根据人的才能而不是名望来挑选官员——却被西方的各个民主政府所接受，也就是在它们的行政机构中通过文官考试制度来招收新成员。在 1943 年，中国学者邓嗣禹发表了一项认真的根据文献进行的研究，显示出英国的文官考试制度受到了中国科举制的启发。根据另外的证据，邓氏证明了这种考试率先被英国的东印度公司采用。东印度公司在印度建立的机构与中国有联系。当英国上院对于是否采用这种体制而进行辩论时，它的支持者和反对者同样参照了中国的体制。

主要是在英国的影响下，美国在十九世纪后半叶最终采用了文官考试制度。可是，值得指出的是，此方法在议会尚未通过之前，美国思想家拉尔夫·沃尔多·爱默森（Ralph Waldo Emerson）就评论道，"在要求公共职位的候选人首先通过考试"来显示他们的素质方面，"中国领先于我们，英国和法国也领先于我们，并对这种不够严密的做法进行了根本性的修正"。

孔子与东方世界 ①

由于地缘因素和经济社会发展的关系更为密切的原因，孔子对于东方社会发生影响的时间更早更久，影响的程度更深更远，并最终促成了东方世界儒学文化圈的产生和发展。在古代，特别是对朝鲜、日本和越南三个国家，这种影响更为明显。在当代，东亚地区的经济社会发展独树一帜，韩国、新加坡和中国的台湾、香港地区还曾被称为"亚洲四小龙"，有学者坚持认为，这种发展模式的出现与儒家文化在这些地方的长期深入影响是分不开的。

西汉前期，即公元前二世纪，儒家经典就传入朝鲜半岛，孔子思想也随之开始影响这一地区的思想文化进程。公元 285 年，朝鲜半岛南部百济国的儒学博士王仁到日本献《论语》十卷，这就说明，这时候的百济国已经学习汉朝廷的做法，有了儒学博士，儒学也就成了这里的官方思想。公元 372 年，朝鲜半岛地区的高句丽国为其贵族子弟建立太学，还在京城以外的许多城镇为非贵族子弟开办"扃堂"，教授儒家五经，学习孔子思想。后来，随着中国古代各个王朝与朝鲜半岛的政治、经济和社会交往日益加深，中国的以儒学思想为核心的教育理念和教育制度逐渐被整个朝鲜半岛所接受，对这一地区的社会文

---

① 参见施忠连著《世界眼光中的孔子》，中华书局，2010。

化发展发挥了不可或缺的重要作用。

公元 675 年，新罗国统一朝鲜半岛，为安定社会，新罗朝廷在全国进一步完善儒家教育机构，并在太学供奉孔子画像，隆重举办祭孔仪式。当高丽王朝取代新罗之后，孔学依然盛行。高丽朝廷大量翻刻儒家经典，更加崇奉孔子，还在国子监建造文庙，供奉的孔子像由画像改为塑像，并使用中国朝廷的用语，尊孔子为"文宣王"。到了高丽王朝之后的李朝，对孔学的尊奉达到朝鲜半岛历史上的最高峰。李朝统治者认为朱熹对孔子思想的解释是儒学的正宗，并把朱学宣布为正统思想。李朝各级政府普遍设立以四书五经为主要教学内容的学校，孔子哲学思想深入人心，对朝鲜半岛社会的影响达到了史无前例的程度。

孔子思想对于朝鲜半岛的影响，还表现在那些尊奉儒家思想的大学者、大思想家身上。比如，公元七世纪末到八世纪初，著名学者薛聪发明了用朝鲜语解读儒书的"吏读法"，有力推动了孔学在朝鲜的传播。到了九世纪，思想家兼诗人崔致远在唐朝待了十多年，还担任过唐王朝官职，回国后任兵部侍郎、知瑞书监等，致力于宣扬孔学，认为孔子的教诲有益于社会的安全和发展。在十一世纪和十二世纪之

【韩国纸币上的李朝儒学大师李退溪的头像，表现了韩国人对其古代历史文化的尊崇。】

际，杰出的史学家金富轼编著《三国史记》，以儒家思想说明历史现象、褒贬历史人物，产生了重大的社会影响。

古代朝鲜最有成就的思想家是李朝大儒李退溪（1501—1570）。李退溪名滉，字景浩，号退溪，自幼丧父，在母亲的严厉要求下，成长为博通儒家经传的学者和思想家。李退溪远宗孔子，近学朱熹，尤其精通宋明理学中的心性之学。李退溪之学以明理为体，以经世为用，为国家培养出三百多位栋梁之材，韩国人称其为李朝的孔子，所著六十八卷《退溪集》中所表现的孔学思想，不仅深刻影响了古代朝鲜社会，也为朝鲜民族在近现代的社会文化发展打下深厚的思想基础。

在日本，孔子思想也已经渗透到了社会文化及日常生活的方方面面。据记载，孔子思想的传播开始于上述百济国博士王仁到日本献《论语》。王仁被委任为太子菟道稚郎子的老师，与此同时，天皇设立了贵族学校"学问所"，以《论语》和《千字文》为教育内容。这是日本正规教育的开端，《论语》也被奉为最高经典，为日本全社会所尊崇和学习。

公元六世纪以后，朝鲜半岛的百济国多次派遣五经博士到日本传授儒家经典，孔子学说更加全面地影响日本社会。七世纪初，日本历史上杰出的政治家圣德太子将儒学推广到政治领域，用儒家的观点改革日本政治，对当时日本社会的进步产生了积极作用。自圣德太子摄政开始，日本朝廷派遣大量学生到中国隋、唐王朝学习孔子学说和中国传统文化，这些留学生回到日本后大都受到日本朝廷的重用，也有人成为儒学大师，讲授以孔子思想为核心的儒家学说，进一步促进了日本的政治发展和学术进步。如南渊请安在中国学习三十二年，回日本之后著书一百余卷，在日本政界有着广泛影响。当时重要的政治人物如中大兄皇子和中臣镰足就拜南渊为师，学习"周孔之教"。此二人促成了日本历史上重要的政治革新，即"大化改新"，使日本从奴隶社会过渡到封建社会。此后，日本进一步发展儒学教育，依照中国模式建立太学，即专门培养贵族子弟的"大学寮"，还从公元710年开始在其中祭奠孔子，并逐渐发展成定制，每年春秋两季在各地举行。

【日本圣德太子尊崇儒学，对日本社会的进步意义重大。】

在随后的奈良时期和平安时期，儒家思想在日本社会更加深入人心，而孔子思想逐渐构成日本传统精神的基本内容。虽然日本文化最终走上了独立发展的道路，研习儒学的方式也有创新，但祭孔仍在继续，孔学依然被尊崇为主要的哲学体系。到了十七世纪的江户时代，为了保持长期战争之后的和平，天皇和幕府将军们更加重视儒学的安定社会的作用，用各种方式倡导儒学。执政的德川幕府第一代将军德川家康就邀请著名儒家学者林罗山宣讲朱熹的《论语集注》，并让林罗山参与制定政府律令，整顿政府机构，使尊崇儒学成为德川家族的传统。

江户时代是孔学在日本的全盛时期，儒家经典广为流行，研习儒学的各种学派也纷纷出现，朱子之学被幕府规定为官方正统思想，其主要代表人物之一就是林罗山。后来，尊奉王阳明思想的阳明学派开始崛起，由在野思想发展成为堪与朱学正统思想分庭抗礼的学说，其注重实践、强调知行合一的特点影响了越来越多的人以改造世界为己任，为日本的维新变法，进而走上资本主义道路发挥了重要作用。在幕府时代，虽然日本社会儒学化的程度不及韩国李朝，但儒学发展到十七世纪末，日本的每一个受过教育的人，其成长历程都离不开《论语》的影响和儒学的熏陶。

在越南，孔子思想的影响长达两千多年。早在公元前三世纪末，孔子思想就开始传入越南。据记载，公元前207年建立的南越国即以儒家经典教化百姓。公元前214年，秦始皇统一岭南，设立象郡，开始管辖越南地区。公元前112年，汉武帝灭南越国，在越南北、中部设立交趾、九真、日南三郡，开始了直到五代时期对这一地区长达一千多年的治理。这里的地方官员通常都是儒士出身，精通孔学，坚持以儒家礼仪教育人民，治理地方。如三国时代的儒生士燮，在任交趾太守四十年，倡导孔学，大兴文教，使地方风俗和文化发生了根本性变化，被当地人誉为"南交学祖"，入文庙陪祀。在历史上，除了官方途径的文化影响，民间层面的儒学交流也持续不断。内地许多著名文士，如唐朝著名诗人杜审言、刘禹锡等都去过越南，越南当地文士也经常到内地学习儒术，甚至通过科举考试为官。这些都对儒学和孔学对越南的全面影响发挥了重要作用。

【越南河内的孔庙，其建筑外观与内地的文庙有别，但其基本精神从来都是来自孔子的教诲。】

公元939年，越南独立，建立了吴朝，但孔学的巨大影响依然存在。1010年，李公蕴平复内乱，建立李朝，进一步重视儒学，以期社会尽早恢复安定。1070年，李朝在其都城升龙（今河内）修建文庙，1075 开始科举取士，儒家经典是其基本内容。在李朝之后建立的陈朝（1225—1400）以及胡朝（1400—1407）、黎朝（1428—1789），儒学的社会影响力有增无减，尊孔祭孔仍受重视，也出现了陈朝的朱文安和黎朝的阮荐等儒学大师。1802 年，越南最后一个王朝阮朝建立，王朝统治者们更是自觉地用儒家学说统一思想，教育社会各阶层。此后，随着西方文化的传入，儒学的现实影响力虽然在越南开始衰落，但孔子的诸多思想依然深刻影响着越南社会，其忠君爱国精神、群体团结精神、反抗外来侵略精神等重要精神支柱中，浸透着孔学的基本思想，使孔学成为其传统文化的一个重要的基本要素。

孔子与当代世界

显而易见，在长达数千年的古代世界，上述东亚地区的三个主要国家，朝鲜、日本和越南，都视儒学为当时的先进文化，视孔子为先进文化的导师。在东亚其他地区，儒家文化的影响同样毋庸置疑，只是影响的方式和途径有所不同而已。这些地区积极地接受孔学，经过长时期的消化吸收，使孔学成为其传统文明的有机组成部分。他们与中国古代王朝的文化交往，形成了可以勾通和交流的文化传统，对于整个东亚地区的社会发展共同发挥了积极作用，形成了一个完整的儒家文化圈。

近现代以来，随着西学东渐的全方位影响和西方工业文明的强大作用，在传统的儒家文化圈内，孔学的影响力不断受到挑战。但是，经过一轮又一轮的社会和文化改革，孔学的基本精神依然被认可，孔学在东亚地区现代化过程中的作用日益得到理性的看待和研究，其现代价值在一个新的层面上开始受到重视。在这个重新认识和定位孔学的过程中，来自西方社会和学术界对孔学的研究至关重要。十九世纪下半叶以来，一批西方学者从更加准确完整地翻译儒学经典开始，为全面客观地评价孔学打下了良好基础。比如英国人理雅格、法国人顾赛芬和德国人卫礼贤，他们精通中文，学风严谨，所完成的汉籍欧译作品产生了世界性影响。

在近现代的西方世界，研究中国传统文化的学问被称为汉学，其中儒家思想的研究是不可回避的主要内容，孔子学说则是汉学研究的重中之重。十九世纪中期以后，美国的世界影响力开始增大，美国的汉学研究也随之得到发展。美国汉学的早期代表人物卫三畏，以及后来的费正清、李文森、顾立雅、狄百瑞和史华慈等，都对孔子思想的再次世界化做出了重要贡献。二十世纪中期以来，一大批美籍华人加入汉学阵营，陈荣捷、杜威明等著名学者的学术成就为汉学的当代发展注入了新的活力。

立足今天，展望明天，孔学的现代意义不仅是中国社会的重要课题，也是世界性的重要论题。孔学对中国和世界的影响力是不可否认的，但是，对这种影响做出什么样的评价和定位，却需要进行不断深入思考和研究。在东亚传统儒家文化圈之内，现代化的进程有目共睹，现代化的成就也明显不同于西方社会，这其中肯定有儒家思想的作用，有孔子思想的影响。但是，如何评价这种作用和影响，则每每见仁见智。至于当代中国，孔子的影响力依然存在，无论是遍及世界的孔子学院，还是一定范围内和一定程度上的尊孔读经，都说明现代化的中国必须有孔子及其思想的陪伴。

孔子及孔子弟子年表

◎ 公元前 551 年（周灵王二十一年、鲁襄公二十二年），孔子 1 岁。

十月二十七日（夏历八月二十七日），孔子生于鲁国陬邑昌平乡（今山东曲阜东南尼山附近）。

◎ 公元前 550 年（周灵王二十二年、鲁襄公二十三年），孔子 2 岁。

孔子母亲颜徵在携孔子移居鲁国都城曲阜。

◎ 公元前 549 年（周灵王二十三年、鲁襄公二十四年），孔子 3 岁。

孔子父亲叔梁纥卒，葬于防地（今曲阜东 25 里之防山）。

◎ 公元前 547 年（周灵王二十五年、鲁襄公二十六年），孔子 5 岁。

【弟子秦商（字子丕）生。】

◎ 公元前 546 年（周灵王二十六年、鲁襄公二十七年），孔子 6 岁以后。

儿童时代的孔子经常以演习传统礼仪为嬉戏。

【弟子曾点（字晳，曾参之父）生。】

◎ 公元前 545 年（周灵王二十七年、鲁襄公二十八年），孔子 7 岁。

【弟子颜无繇（字季路，颜回之父）生。】

◎ 公元前 543 年（周景王二年、鲁襄公三十年），孔子 9 岁。

【弟子冉耕（字伯牛）生。】

◎ 公元前 542 年（周景王三年、鲁襄公二十一年），孔子 10 岁。

【弟子仲由（字子路）生。】

◎ 公元前 540 年（周景王五年、鲁昭公二年），孔子 12 岁。

【弟子漆雕开（字子若）生。】

◎ 公元前 537 年（周景王八年、鲁昭公五年），孔子 15 岁。

孔子自称"十有五志于学"。

◎ 公元前 536 年（周景王九年、鲁昭公六年），孔子 16 岁。

【弟子闵损（字子骞）生。】

◎ 公元前 535 年（周景王十年、鲁昭公七年），孔子 17 岁。

孔子母亲颜徵在卒。孔子不知父亲叔梁纥墓地，葬其母于五父之衢。后得知父墓所在，乃将父母合葬于防。

鲁国当权的大家族季氏设宴招待士人，孔子前往，被季氏管家阳虎拒之门外。

◎ 公元前 532 年（周景王十三年、鲁昭公十年），孔子 20 岁。

孔子居宋，考察殷代礼制，与宋国亓

官氏女成婚。（《孔子家语》谓孔子成婚在19岁。）

◎ 公元前531年（周景王十四年、鲁昭公十一年），孔子21岁。

【孔子之子孔鲤（字伯鱼）生。弟子孟懿子、南宫敬叔生。】

大约此后数年，孔子在鲁国担任季氏委吏（仓库保管员）、乘田（牧场管理员）等职。

◎ 公元前525年（周景王二十年、鲁昭公十七年），孔子27岁。

孔子问官于郯子，学琴于师襄子。

◎ 公元前522年（周景王二十三年、鲁昭公二十年），孔子30岁。

孔子自称"三十而立"，开始独立思考，并发表政见。

齐国宗鲁死于政治事变，孔子学生琴张打算前去吊问，孔子止之。

郑国政治家子产卒，孔子闻之，为之流涕，称子产为"古之遗爱"。

【弟子冉雍（字仲耕）、冉求（字子有）、宰予（字子我）、商瞿（字子木）等生。】

◎ 公元前521年（周景王二十四年、鲁昭公二十一年），孔子31岁。

【弟子颜回（字子渊）、宓不齐（字子贱）、巫马施（字子期）、高柴（子羔）等生。】

◎ 公元前520年（周景王二十五年、鲁昭公二十二年），孔子32岁。

【弟子端木赐（字子贡）生。】

◎ 公元前518年（周敬王二年、鲁昭公二十四年），孔子34岁。

鲁国孟僖子卒，临终时嘱其子孟懿子和南宫敬叔师从孔子学礼。他们是有明确记载的孔子的首批弟子。

【弟子有若（字子有）生。】

◎ 公元前517年（周敬王三年、鲁昭公二十五年），孔子35岁。

鲁昭公被季氏逼迫出亡。此后不久，孔子离开鲁国，率若干弟子到齐国游仕。

◎ 公元前516年（周敬王四年、鲁昭公二十六年）以后，孔子36岁以后。

孔子居齐，做高昭子家臣，有齐景公问政，及"闻《韶》乐"，又到附近的杞国（淳于国）考察夏代礼制。齐侯欲以尼溪封孔子，因晏婴反对而作罢。

◎ 公元前515年（周敬王五年、鲁昭公二十七年），孔子37岁。

【弟子原宪（字子思）、樊须（字子迟）生。】

◎ 公元前513年（周敬王七年、鲁昭公二十九年），孔子39岁。

晋国赵鞅铸刑鼎，孔子闻之，批评其"失度"。

◎ 公元前 512 年（周敬王八年、鲁昭公三十年），孔子 40 岁。

孔子自称"四十不惑"，在齐国的经历坚定了他的政治信念。

【弟子澹台灭明（字子羽）生。】

◎ 公元前 511 年（周敬王九年、鲁昭公三十一年），孔子 41 岁。

【弟子陈亢（字子禽）生。】

◎ 公元前 510 年（周敬王十年、鲁昭公三十二年），孔子 42 岁。

鲁昭公卒于晋国乾侯。次年，鲁昭公之弟继位，为鲁定公。

鲁昭公在外流亡期间，孔子大部分时间亦在齐国，或以齐国为中心，在齐国周围地区活动。齐景公不能任用孔子，更有齐大夫意欲加害孔子，孔子只好返鲁。途中，路过赢、博之间，参观吴公子札为其子举行的葬礼。

孔子此次返鲁后，至鲁定公九年（前501 年）一直贫居不仕，主要从事早期的教学和思想文化研究，弟子弥众。

◎ 公元前 509 年（周敬王十一年、鲁定公元年），孔子 43 岁。

【弟子公西赤（字子华）生。】

◎ 公元前 507 年（周敬王十三年、鲁昭公三年），孔子 45 岁。

【弟子卜商（字子夏）生。】

◎ 公元前 506 年（周敬王十四年、鲁昭公四年），孔子 46 岁。

【弟子言偃（字子游）生。】

◎ 公元前 505 年（周敬王十五年、鲁昭公五年），孔子 47 岁。

【弟子曾参（字子舆）生。】

◎ 公元前 503 年（周敬王十七年、鲁定公七年），孔子 49 岁。

季氏家臣阳虎（《论语》称"阳货"）专权，要求孔子出仕，孔子口头应诺，但并无行动。

【弟子颛孙师（字子张）生。】

◎ 公元前 502 年（周敬王十八年、鲁定公八年），孔子 50 岁。

阳虎阴谋作乱，欲以武力夺取鲁国政权，其同党公山不狃（《论语》称"公山弗扰"）欲占据季氏封地费邑，以军事力量作外应。公山召孔子，孔子欲往，弟子子路不悦，孔子虽有辩说，但终未赴往。

六月，阳虎作乱失败，孔子受当权的"三家"邀请，开始从政，故孔子自称"五十知天命"，认为到了实现其政治抱负的时候。

◎ 公元前 501 年（周敬王十九年、鲁定公九年），孔子 51 岁。

孔子任中都宰，即鲁国首都曲阜的行政首长。

◎ 公元前 500 年（周敬王二十年、鲁定公十年），孔子 52 岁。

孔子任鲁国司空，不久改任大司寇。陪同鲁定公在夹谷会见齐侯，取得对齐国的外交胜利，史称"夹谷之会"。此后，即在鲁国开始进行大刀阔斧的政治改革。

◎ 公元前 498 年（周敬王二十二年、鲁定公十二年），孔子 54 岁。

孔子劝说三家接受"堕三都"，并由子路具体实施，但最终由于"三家"的反悔，"堕三都"半途而废，子路因此失去季氏宰的职位，孔子也受到"三家"的冷落和排挤。

◎ 公元前 497 年（周敬王二十三年、鲁定公十三年），孔子 55 岁。

鲁国举行郊祭，未将理应分发给大夫的祭肉送给孔子。孔子眼见在鲁国的从政已经再无前途，即带领部分弟子出国游仕，先到卫国，然后遍访中原诸国，史称"周游列国"。

◎ 公元前 496 年（周敬王二十四年、鲁定公十四年），孔子 56 岁。

卫灵公无道，卫国政治由其夫人南子左右。为了在卫国立身，孔子"见南子"，子路不悦。

◎ 公元前 495 年（周敬王二十五年、鲁定公十五年），孔子 57 岁。

孔子在卫国。

五月，鲁定公卒，鲁哀公即位。

◎ 公元前 494 年（周敬王二十六年、鲁哀公元年），孔子 58 岁。

孔子在卫国虽然生计无忧，但却得不到任用，只好离开卫国，到他国寻求从政机会。期间曾多次遭遇困顿，如赴陈国时途经匡邑，被匡人所拘；后来经过蒲邑，又被蒲人拦截，等等。

晋国的佛肸据守中牟叛乱，召请孔子，孔子欲往，子路不悦，终未行。孔子也曾想到去晋国，可走到黄河边时，孔子听说晋国执政大夫赵鞅杀害了两位贤人，深感失望，只好又回到卫国。

◎ 公元前 493 年（周敬王二十七年、鲁哀公二年），孔子 59 岁。

卫灵公卒，太子蒯聩与其子卫出公上演父子争位。虽然孔子也受到了卫出公的礼遇，但卫国终究不是孔子从政的理想之地，所以，孔子不得不再次离开卫国。此后，孔子一行人先后到过陈国、曹国、郑国和宋国。在宋国，由于孔子对宋司马桓魋有所批评，司马桓魋就打算加害孔子，使孔子不得不微服潜行，离开宋国。

◎ 公元前 492 年（周敬王二十八年、鲁哀公三年），孔子 60 岁。

鲁国执政的季桓子卒，其子季康子继位执政。季桓子临终前，嘱咐季康子要把孔子召请回国。季康子也是孔子弟子之一。

孔子居陈。他听到鲁国的祖庙发生火灾的消息，就分析说是烧毁了鲁桓公和鲁僖公之庙。孔子的预言不久之后得到证实，这使陈闵公十分敬服孔子。孔子还辨认出一支古箭为上古肃慎氏的贡矢，并讲述了它和陈国始祖的关系，这使陈国君臣更加敬佩孔子，就请孔子做陈侯的文化顾问。

此时的孔子离开鲁已经有五六年，在中原地区历经各种磨难，所以自称"六十而耳顺"，即可以接受各方面的意见。

颜回死于孔子求仕各国的旅途中。此前，孔子的儿子伯鱼也死在旅途之中。

◎ 公元前 489 年（周敬王三十一年、鲁哀公六年），孔子 63 岁。

孔子接到楚昭王邀请，动身赴楚，不料刚入楚境，楚昭王突然死去，孔子只好回返。

◎ 公元前 488 年（周敬王三十二年、鲁哀公七年），孔子 64 岁。

孔子离开楚国，路过蔡国。此时，楚国正在进行灭亡蔡国的战争，孔子一行又谓困厄，幸有楚国将军叶公久慕孔子之名，把孔子接到他的驻守之地负函，并与孔子及其弟子多次谈论时政及一般性的政治问题。

在楚、蔡期间，孔子多与楚国的一些有名的隐士接触。孔子本人则数次重病，几乎丧命。

◎ 公元前 486 年（周敬王三十四年、鲁哀公九年），孔子 66 岁。

由于楚地不能久留，孔子又回到卫国。卫出公曾有意任用孔子，孔子与卫国权臣孔文子亦多有往还。在最后回到鲁国之前的几年中，孔子一直生活在卫国。孔子的后期弟子，有许多人就是在孔子这一时期的游仕历程中汇聚而来的。

◎ 公元前 485 年（周敬王三十五年、鲁哀公十年），孔子 67 岁。

冉求应季康子之召回到鲁国，任季氏宰。临行前，子贡叮嘱冉求，要设法尽快使孔子回国。

孔子夫人亓官氏卒。

◎ 公元前 484 年（周敬王三十六年、鲁哀公十一年），孔子 68 岁。

齐国军队攻伐鲁国，鲁军在曲阜城郊应战，大获全胜，冉求立有大功，受到季氏进一步的信任。乘此机会，冉求要求季康子邀请孔子回国，季康子应允。

在卫国，一向被孔子看重的孔文子假公济私，准备动用军队报私仇，并就此事请求孔子的意见，孔子不悦。恰好鲁国派人迎请孔子，孔子便结束了十多年的流浪，回到鲁国。

季康子推行新的田赋制度，派冉求征求孔子的意见，受到孔子批评。

◎ 公元前483年（周敬王三十七年、鲁哀公十二年），孔子69岁。

季康子将新的田赋制度付诸实施，孔子认为冉求起了推波助澜的作用，愤然批评冉求"非吾徒也"。

五月，鲁昭公夫人孟子卒，孔子前去吊问，并讥刺季氏不知礼。

十二月，鲁国出现蝗灾，季康子就此访问孔子，孔子认为这不是反常的自然现象，而是司历者算错了时间，委婉批评季氏的用人不当。

◎ 公元前482年（周敬王三十八年、鲁哀公十三年），孔子70岁。

在冉求帮助下，季氏多有僭越礼仪之举，如旅泰山、伐颛臾等，对此，孔子都有公开批评。孔子自称"七十而从心所欲不逾矩"，既是对僭越礼仪者的批判，也是对自己一生修养的肯定。

◎ 公元前481年（周敬王三十九年、鲁哀公十四年），孔子71岁。

春季，权臣叔孙氏西狩获麟，以为不祥，孔子却不以为然。

六月，齐国陈成子弑杀齐简公，孔子要求鲁国武装干预，鲁哀公无权决定，"三家"则不同意。

◎ 公元前480年（周敬王四十年、鲁哀公十五年），孔子72岁。

在卫国从政的子路死于卫国内乱。消息传来，孔子极度悲痛，亲自为子路祭奠。遭此沉重打击，孔子一病不起。

◎ 公元前479年（周敬王四十一年、鲁哀公十六年），孔子73岁。

春季，子贡前来拜望孔子，孔子感伤命运，梦回殷人。

四月十一日（夏历二月十一日），孔子病故。弟子们举行了庄重的葬礼，把孔子葬在曲阜城北水泗之滨。他们都为孔子守丧三年。其后，子贡再守墓三年。鲁人和孔子的一些学生相继在孔墓附近筑室为家，逐渐形成一个聚落，称为孔里。孔子的故宅被鲁国公室保留，作为孔庙以奉祠孔子，这也是后世孔庙和孔府的前身。

重印版后记

　　在读书人不断减少、读书范围日渐缩小的时代，旧著《先师孔子》得到重印机会，真乃幸事。不过，由于俗务缠身，萦绕在怀的全文增修还是无法实现，此次重印又成为憾事，于此先向读者致歉。好在这些年并未中断读书思考，对于旧版中的明显舛误，以及冗赘的表述方式，还是进行了认真修改，为此又稍获心安。

　　依稀在一篇书序中表达过，研习孔子学术是一生的追求，这么多年过来，逐渐领悟到，这个研习过程更是一种生活享受。圣人以为"古之学者为己"，大抵主张读书学习便是自我涵养甚至自得其乐的历程。四十年不辍笔泐，每逢新书印出，还是盼望第一时间得到，快乐犹如当年第一本书的出版。

　　1989年第一本书《孔子·孔子弟子》的出版是研习孔子学术的第一份成果，重点思考孔子弟子的学术成就。两年后的《孔子和他的弟子们》中加入孔子生平事迹，也是2012年《先师孔子》的最初模样。在这二十多年间，出版过《听听孔子怎么说》《论语通说》《孔子与山西》等学习心得，但对我影响最深的是多次印行的译作《孔子与中国之道》。不过，近年来《凡人孔子》的出版与《孔子和他的弟子们》的再版，以及对先秦诸子尤其是孟子和荀子等先秦儒学大师的研究所得（《孟子通说》《荀子传》《韩非子传》），使我对孔子学术的思考不断加深。不用说，把孔子学术以更全面更成熟的方式呈现出来，是一种执念，更是一项使命。

让人欣慰的是，对传统文化的研究、学习和讨论一直高居社会热点，冲击着社会生活各个方面。在此背景下，北岳文艺出版社重印《先师孔子》，责任编辑孙茜老友奔走推进，让我深受感动。适逢疫情防控静默管理之际，安心书斋，再次校读旧著，享受读书之乐，各种感慨时时涌现。孔子学术是传统文化的重要象征，假如孔子生活在当今时代，设想自己生活在孔子时代，会有怎样的遭遇和收获？能否得到各自的快乐？真所谓"发愤忘食，乐以忘忧，不知老之将至"云尔。

是为后记。

高专诚

2022 年 9 月 30 日